갈무리 신서 8

# 현대철학의 두 가지 전통과 마르크스주의

알렉스 캘리니코스 지음

정남영 옮김

갈무리

1995

# Marxism and Philosophy

Alex Callinicos

● 갈무리 신서 8

## 현대철학의 두 가지 전통과 마르크스주의

---

- 초판인쇄 : 1995. 4. 15.
- 초판발행 : 1995. 4. 30
- 지 은 이 : 알렉스 캘리니코스
- 옮 긴 이 : 정남영
- 펴 낸 이 : 서창현
- 펴 낸 곳 : 도서출판 **갈무리**
- 주　　소 : 서울 구로구 구로5동 30-5호
- 전　　화 : 839 - 6851 / 팩스 : 851 - 0768
- 등　　록 : 1995. 3. 10. 제17 - 161호
- 　값　　 : 7,500원

ISBN 89-86114-04-6 03130

★ 잘못 만들어진 책은 바꾸어 드립니다.

# 차례 / 현대철학의 두 가지 전통과 마르크스주의

# 현대철학의 두 가지 전통과 마르크스주의 / 차례

# 역자 서문

한국 사회가 80년대를 지나 90년대로 넘어오면서 특히 정치적으로 겪은 일들 ─ 많은 사람들에게 혼란을 주었고 또 아직도 주고 있는 일들 ─ 을 냉철하게 볼 수 있게 되기란 쉬운 일이 아니다. 현실을 본다는 것도 그 동안 단련되고 훈련된 결과로 이루어지는 것인데, 정치적으로 80년대가 많은 사람들의 사고에 충격을 주었던 시기였기는 하지만 현실을 차분하게 보게 만드는 일에 있어서는 특별히 유리하게 작용했던 때는 아니었던 것 같다.

최근에 그 저작들이 가장 많이 번역된 사상가들 중의 한 사람일 알렉스 캘리니코스는 이러한 우리의 경험을 돌아보는 데 적지 않은 도움을 주는 사람이다. 특히 진보 진영이 스딸린주의의 악영향을 크게 받았던 우리로서는 스딸린주의의 비판에 큰 위력을 발휘하는 그의 입장이 크게 유용하다고 생각된다. 그가 소련을 사회주의 국가가 아니라 관료적 국가 자본주의로 보고 있다는 것은 이미 잘 알려진 사실인데, 현대 철학사를 특정 주제들 하에 압축해 놓은 듯한 이 책 『현대철학의 두 가지 선동과 마르크스주의』(*Marxism and Philosophy*, Oxford, 1983)에서도 스딸린주의로 이어지는 철학 전통에 대한 비판을 그 한 부분으로 담고 있다.

캘리니코스는 스딸린주의를 철학적으로는 진화주의(evolutionism)와 주의주의(voluntarism)의 결합(사회주의는 오기 마련이며 우리는 객관적 조건에 관계없이 열심히 하기만 하면 된다는 식)으로 보고 있다(3장 2절 참조). 이러한 결합이 특히 80년대 후반 한국 사회에서 큰 영향을 떨치고 있었음은 당시를 기억하는 사람들은 누구나 알 수 있는 것이다. 특히

6

당시에 소개되었던 소련의 교과서류의 문헌들에 들어 있는 주제들 ——
'자본주의의 일반적 위기론', '사회주의 현실주의론', '기술혁명론', '발전된
사회주의론' 등등 —— 은 모두 스딸린주의적 경향이 강하게 각인된 것들
이었다. (당시에 유행하던『세계 철학사』를 캘리니코스의 이 책과 비교해서
읽어보면 홍미로울 것이다.)

이 책에서는 그중에서도 카우츠키에 의하여 주창된 진화주의의 전개
과정이 마르크스주의의 속류화의 한 형태로서 비교적 상세하게 다루어
지고 있다. 그리고 캘리니코스는 진화주의와 함께 극복되어야 할 (아니
알뛰세 등에서 이미 극복된) 대상으로 헤겔주의적 마르크스주의를 또한
다루고 있다. 특히 헤겔 자신과 헤겔주의적 마르크스주의의 한 대표자인
루카치는 한국 사회의 진보적 진영의 지적 성장과 밀접한 관계가 있기
에 이들에 대한 캘리니코스의 태도를 보면 자못 홍미롭다. 한국의 진보
적 진영은 소박한 민주주의를 뛰어넘는 지점에서부터는 헤겔에 대한 독
서로부터 시작되었다고 해도 과언이 아니다. 특히 헤겔의『정신현상학』
중 주인과 노예의 변증법을 다룬 대목은 그 혁명적 요소로 인하여 큰
관심을 끈 바 있다. (캘리니코스는 헤겔의 관념성을 부각하는 자신의 입장
에 충실해서인지 이 대목에 대해서는 특별하게 언급하지 않는다.)

헤겔에 대한 독서는 거의 대부분 루카치에 대한 독서로 이어졌다. 당
시에 루카치의 책은 정치와 직접적 관계가 없는 문학 분야의 것일지라
도 (루카치는 현대 문학사에서 손꼽히는 문학 이론가이기도 하다) 춘티나
는 공권력에 의하여 금서로 규정되었을 정도였다. 헤겔에서 루카치로의
이동은 헤겔주의적 마르크스주의라는 분류가 루카치에게 합당함을 입증
하는 셈인지도 모른다. 그러나 루카치를 읽은 사람이라면 곧 마르크스에
대한 독서로 이어지게 되는 것은 당연한 일이라고 할 것이다.

그러나 애석한 점은 경제학 전공자이거나 아니면 예외적인 경우를 제
외하고는 마르크스에 대한 튼실한 독서로 나아갔던 경우는 별로 없는
듯하다. 한편으로는 정치 정세의 고양에 따라 현실적 실천에 보다 가까
운 레닌의 정치 팜플렛들이 '유행'을 하였고, 다른 한편으로는 시력보다
는 청력에 의존하는 젊은이들이 또 다른 경향을 유입시키기 시작하였기

때문이다. 나는 후자에 대해서는 이러저러한 이유로 여기서 별다른 논평을 하고 싶지 않다. 전자에 대하여 말하자면, 그것이 의도했든 아니든 스딸린주의적 성향의 유입과 밀접한 관계가 있다는 것이다.

헤겔에서 루카치를 거치는 과정이 반드시 이렇게 귀결될 수밖에 없다고 말할 수는 없을 것이다. 그러나 어쨌든 우리는 이 책에서 우리가 지적으로 거친 경험 중 상당히 많은 부분을 비판하는 시각을 만나게 된다. 따라서 캘리니코스와 함께 우리는 인간다운 삶의 실현을 위한 철학의 과제를 새로이 깊게 생각해 볼 계기를 맞고 있다고 할 수 있다.

캘리니코스의 이 책이 다루는 중요한 주제의 하나는 언어와 현실의 관계이다. 4장, 5장, 6장은 이 문제에 직접 관련되며, 프레게와 분석철학에 관한 부분도 언어의 문제와 연관시키기 위한 것에 다름 아니다. 실상 현대철학은 언어의 문제를 둘러싸고 논의가 이루어지고 있다고 해도 과언이 아니다. 이는 구조주의 이후로 서양에서 언어와 현실의 관계가 단절된 것으로 보는 견해가 부각되기 시작하여 큰 영향을 미치기 시작하였던 것에 기인한다. 이러한 사고방식이 들어서게 된 물질적 토대에 대해서는 아주 긴 연구가 필요할 것 같다. 여기서 지적하고 싶은 것은 소위 '자유 진영'에서뿐만 아니라 스딸린주의가 지배하는 곳에서도 언어는 현실과의 심한 단절을 겪고 있었다는 것이다.

스딸린주의는 언어와 사물의 관계를 기계적으로 고정된 것으로 본다. 예컨대 사회주의라는 말은 소련을 포함한 특정의 사회주의 국가들을 지칭하며 여기에는 어떤 회의도 있을 수 없다. 당은 인민의 이익을 대변하며 여기에는 어떠한 의심의 여지도 있어서는 안된다. 또한 '모범적인 노동자' 역시 고정된 유형을 지칭하며 여기에도 어떠한 문제의 여지도 있을 수 없다. 다른 모든 중요한 용어들의 경우도 마찬가지다. 요컨대 언어는 모두 고정된 지시대상을 가지고 있다. 그렇기에 언어를 소유하면 곧 현실을 소유하는 것이기도 하다. 따라서 현실에 대한 연구는 특별히 필요가 없으며 기존의 언어들의 조직을 다시 다듬고 정리하기만 하면 된다. 항상 문제는 수사(修辭)의 차원에 국한되는 것이다. 이러한 언어를 소유한 중심지는 바로 당(과 그에 준하는 기구)이다. 그리하여 진리는 당에서 인민에게로 설파되며, 인민은 이를 따르기만 하면 된다.

이러한 언어는 실천하는 인간의 언어가 아니다. 우선 새로운 것을 이해하게 만들고 새로운 것을 말해서 이해될 수 있게 하며 또 심지어는 새로운 것을 인식할 수 있게 하는 언어의 창조성이 부정된다. 그리하여 결국 그 언어를 구사하는 인간의 창조성이 부정된다. 어떤 조직에 소속된 인간 상호간의 민주적인 의사 소통의 가능성이 배제되기에 조직의 창조성도 부정된다. 창조성이 부정된 인간과 조직은 결코 현실의 변혁을 담당하는 실천적 인간과 조직이 될 수 없다.

캘리니코스는 이러한 언어와 현실의 단절을 극복하는 데 분석철학의 전통으로부터 도움을 얻고 있다. 이 부분을 캘리니코스는 이 책이 지닐 수 있는 새로움에 해당할 것이라고 말한다. 이 과정에서 그가 도달한 곳은 '직접적 지식'(언어와 사물의 개별적 일대일 대응)은 부정하면서 언어 전체와 현실의 밀접한 관계 —— 진리를 운위하는 것이 가능한 관계 —— 는 보존하는 것이다. 후자에 대해서는 그 합리적 핵심을 인정하면서도 아직 따질 점들이 많은 듯하다. 여기서는 문제점을 하나만 언급해야만 하겠다. 그는 인식론에 있어서는 지식을 진리에의 무한한 접근으로 파악하는 레닌의 견해를 전폭적으로 따른다. 그러면서도 그는 막상 진리에 대해서 설명을 할 때에는 레닌이 말한 또 하나의 중요한 명제 즉 진리는 담론내에서가 아니라 실천에 의하여 검증된다는 명제 —— '푸딩의 맛은 먹어 보아야 안다' —— 에 대하여 별다른 언급을 하지 않는다. 마르크스주의에서는 진리가 그 자체로서가 아니라 실천과의 연관 때문에 중요하다는 점 —— 마르크스주의 철학을 강단 철학과 구분하는 기준점이자 아마 캘리니코스 자신도 틀림없이 인정하는 점 —— 을 상기해 보면 이것은 캘리니코스의 논리 전개가 보여주는 하나의 아쉬운 지점으로 보인다. 전체적으로 그의 철학에서는 실천 개념에 대한 관심이 취약하다는 인상을 주는데 앞으로 이것을 하나의 가설로 삼아 그의 논의를 지켜볼 필요가 있을 듯하다.

개인적인 사정으로 원고를 깔끔하게 다듬는 일에 거의 충실하지 못했으며, 원래는 해설로 계획했던 것도 이렇게 아주 짧고 허술한 역자 서문에 머물 수밖에 없었다. 그래서 예상되는 독자의 질책에도 할 말이 없게 되었다. 다만 앞으로 여기에서 깊이 다루지 못한 중요한 철학적 문제들에 대해서 본 역자의 견해를 다시 밝히게 될 기회가 있으리라고 믿는다. 이 책의 독서가 독자들 자신의 실천적 삶의 유기적인 부분이 되기를 바란다.

1995년 4월 5일
정남영

# 저자 서문

이 책에서 나는 마르크스주의를 개관해 보려고 한다. 그러면서 나는 나의 첫 책인 『알뛰세의 마르크스주의』에서 처음 시작되었고 나의 박사 학위 논문 「『자본론』의 논리학」과 『마르크스주의에 미래는 있는가?』에서 계속된, 마르크스주의가 제기하는 철학적 문제들에 대한 일련의 고찰들을 하려 한다. 이 책이 가질지 모르는 새로움이 있다면 그것은 책의 후반부에서 이 문제들과 분석철학에서 보여진 최근의 발전과의 연관들 중 일부를 탐구해 본 데 있다. 지면이 부족해서 나는 논의들을 종종 상세하게 전개시키지 못하고 간략하게 스케치할 수밖에 없었다. 그러나 그 결과는 여전히 꽤 흥미를 끌 것이다.

나는 이 시리즈*의 편집자들인 스티븐 룩스와 레이몬드 윌리엄즈에게 감사하고, 이 기획을 애초에 시작하도록 장려해 준 콜린 스팍스에게 감사하며, 내가 초급 연구강사로서 이 책을 쓴 곳인 옥스포드 성 피터 컬리지의 교수들에게 감사한다. 또한 많은 대화를 통해 이 책의 주제에 대한 생각들을 명확히 하는 데 크게 도움을 준 마이크 로즌에게 특히 감사하며, 내가 집필을 하는 동안 견뎌 내 주었고 원고에서 많은 고칠 점들을 지적해 준 조에너 쎄든에게 감사한다.

보다 일반적으로 빚을 진 분들에게도 감사의 말을 해야 할 것 같다. 다른 많은 사람들과 함께 나를 대륙 철학의 신비에 입문하게 해 준 앨

---

* Oxford University Press의 '마르크스주의 소개'(Marxist Introduction)라는 제목의 시리즈를 말한다. [역자주]

런 몬테피오르에게 감사하며, 마르크스주의에 대해 내가 가지고 있는 이해의 많은 부분을 빚지고 있는 토니 클리프, 던컨 핼러스, 크리스 하먼, 나이젤 해리스, 마이크 키드론에게 감사한다. 여기에 언급된 사람들 그 누구도 그들이 도와주고 격려해 준 결과인 이 책에 대하여 책임이 없음은 말할 나위도 없다.

개인적으로 잘 알지는 못하지만, 마지막 이름 하나를 언급하지 않을 수 없다. 현재의 마르크스주의 철학의 부흥은 다른 어떤 개인이나 학파보다도 루이 알뛰세 덕분이다. 따라서 이론적·정치적 문제들에 대한 많은 불일치에도 불구하고 그리고 지금 그를 삼켜버린 비극에도 불구하고, 내가 이 책을 바치고 싶은 사람은 알뛰세이다.

# 서론

마르크스와 철학을 연관지어 다루는 책은 특별한 난점으로 고생한다. 비록 마르크스가 철학자로서 그의 지적 경력을 시작하였지만, 그리고 그의 초기 저작들에서 그보다 바로 앞서간 사람들이나 그와 동시대의 사람들의 철학적 견해들과 씨름하였지만, 역사적 유물론을 처음 생성시킨 문헌들은 이러저러한 철학 유파에 대해서뿐만 아니라 철학 자체에 대해서도 무뚝뚝하게 등을 돌렸다. '철학자들은 단지 세계를 다양한 방식으로 해석해 왔을 뿐이다. 중요한 것은 세계를 변화시키는 것이다'[1]라는 포이에르바하에 관한 제11테제는 누구나 알고 있다. 마르크스와 엥겔스는 『독일 이데올로기』에서 철학에 대하여 더 심한 태도를 취한다. '철학과 실제 세계에 대한 연구의 관계는 수음(手淫)과 정상적 성애(性愛)의 관계와 같다.'[2] 이러한 진술들이 선언하고 있는 것은, 그림자들로 이루어진 사변의 영역으로부터 단호하고도 돌이킬 수 없이 결별하여, 철학의 추상들을 전제로 하는 것이 아니라 '실제 개인들과 그들의 활동 그리고 삶의 물질적 조건들'을 전제로 하기에 '순전히 경험적인 방식으로 확증될 수 있는', 경험적 과학의 굳건한 땅을 찾는 것이라고 마르크스와 엥겔스가 믿었던 바의 것이다.[3]

마르크스주의 역사의 많은 역설들 중의 하나는 철학과 역사적 유물론의 이러한 결별이 결코 완전히 이루어진 것처럼 보이지 않는다는 사실

---

1) Marx · Engels, *Collected Works*(London, 1975), vol. 5, p. 5.
2) 같은 책, p. 236.
3) 같은 책, p. 31.

이다. 실로 놀라운 것은 아주 종종 마르크스주의 철학자들은 철학적 범주나 교리에 호소함으로써 이론적, 정치적 난점들에 대응해 왔다는 점이다. 이러한 경향은 특히 '서구' 마르크스주의자들, 즉 1920년대에서 1960년대 사이에 유럽 대륙에서 출현하였던 아주 학술적이며 의심할 여지없이 철학적 성향을 가진 사상가 집단의 특징이라고 종종 말해진다.4) 그러나 철학으로 되돌아가고 싶어하는 마르크스주의 이론가들의 마음은 이러한 해석이 시사하는 것보다 더 깊은 뿌리를 가진 것으로 보인다.

그 가장 두드러진 예로 들 수 있는 것이 1914년 8월에 레닌의 세계가 붕괴했던 때의 일이다. 제1차 세계대전이 발발하자 제2인터내셔널에 속한 당들은 여러 차례에 걸쳐 재확인된 결의들을 무시하고, 학살에 대항하여 단결하기보다는 자국의 정부들을 지지하는 일이 발생하였다. 심지어는 국제 마르크스주의의 요새였던 독일 사회민주당(사민당)도 의회에서 제국주의 정부의 전쟁채권 발행 쪽으로 표를 던졌다. 이 위기는 레닌으로 하여금 사민당과 제2인터내셔널의 지적 황제였던 칼 카우츠키가 구현하는 진화주의(evolutionism)적 마르크스주의로부터 벗어나는 것을 도왔다. 레닌의 방향 조정은 그렇게 실천적인 혁명가로서는 이상한 형태를 띠었다. 대포 소리가 유럽 전역에 울려 퍼질 때, 그리고 국제 노동자계급 운동이 쇠퇴할 때에, 그는 헤겔을 공부하기 위하여 베른의 공립 도서관으로 물러나 있었다. 그 결과가 유고작으로 출판된 『철학 노트』였다. 여기서 레닌은 이렇게 선언하였다. '경구 : 헤겔의 『논리학』 전체에 대한 이해가 없이는 마르크스의 『자본론』, 특히 그 1장을 이해하는 것이 불가능하다. 결과적으로 반세기 후에 (즉 1867년 『자본론』 1권이 출판된 지 반세기 후에) 마르크스를 이해할 수 있는 마르크스주의자는 아무도 없었다!'5)

마르크스의 원숙기의 저작을 이해하는 데 헤겔의 변증법이 필수적이라는 이러한 주장은 1858년 1월, 마르크스와 엥겔스가 혁명의 발발에 서

---

4) P. Anderson, *Considerations on Western Marxism*(London, 1976) 참조.
5) V. I. Lenin, *Collected Works*, vol. 38(Moscow, 1972), p. 180.

곡이 되리라고 믿었던 그 전(前) 해의 재정적 붕괴가 마르크스로 하여금 경제 연구를 다시 하도록 하였을 때에 마르크스가 엥겔스에게 보낸 편지에서 확인된다. ‘순전히 우연적으로 내가 다시 헤겔의 『논리학』을 훑어보았다는 사실이 (프라일그라트가 원래 바쿠닌 것인 헤겔의 책들 몇 권을 발견하여 나에게 선물로 건네주었지) 그 자료를 다루는 방법에 관하여 나에게 아주 큰 도움이 되었네.’6) 그리고 실로 이 연구들로부터 결과한 원고인 『그룬트리세』 혹은 『자본론』의 개략적 초고 — 이는 1939~40년에 처음 출판되었다 — 는 마르크스의 저작들 중에서 가장 헤겔적이다. 마르크스는 헤겔의 변증법의 ‘합리적 핵심’과 ‘신비적 껍질’을 구분함으로써 『자본론』 1권에서의 헤겔적 범주의 존재를 옹호하려고 하였다.7) 그는 위의 편지에서 이러한 은유를 넘어서고자 하는 소망을 표현하였다. ‘만일 그러한 작업을 위한 시간이 다시 주어진다면 나는 헤겔이 개발하였으나 신비주의에 싸여 있는 방법이 가진 합리적인 측면을 — 두세 장 정도로 정리하여 — 보통 사람들이 이해할 수 있게 하고 싶네.’8)

그에게 그럴 시간은 주어지지 않았다. 하지만 우리는, 마르크스와 엥겔스가 1840년대에 모든 철학을 거부할 때의 관점에서 보면 아주 의심스럽지만 마르크스가 헤겔에 대한 자신의 관계를 해명하지 못함으로써 제기된 문제들을 둘러싸고 스스로를 구성해 온 분야인 마르크스주의 철학이라는 것을 다루는 문턱에 서 있다. 가장 중요하고 영향력 있는 마르크스주의 철학 저작들 — 엥겔스의 『반듀링론』, 루카치의 『역사와 계급 의식』, 알뛰세의 『마르크스를 위하여』와 『사본론을 읽는다』, 아도르노의 『부정의 변증법』 — 은 모두 바로 이러한 문제들과 관련되어 있다. 마르크스는 헤겔이 ‘모든 철학의 마지막 단어’라고 썼다.9) 그리고 실상 헤겔은 아리스토텔레스가 중세의 학자들에게 그랬듯이 다름 아닌 마르크스주의자들을 위한 철학자의 역할을 해 왔다. 헤겔의 『논리학』의 속류화된

---

6) Marx · Engels, *Selected Corresponence*(Moscow, 1975), p. 93.

7) Marx, *Capital*(Harmondsworth, 1976), p. 103.

8) Marx · Engels, *Selected Correspondence*, p. 93.

9) A. W. Wood, *Karl Marx*(London, Henley, and Boston, 1981), p. 207에서 재인용.

판(版)이 소련의 '변증법적 유물론' 교재들의 주된 내용을 이루고 있으며, 플레하노프의 시대에서 오늘날에 이르기까지 이 '변증법'을 이해하지 못한다는 비난이 마르크스주의 논쟁에 늘상 등장하는 것이다.

마르크스주의 철학을 헤겔에 대한 마르크스의 관계의 관점에서 위치 지우는 것은 이 주제를 영어로 논의하는 데 있어서 어려움을 더한다. 영어권 철학자들 사이에서 지배적인 분석철학은 헤겔주의 비판을 그 출발점들 중의 하나로 삼았는데, 19세기가 끝날 무렵에 버트란드 럿셀과 무어가 브래들리의 논리적이고 형이상학적 교리들의 형태로 나타난 헤겔주의를 비판한 바 있는 것이다. 전부는 아닐지라도 대부분의 분석철학자들은 옥스포드의 논리학 교수인 마이클 더미트의 다음 발언에 동의할 것이다. '헤겔주의의 전복이 철학 발전의 전제조건임은 의심할 바 없는 사실이다.'10) 그렇다면 마르크스주의 철학자들과 분석철학자들 사이에는 근본적인 차이가 있는 것이다. 전자는 비록 반(反)헤겔적일지라도 대체적으로 독일의 고전적 관념론(칸트, 피히테, 쉘링, 헤겔)과 그 후계자들로부터 파생한 전통의 일부로서 남아 있기 때문이다. 그러나, 내가 1장에서 보여주려고 하는 바이지만, 분석철학은 몇몇 아주 중요한 측면에서 이 전통과 어긋난다.

마르크스주의 철학과 분석철학의 흔치 않은 접촉이 벙어리의 대화가 되어 왔다는 것은 그리 놀랄 일이 아니다. 아도르노는 1934~38년에 나치 독일로부터 도피하여 영국 옥스포드에 머문 바 있다. 그는 1934년에 다음과 같이 한 친구에게 편지를 보냈다.

> 옥스포드에서 가장 오래되었으며 가장 배타적인 여기 머튼 컬리지는 나를 같은 일원이자 '고급 학생'으로 받아 주었네. 그리고 나는 말할 수 없이 평화로운 가운데 물질적인 것에 관해서는 아주 즐거운 작업 조건에서 살고 있네. 물론 난점들이 있는데, 실질적인 철학적인 문제들을 영국인들에게 이해시키는 것은 불가능한 것에 속한다네. 그래서 어느 정도로는 나는 내 작업을 알 수 있게 하기 위해서는 어린이의 수준으로 되돌아 가야 한다네.11)

---

10) M. Dummett, *Frege : Philosophy of Language*(London, 1973), p. 683.

25년 후에 아도르노와 프랑크푸르트 학파의 다른 구성원들은 사회과학의 방법에 대하여 칼 포퍼 및 그의 추종자들과 격렬한 논쟁 —— 소위 실증주의 논쟁 —— 에 빠지게 된다. 여기서 서로간의 몰이해는 완벽에 달했던 것으로 보인다.12)

이렇게 드러나는, 두 전통간의 의사소통의 불가능성은 영어권의 강단 철학이 그 비판자들이 머리 속으로 생각하는 것처럼 [지적으로] 궁핍했더라면 별 문제가 되지 않았을 것이다. 페리 앤더슨은 1968년에 처음 출판된 영향력 있는 글에서 비엔나 써클13)의 '동네 우물 실증주의'를 비판하고, 옥스포드 일상언어 철학의 '기술(技術)주의', '속물주의', '클로로포름 이데올로기'를 비판하였는데, 그는 후자를 부르주아 상식의 포로이며 그렇게들 신중히 연구하는 언어적 실천들에서 일어나는 어떤 변화들을 그려보는 능력이 없는 것으로 서술하고 있다.14) 앤더슨은 서구 마르크스주의를 수용하는 것이 그 대안이라고 시사한다. 실상 1960년대 후반 이후에 영어권에서 마르크스주의에 대한 관심이 커진 것은 대체적으로 대륙 마르크스주의 유파들 중 어느 하나에 대한 집착이라는 형태를 띠고 있다. 영국 마르크스주의자들에 대한 가장 큰 영향력은 알뛰세의 작업이었다. 다른 한편 프랑크푸르트 학파는 미국에서 더 큰 영향력을 가졌던 것으로 보인다.

---

11) S. Buck-Morss, *The Origins of Negative Dialectics*(Hassocks, 1977), pp. 138~139에서 재인용. 옥스포드대학 시절의 아도르노에 대한 에어(A. J. Ayer)의 악의적인 묘사로 판단컨대 경멸과 몰이해는 상호석이었던 듯하다. *A Part of My Life*(Oxford, 1977), p. 153 참조.

12) T. W. Adorno 외, *The Positive Dispute in German Sociology*(London, 1976). 엄밀하게 말해서, 포피기 제1장에서 말하는 외미에서 분서철학자라고 한다면 그것은 부정확한 것이다. 왜냐하면 그는 철학이 의미의 분석과 어떠한 연관이 있다는 것을 항상 거부해 왔기 때문이다. 그러나 지적 출신과 가계적(家系的) 유사성으로 보자면 그는 다른 어떤 것보다도 이 전통에 더 가깝다.

13) 논리 실증주의자들을 말함. [역자주]

14) P. Anderson, 'Components of the National Culture', in A. Cockburn · R. Blackburn(편), *Student Power*(Harmondsworth, 1969).

18

그러는 동안 분석철학은 그 방법의 타당성에 대해 보다 자신감을 가지면서 맹렬히 전진했다. 1969년 자신의 옥스포드대학 철학교수 취임 강의에서 스트로슨(P. F. Strawson)이 보인 어조는 자기의심이나 절망의 어조가 아니었다. '지난 15년 동안에 옥스포드는 아마도 600년 전에 차지하고 그만이었던 위치를 차지하였습니다. 아니 다시 차지하였습니다. 즉 서양에서 철학의 위대한 중심이라는 위치를 말입니다.'15) 비록 분석철학에 대한 앤더슨의 비판이 그 당시에는 정당할지 모르지만(비트겐슈타인과 포퍼라는 두 주요한 인물을 다루는 것은 심히 불공평했다), 그 비판은 오늘날에는 해당되지 않는다. 지난 15년간 영어권(그리고 특히 미국)의 철학에서 가장 근본적인 중요성을 갖는 발전들이 이루어졌다. 체계적인 의미이론을 구축하려는 시도(데이비드슨, 더미트), 인과적 명칭론을 구축하려는 시도(크립키, 퍼트넘, 도널른), 이와 연관된 인식론적 리얼리즘의 부흥, 반(反)경험주의적 과학철학의 출현(라카토스, 파이어아벤트, 쿤), 부르주아 정치철학 및 법철학의 재구성(롤스, 노지크, 드보르킨, 라즈), 콰인의 의미 비판과 촘스키의 변형문법에 의하여 야기된 논쟁들 —— 이것들이 발전의 내용들이다. 이것들 중 그 어느 것도 사소하거나 현학적이라고 하여 무시될 수 없다. 전체적으로 보아 이러한 발전들은 분석철학을 논리실증주의와 일상언어 학파적 속성 —— 각각 속류적 경험주의와 자기만족적 사전편찬술이 된다 —— 의 악성적 과다로부터 떼어 내서, 인식론적이고 형이상학적으로 막중한 문제들 쪽으로 끌고 갔다.

그러나 이 모든 것은 영어권 마르크스주의 철학자들을 그냥 스쳐 지나갔다. 분석적 기법들로 훈련을 받은 점점 더 많은 수가 마르크스주의 내의 개념적 난점들을 해결하는 데 이 기법들을 채택하려고 하기는 했다.16) 그러나 대다수는 —— 루카치, 아도르노 혹은 알뛰세의 저작에 각주를 보태며 —— 대륙적 전통들 중의 하나 속에서 작업하기를 선호하였다.

---

15) P. F. Strawson, *Logico-Linguistic Papers*(London, 1971), p. 170.
16) 예를 들어, D.-H. Ruben, *Marxism and Materialism*(Hassocks, 1977), G. A. Cohen, *Karl Marx's Theory of History*(Oxford, 1978), J. Mepham·D.-H. Ruben(편), *Issues in Marxist Philosophy*(3 vols., Brington, 1979) 참조.

그들이 그들의 선생들을 비판하는 경우에도 그것은 다른 대륙의 사상가들의 입장에서 행해졌다. 예컨대 환멸을 겪은 알뛰세주의자들은 푸꼬에게로 끌리는 식이었다. 영어권 마르크스주의자가 분석철학과 정면으로 대결할 준비가 되어 있는 경우는 드물었다(그 예외는 강단 철학에 뿌리를 내린 정도가 가장 낮은 분야들 중의 하나인 과학철학일 것이다).17) 이는 앵글로색슨권에서 많은 강단 마르크스주의자들이 언어철학에 보이는 점증하는 관심에 비추어 볼 때—비록 그 관심이 특히 데리다와 같은 프랑스 '탈구조주의자들'에 의해 발전된 형태로 보여지고 있긴 하지만—더욱 이상하다. 분석철학자들이 보이는 자만심과 편협함은 영어권 마르크스주의 철학자들이 1968년 이후의 마르크스주의의 부흥에 영향을 거의 받지 않은 앵글로색슨 철학의 주류를 버리고 대륙의 이국성에 매료되는 것에서 똑같은 모습으로 나타나 왔다. 이는 다른 분야에서 일어난 일과 두드러지게 대조된다. 역사 분야에서 마르크스주의는 한 세대 동안 자리를 잘 잡아왔다. 경제학 분야에서는 스라파와 그의 학파 덕분에 마르크스주의는 적어도 존경할 만한 관점으로 간주되고 있다. 사회학은 때때로 서구 마르크스주의의 여러 갈래들에 의하여 폭풍에 휘말리듯이 사로잡힌 것처럼 보인다. 그리고 사회학의 도움으로 문화연구가 창안되었다. 그러나 마르크스주의 철학은 빈민가에 국한되어서, 다른 분야의 마르크스주의자들에게는 방법론적인 흥미를 끌었지만(실로 지난 15년간 마르크스주의의 부흥 전체는 그 철학적 성향에 있어서 '서구 마르크스주의적'인 것이 그 특징이었다), 분석철학자들 사이의 논쟁늘에 대해서는 넝향을 미칠 수가 없었다. 영국의 급진적인 강단 철학자들의 잡지인 『급진철학』은 그 초기의 몇 호들에서 주류적 전통에 대하여 대체로 일화적이고 사회학적인 비판을 게재한 이후에는 자기 나름의 길을 가서, (에드워드 톰슨이 이와 관련되는 맥락에서 표현한 바대로) 대륙의 이념들에 대한 수출

---

17) R. Bhaskar, *A Realist Theory of Science*(Hassocks, 1978), B. Hindess, *Philophy and Methodology in the Social Sciences*(Hassoks, 1977) 참조. 알래스데어 매킨타이어(Alasdair MacIntyre)는 만약 그가 오래 전에 마르크스주의에게 작별을 고하지 않았더라면 또 하나의 예외가 되었을지 모른다.

입 중개상의 역할을 하였으며, '현재의 영국 철학은 막다른 골목에 다다랐다'는 첫 호에서의 주장에 의존하는 데 만족했다.

가장 아이러니컬한 것은 영어권 마르크스주의자들이 구원을 바라며 찾았던 대륙의 사상가들이 분석철학에 점점 더 많은 관심을 표명한 것이다. 예컨대 프랑스에서는 알뛰세적 마르크스주의의 위기, 탈구조주의에의 환멸, 신철학의 기행에 대한 혐오가 자끄 부베레스가 '이미 오랫동안 철학적 양식의 본질적 특징들이었던 과대망상증, 예언적 힘을 가진 척하는 것, 그리고 자기극화'라고 불렀던 것에18) 대한 반감을 낳았다. 분석철학 특유의 미덕들인 명확성, 겸손, 논리적 엄밀성에 대한 관심은 라깡과 데리다의 묵시록적 모호함에 신물이 난 사람들에게는 더 매력적으로 보였다. 1970년대에는 비트겐슈타인, 포퍼, 콰인 등의 글들이 프랑스어로 출판되었고, 과거에는 데리다, 들뢰즈, 푸꼬의 (그리고 그들에 관한) 글들을 주로 게재하였던 잡지 『비판』은 앵글로색슨 철학자들이 자신들의 입장에 대하여 쓴 글들과 「데이비드슨에 대한 전망」 같은 제목의 글들이 실린 특집호를 냈다.19) 독일에서도 앵글로색슨 '실증주의'의 격렬한 적대자였던 프랑크푸르트 학파의 한 갈래는 몇 년 전에는 상상할 수도 없게 분석철학에 가까워졌다. 하버마스의 최근 저작에서도 루카치나 아도르노의 이름보다 오스틴과 썰의 이름이 더 많이 발견될 정도다. 리차드 로티나 이안 해킹과 같은 분석철학내의 급진파 중 일부는 이러한 관심을 서로 주고받았다.

영어권의 마르크스주의 철학자들이 알뛰세나 프랑크푸르트 학파를 받아들일 때처럼 그렇게 무비판적으로 프레게나 비트겐슈타인을 받아들인다는 것은 아니다. 앤더슨 등이 주류 앵글로색슨 철학에 대해 비판한 많은 사항들은 정당화될 수 있다. 그러나 헤겔이 실로 '마지막 철학자'이며

---

18) J. Bouveresse, 'Pourquoi pas des philosophes?', *Critique* XXXIV, no. 369, 1978년 2월호, p. 100.

19) *Critique* XXXVI, no. 399~400, 1980년 8 · 9월호와 no. 409~410, 1981년 6 · 7월호. 1981년 6 · 7월호에 실린 데이비드슨에 관한 글은 빠스깔 앙젤(Pascal Engel)이 쓴 것이다.

그 이후의 강단 철학자들의 저작을 모두 반동적 쓰레기라고 생각하지 않는다면(앞으로 이 책에서 분명하게 될 이유로 인해서 나는 이것이 그렇다고 믿지 않는다),20) 역사적 유물론의 발전에 관심이 있는 철학자들이 할 일은 받아들여진 공식을 외는 것보다 부르주아 사상의 가장 발전된 형식들과 비판적으로 대결하고 그 긍정적 요소들을 전유(專有)하는 것이다. 분명히 이것은 복잡하고, 어렵고, 위험한 과정이지만 반드시 시도되어야만 한다. 마르크스주의는 경험적 탐구 및 계급투쟁과의 접촉뿐만 아니라 바로 그러한 대결로 인해서 발전해 온 것이다. 나는 이 책에서 그러한 시도를 했다고 주장할 수는 없다. 그러나 마르크스주의와 분석철학이 접촉하고 분리되는 몇 가지 주요 지점들을 지적했기를 바란다. 이러한 목적으로 1장에서는 마르크스주의와 분석철학의 전통이 각각 유래한 헤겔주의와 프레게 학파의 전통이 가진 주된 특징들의 일부를 아주 개략적으로 개관한다.

2장에서 본격적인 마르크스주의에 대한 관심이 시작된다. 1840년대에 철학에서 역사적 유물론이라는 새로운 학(學)으로, 그리고 프롤레타리아 혁명의 정치학으로 옮겨가고, 그 다음에 『자본론』에 이르는 경제적 저작들에서 다시 헤겔로 되돌아가는, 마르크스의 독특한 변천 과정이 여기서 고찰된다. 인간 본성에 대한 마르크스의 이론이 가진 지위와 같은 중요한 문제들이 이 장에서 다루어진다. 3장에서는 후기 마르크스주의자들에게서 일어난 철학으로의 회귀가 개관된다. 나는 여기서 냉정하게 선별을 할 수밖에 없었으며, 따라서 — 제2인터내셔널의 '정통' 마르크스수의와 그 여러 경향의 후계자들을 개관한 뒤에 — 20세기의 가장 중요한 마르크스주의 철학자인 루카치, 아도르노, 알뛰세를 집중적으로 다룬다.

마지막 세 장들은 역사적 서술에서 주제적 서술로 옮겨가서, 마르크스주의의 문제들과 분석철학자들간의 논의들 사이의 접촉점들을 이루는 논점들을 특히 다룬다. 4장과 5장은 마르크스주의가 어떤 의미에서 유물

---

20) 루카치는 때때로 이것을 믿었던 것으로 보인다. *The Destruction of Reason* (London, 1980) 참조.

론인가를 밝히려고 하며, 자연주의와 리얼리즘의 교리들을 이루는 상이한 요소들을 각각 다룬다. 마지막으로 6장은 프랑스와 앵글로색슨 언어 철학들을 비판적으로 검토하고, 마르크스주의 이데올로기론에 대한 그것들의 관계를 검토한다. 짧은 결론에서는 마르크스주의 철학 자체의 지위를 논한다.

이 마지막 문제는 이 책을 쓰면서 나의 마음 속에 크게 자리잡아 왔던 것이다. 이 책이 『독일 이데올로기』에서 마르크스가 비난하는 의미에서 철학서라고 불렀을 법한 책, 즉 교리들의 내용과 주장들의 구조에 관심이 있지 그 물질적 조건들에 관심이 있지는 않은 책이라는 것에 의심의 여지가 없기 때문이다. 이론적 담론에 그것들을 생산해 낸 사회적 관계들과는 상관없는 진리값이 들어 있다는 것을 부정하는 속류적 환원주의를 거부한 첫번째 사람이 마르크스라 하더라도 이와 같은 시리즈 그리고 특히 마르크스주의와 철학이라는 주제에 바쳐진 책은 부르주아 학계로의 동화와 통합에, 그리고 마르크스주의의 박사학위 주제로의 전화와 다양한 지적 문제들에 대한 하나의 '접근법'으로의 전화에 특별히 노출되어 있다는 난점은 여전히 남는다. 이 시리즈에 기고하는 다른 사람들보다도 마르크스, 엥겔스, 레닌, 뜨로츠키, 룩셈부르크, 그람시의 고전적 마르크스주의를 이론적 전통으로서 그리고 동시에 노동자계급에 의한 자본주의 권력의 혁명적 전복을 위한 전략으로서 더 따르고 있는 나 같은 사람에게 문제는 특별히 첨예하다. 따라서 나는 2장에서 마르크스의 철학적 발전이 지적인 성장뿐만 아니라 정치투쟁 및 사회투쟁으로부터도 이루어지는 모습을 강조하려고 했다. 이러한 과정으로부터 나온 역사적 유물론은 그 창시자들에 의해서는 노동자계급의 자기해방의 과학적 이론으로 파악되었다. 그 이후의 역사는 마르크스주의의 양극 즉 그 과학적 지위와 노동자계급의 삶과 투쟁에 두어진 그것의 존재 근거로 삼는 실천적 지위를 보존하고 발전시키려는 항상적인 싸움의 역사였다. 이 책에서 논의된 마르크스주의 철학자들은 바로 이러한 맥락에 비추어 평가되어야 할 것이다. 또한 이 책 자체도 이 맥락에 비추어 평가되어야 할 것이다.

# 제 1 장
# 두 전통

# 제1장
# 두 전통

## 1. 칸트에서 헤겔로

에어(A. J. Ayer)는, '철학이란 무엇인가? 이것은 전문적인 철학자에게
조차 대답하기가 매우 어려운 질문이다'[1]라고 쓰고 있다. 그러나 대답을
재촉받는다면 그러한 전문적 철학자들은 아마도 다음과 같은 식으로 대
답할 것이다. 생물학이나 물리학과 같은 특정한 분야에서 활동하는 과학
자들은 우주에서 어떤 종류의 대상이 발견될 수 있는지를 확정하고 나
서 그것들의 내적인 구조를 밝히려고 애쓴다. 반면 철학자들은 연구의
대상이라는 것 그 자체가 대체 무엇인가에 관심을 갖는다. 과학자들은
특정한 인과관계를 탐구한다. 반면 철학자들은 원인이라는 것이 대체 무
엇인가에 대해 질문을 던진다. 과학자들은 지식을 추구한다. 반면 철학
자들은 지식이란 무엇인가 그리고 그것은 과연 가능한 것인가를 고찰한
다. 콰인(W. V. O. Quine)의 말로 표현하면 '철학은 세계의 전제 체계의
대강(大綱)을 밝히려는 것이다.'[2]

철학에 대한 그같은 설명은, 사람들이 지식의 형식과 내용을 구별할
수 있다는 가정에 근거를 두고 있다. 내용과 형식 사이의 이러한 대조가

---

1) A. J. Ayer, *The Central Questions of Philosophy*(Harmansworth, 1976), p. 1.
2) W. V. O. Quine, B. Magee(편), *Men of Ideas*(London, 1978)에 실린 인터뷰, p. 178.
   이와 유사한 대답으로는, J. L. Mackie, *The Cement of the Universe*(Oxford,
   1974), p. 1 참조.

갖는 함의(含意)는 다음과 같은 하나의 은유로 도식화될 수 있다. 즉 철학은 지식의 틀을 제공하고 과학은 그 틀에 세부적 내용을 채워넣는다는 것이다. 그 자체로 볼 때 이 은유는 애매하다. 이 틀이란 것이 대체 일단 건물이 완성되고 나면 제거되어야 할 비계(飛階)와 같은 것인가, 아니면 그것을 중심으로 수많은 현대적 건물들이 축조되는 철강 골조와 같은 것인가? 사실상 ── 이 은유를 계속 사용하자면 ── 철학이 지식의 형식을 확립한다는 주장은 흔히 철학이 이러한 역할을 통해 과학에 확고한 기초를 제공한다는 의미로 받아들여지곤 한다. 형식과 내용의 이러한 구별은 또한 철학과 과학의 전개 방식상의 차이와 밀접히 연관되어 있다. 과학적 지식은 사후적인(a posteriori) 것으로, 어떤 가설들이 경험적 증거에 의해 논박되거나 혹은 확증되는 것으로부터 유래한다. 이와는 달리 철학은 하나의 선험적인(a priori) 학문으로서, 그 명제들은 관찰이나 경험적 탐구라는 방법에 의해서가 아니라 자명한 제1원칙으로부터의 유추나 개념의 분석에 의해 도달된다.

철학에 대한 이러한 상(象)에는 풍자 만화와 같은 요소가 담겨져 있다. 그럼에도 불구하고 나는 그것이 지난 2세기 동안 서구 세계에서 받아들여진 철학관의 가장 중요한 측면들 중의 일부를 포착하고 있다고 믿는다. 이 철학관은 역사적으로 특수한 것이다. 예컨대, 그것이 철학과 과학 사이에 설정한 불연속성은 매우 새로운 것이다. 아리스토텔레스에게는 물리학과 형이상학 사이에 첨예한 단절은 존재하지 않았으며, 그 둘은 동일한 탐구의 부분들이었다. 개별자들에 대한 지식은 그것들의 궁극적 원인이나 목적을 발견하는 것에 있는데, 그것들은 우주의 총체적 질서 속에 자신의 자리를 드러낸다. 그러므로 아리스토텔레스에게는 존재의 근본 구조의 발견과 존재의 세부의 해명 사이에는 아무런 근본적 차이점도 없었다. 엄격한 의미의 철학은 자연철학으로부터 점진적으로 파생되어 나온 것이다. 종종 우리들은 그 자체로서는 그러한 구별을 전혀 짓고 있지 않은 저작들 속으로 이러한 구별을 투사한다. 그 결과 매우 널리 애독되는 데카르트의 『철학의 원리들』의 영역판 같은 경우는, 편집자들이 물리학의 관심사일 뿐 철학적 관심사가 아니라고 간주한 대

목들은 누락되어 있다.[3]

그러나 위에서 개괄한 철학관이 유래한 것은 바로 다름 아닌 데카르트에게서였다. 코기토(cogito), 즉 '나는 사유한다'는 명제의 등장은 정신적인 것에 대한 서구적 개념의 변형을 의미한다.[4] 그 이전까지 정신(mind)은 지력(智力, intellect)과 동일한 것으로 생각되었는데, 지력은 외부 세계에 대한 연구에서 발휘되는 정신의 작용과 불가분한 것으로 생각되었다. 감각지각(sense-perception), 고통, 꿈 등은 아리스토텔레스와 중세 학자들에게는 정신적 현상으로 간주되지 않았고, 인간 육체의 속성으로 간주되었다. 데카르트는 정신의 개념을 이성활동뿐만 아니라 감각인상까지 포함하는 것으로 확장시킴으로써, 그리고 우리가 직접 알 수 있는 것은 우리의 의식의 내용뿐이라고 주장함으로써, 이 전통을 뒤집어 놓았다. 즉 물질적 세계에 대한 지식은 우리 자신의 내적 상태에 대한 지식에 기생한다는 것이었다. 이리하여 인간의 정신은 육체로부터 절연되었고, 그 자신의 사유와 감각만을 확인할 수 있는 사적(私的)인 자아로 변형되었다.

이러한 이동은 필연적으로 — 만일 우리가 단지 우리의 사적인 정신 상태에 접근할 수 있을 뿐이라면 — 어떻게 우리의 외부 세계에 대한 지식이 가능한가라는 문제를 제기할 수밖에 없었다. 내적 주관성의 폐쇄된 영역으로부터 벗어나 어떻게 대상이라는 공적(公的) 세계로 나아갈 수 있는가? 근대의 서구 철학이 지식의 토대라는 문제를 둘러싸고 형성된 것은 이 때문이다. 고전적인 영국 경험주의자들 — 로크, 버클리, 흄 — 노 데카르트의 출발짐을 공유했다. 데카르트와 마찬가지로 그들도 개별적 주체만이 자신의 의식 내용에 접근가능한 특권을 가진 존재로 간주했다. 그래서 그들은 내적 경험 속에 주어진 것만이 지식이 놓일 수 있는 유일하고 확고한 근거를 제공한다고 믿었다. 그렇지만 특히 로크와

---

3) E. S. Haldance · G. R. T. Ross(편), *The Philosophical Works of Descartes*(2 vols., Cambridge, 1970).

4) A. J. P. Kenny, 'Cartesian Privacy', in G. Pitcher(편), *Wittgenstein*(London, 1970) 참조.

흄은 인간의 지식에 근거를 부여하는 일은 본질적으로 경험적인 탐구라고 믿었다. 그리고 그들이 생각하기에 그것은, 뉴턴이 자연철학의 영역에서 성공적으로 이용했던 귀납적 방법을 정신의 연구에 적용하는 것을 포함하는 것이었다. 달리 말하자면 그들은, 내가 앞에서 과학의 토대를 제공하는 것으로서의 철학이라는 생각 속에 포함되어 있다고 주장했던, 선험적 지식과 사후적 지식간의 구별을 하지 않았다. 특히 흄에게 있어서 철학은 과학과 동일하게 경험적 방법을 사용하는 것으로서 과학과 연속적인 것이었다. 인간 정신의 활동에 대한 하나의 인과론적 설명이 이루어진다면 그것은 과학에 근거를 부여하는 데에 도움이 될 것이었다. 칸트는 자신의 저작에서 '인간 오성(悟性)에 관한 생리학, 즉 저 유명한 로크의 생리학'을 매우 정당하게 취급했다.5) 이 점에 관련해서 볼 때 흄은 매우 분명한 입장을 갖고 있었다. 그의 『인간본성론』(*Treatise of Human Nature*)에는 '도덕적 대상에 이성적 추론의 경험적 방법을 도입하려는 한 시도'라는 부제가 붙어 있는데, 다른 말로 하면, 그것은 인간에 대한 경험적, 귀납적인 설명방법을 통해 과학에 확고한 기초를 부여하기 위한 시도였다.6)

그렇지만 지식의 영역을 단순히 인간 정신의 활동까지 포괄하는 것으로까지 확장시킴으로써 지식에 근거를 부여하려 한 시도의 역설적 성격이 분명히 드러난 것도 흄에게서다. 로크는 경험과 반성을 지식의 두 가지 원천으로 인정했었다. 흄의 급진적인 경험론은 로크의 논지를 더욱더 밀고 나갔다. 그 결과 그는 반성에 경험으로부터 독립된 지위를 부여하지 않았다. 또 그는 추론수단인 개념들(생각들)을 우리의 직접적인 감각인상의 빛바랜 모사물로 간주하게 되었다. 게다가 그는, 원인과 결과 사

---

5) Kant, *Critique of Pure Reason*(London, 1969), p. ix.

6) 특히 Hume, *A Treatise of Human Nature*(Harmondsworth, 1970), 서문 참조. 나는 여기에서 내가 1977년 3월 2일 옥스포드 급진철학 모임(Oxford Radical Philosophy group)에서 발제한 글에 의존하였다. 또한 N. Kemp Smith, *The Philosophy of David Hume*(London, 1949), E. C. Mossner, *David Hume*(Oxford, 1970)과 B. Stroud, *David Hume*(London, Boston, and Henley, 1977) 참조.

이의 필연적 연관이나 물질적 실체와 정신적 실체 사이의 필연적 연관처럼 상식에 대해서나 세계에 대한 과학적 견해에 대해서 본질적인 개념에 해당하는 것이 우리의 직접적 경험 속에는 없다고 주장했다. 우리는 뉴턴의 물리학에 의해 드러나는 인과적으로 지배받는 객관적 세계의 실존에 대한 우리의 신념을 합리적으로 정당화할 수 없다고 한다. 이 신념은 습관의 산물이며, 어떤 감각인상들의 항상적인 결합에 의해 우리 속에 유발된 생각들의 연합의 산물이라는 것이다. 그러나 습관의 형성에 관한 흄의 심리학적 설명에 필수적인 생각들의 연합이라는 개념은 바로 뉴턴의 중력개념을 근거로 형성된 것이다.7) 그리고 이것은 흄이 합리적으로 정당화될 수 없다고 보았던 바로 그 인과관계의 개념을 포함하는 듯이 보인다. 이렇게 하여 다른 지식들의 토대를 제공하겠다고 나섰던 인간과학 그 자체부터가 토대가 없음이 밝혀지게 된 것이다.

이 위기에 대한 칸트의 해결책은 순수 지식과 경험적 지식을 날카롭게 구분하고, 따라서 철학과 과학을 날카롭게 구별하는 것이었다. 경험론자들과 마찬가지로 인간 주체를 근본적인 것으로 보는 점에서 그는 데카르트의 뒤를 따랐다. 철학은 가능한 **경험**의 조건들에 관한 것이지 (라이프니쯔에게서처럼) 단순히 가능성과 필연성에 관한 것만이 아니라고 한다. 그렇지만 철학의 과제는 '이성에게 자신의 합법적 요구들을 보장해 줄 법정을 세우는 것'이다. 그 법정에서는 우리의 개념들을 검토함에 있어 '사실의 문제'(quid facti)에 대해서가 아니라 '권리의 문제'(quid juri)에 관심을 갖는다.8) 전자 즉 사실의 문제는 로크와 흄이 제기했던 문제이다. 이 문제에 대한 그들의 대답은 '하나의 개념이 경험을 통하여 그리고 경험에 대한 반성을 통하여 획득되는 방식을 보여주며, 따라서 이 방식이 그 개념의 정당성에 대해서는 관심을 갖지 않으며 단지 사실적인(de facto) 조직 방식에 대해서만 관심을 갖는다는 것을 보여준다.'9) 엄격한 의미의 철학은 이러한 경험심리학과는 달리 한 개념의 실존 권

---

7) Hume, 앞의 책, 서문, pp. i, 4.
8) Kant, 앞의 책, *Critique of Pure Reason*, pp. xi, 84, 116.
9) 같은 책, pp. 85, 117.

리에 관계된 것이다. 그것은 '어떻게 사유의 주관적 조건들이 객관적 타당성을 갖는가를, 즉 그것들이 어떻게 대상에 대한 일체의 지식이 가능할 수 있는 조건들을 제공해 줄 수 있는가'를 설명해야만 한다.[10]

그 문제는 특히 칸트에게 절실했다. 왜냐하면 그는, 수학과 물리학의 명제들은 귀납에 의해서는, 즉 관찰된 것을 관찰될 수 없는 것으로 만드는 일반화 과정에 의해서는 정당화될 수 없는 보편적 타당성을 지니고 있다고 믿었기 때문이었다. 예컨대, 우리가 단지 검은 까마귀만을 보았다는 사실로부터 '모든 까마귀는 검다'는 명제, 즉 모든 공간과 모든 시간에 두루 적용될 수 있는 보편적 명제에 이를 수는 없다는 것이다. 흄은 귀납이 확실한 지식을 제공할 수 없다고 주장했고, 칸트도 이에 동의했다. 어떠한 보편적 명제도 하나의 특수한 명제 집합──그 집합이 아무리 많은 원소명제들을 갖고 있다 하더라도──으로부터의 추론이라는 방법에 의해서는 정당하게 획득될 수 없다는 것이다. 또 칸트는, 과학은 '이성의 진리'이며 이 진리를 부정하면 모순에 빠지게 된다라는 라이프니쯔의 주장을 거부했다. 칸트의 주장에 따르면 그러한 진리란 단지 '모든 물체는 외연을 가지고 있다'와 같은 분석적 판단──술어가 이미 주어의 의미 속에 포함되어 있고 따라서 문장은 그것이 포함하고 있는 단어들의 의미 덕분에 진리로 되는 판단──일 수 있을 뿐이라는 것이다. 이와 달리 칸트는, 수학과 물리학이 **종합적** 판단에 근거하는 것으로 간주했다. 종합적 판단이란 단지 문장의 주어의 의미를 풀어 놓을 뿐만 아니라, 우리에게 주어에 대해 새로운 어떤 것을 말해 주는 판단을 말한다. 그러나 과학들의 명제들은 또한 필연적인 것이기도 하다. 달리 말하면, 그것들은 보편적 타당성을 갖는다. 그러므로 그것들은 사후적으로, 즉 관찰이라는 방법과 경험의 축적에 의해서 발견될 수는 없다. 따라서 '순수 이성의 고유한 문제는 선험적인 종합적 판단이 대체 어떻게 가능한가 하는 문제에 담겨 있다.'[11]

---

10) 같은 책, pp. 89, 122.
11) 같은 책, p. 19.

이 질문에 대한 칸트의 대답은 독일 고전 관념론의 출발점이다. 직관 (감각인상)을 기록하는 능력인 감각이 가진 수동성을 이해의 능동성과 구별한 칸트는 산수와 기하학의 타당성을 이들이 시간 및 공간과 각각 맺는 관계 위에 정초하려고 하였는데, 그는 이 관계가 그 어떤 절대적인 현실성도 갖지 않는 것으로 생각했으며, 오히려 가능한 경험의 틀의 일부를 제공해 주는 직관의 선험적 형식들로 간주하였다. 이와 마찬가지로 그는, 인과관계의 지배를 받는 객관적인 상식세계 즉 뉴턴 물리학의 세계는 가능한 경험의 조건들과 상관없이 존재하는 것이 아니라 선험적 (transcendental)12) 관념의 세계이며 오성(understanding)의 범주들에 의해 구성되는 세계라고 생각했다. 범주들의 선험적 연역이라는 자신의 주장을 증명하기 위한 칸트의 시도는 『순수 이성 비판』의 초석이다. 그것에 중심적인 것은 판단에 대한 분석이다. 칸트는 '감각이 직관을 담당하는 능력인 것처럼, 오성은 사유 즉 감각의 표상들을 규칙 아래 포섭하는 능력이다'라고 쓰고 있다.13) 사유는 판단이라는 수단에 의해 그러한 역할을 수행하는데, 이 판단활동 속에서 개별 인상들은 개념 아래 포섭된다. '모든 판단들은 우리가 획득한 여러 표상들이 통일될 때에 나오는 결과이다.'14) 그렇다면 오성이란 종합에 의해서 이루어지는 것으로서, '상이한 표상들을 결합시키는 행위이며, 그 표상들 속에 있는 다양한 것들을 하나의 지식으로 파악하는 기술'이다.15) 흄이 감각경험 속에 객관적 연관들이 주어져 있다는 것을 부정한 것은 옳았다. 그 연관들은 직관들을 개념 아래 포섭하는 것, 말하자면 결합 혹은 종합에 의존하는데, 이것은 '객관적 대상들을 통해서 주어질 수 없으며' '주체의 자기활농성

---

12) 칸트의 철학에서는 모든 지식의 가능성을 넘어서는 조월적인(transcendent) 것과 지식을 가능케 하는 선험적인(transcendental) 것이 구분된다. 'a priori'는 엄밀히 따지면 이 양자를 포함하는 것으로 볼 수 있는데, 여기서는 편의상 'transcendental'과 똑같이 '선험적'으로 옮겼다. [역자주]
13) Kant, *Logic*(Indianapolis and New York, 1974), p. 113.
14) Kant, 앞의 책, *Critique of Pure Reason*, pp. 69, 93~94.
15) 같은 책, pp. 77, 103.

의 산물'인 것이다.'16) 그러나 그같은 종합에 포함되어 있는 판단은 칸트가 반성적이라고 부른 것, 즉 과거의 경험으로부터 단순히 일반화한 것일 수는 없다. 왜냐하면, 만약 판단이 과거의 경험으로부터 단순히 일반화될 수 있다면, 일관되고 안정되며 지속적인 경험의 가능성 바로 그 자체가 문제로 되어, 경험이란 것은 순간순간마다 연관 없는 감각인상의 혼란 속으로 해체되어 버릴 위험에 처할 것이기 때문이다. '경험적 개념들에 입각한 종합의 통일성은 만일 그 경험적 개념들이 선험적 통일의 기반 위에 놓이지 않는다면 전적으로 우연적인 것이 되어 버릴 것이다. 그러한 선험적 기반이 없다면 표면의 현상들이 영혼 속으로 몰려 들어오긴 오면서도 경험을 허용하지 않게 되는 일이 가능할 것이다.'17)

경험의 가능성이 의존하고 있는 이 '선험적 통일의 기반'은 오직 주체 속에서만 그 원천을 가질 수 있다. 그러나 칸트는, 우리가 사고하고 지각하고 꿈꾸는 등의 행위를 할 때에 의식하고 있는 것처럼 보이는 경험적 자아와 선험적 주체를 조심스럽게 구별하였다. 흄은 칸트에 앞서 이미 이 전자의 데카르트적 자아에 어떠한 통일성도 부여하기를 거부하였으며, 그것을 '생각할 수 없을 정도로 빠르게 이어지며, 끊임없는 흐름과 운동의 상태에 있는 상이한 지각들의 꾸러미 혹은 집합에 지나지 않는 것'18)으로 축소시켰다. 칸트가 말하는 주체인, '통각(統覺, apperception)의 선험적 통일성'은 경험 속에서 주어지는 것이 아니라, 경험의 근저에서 경험을 가능하게 한다. 만일 모든 직관이 감각경험에 의해 전제되지만 그 속에 들어 있지는 않은 어떤 지속적인 자아에 준거할 수 없다면 뉴턴의 물리적 세계는 말할 것도 없고 이 경험 즉 흄이 말하는 인상들의 흐름조차 불가능할 것이다. '"나는 생각한다"는 것이 나의 모든 표상들에 동반되게 하는 것은 분명 가능할 것이다. 왜냐하면, 만약 그렇지 못하다면 전혀 사유될 수 없는 어떤 것이 나에게서 표상된다는 것인데, 그것은 표상이 불가능하다거나 혹은 적어도 나에게는 아무 것도 아니라

---

16) 같은 책, p. 130.
17) 같은 책, p. 111.
18) Hume, 앞의 책, 서문, pp. iv, 6.

고 말하는 것과 같을 것이기 때문이다.'[19]

이러한 논증의 요점은 칸트로 하여금 경험적 세계의 객관성과 그 세계를 서술하는 과학의 객관성을 근거지울 수 있게 하는 데 있었다. 물론 이 세계가 주체로부터 독립적으로 존재하는 영역으로 설정되지는 않았다. 오히려 이 세계의 객관성은 '본래적 통각에 있어서 모든 것은 반드시 자기의식의 철저한 통일의 조건들에, 즉 종합의 보편적 기능들에 합치해야 한다'[20]는 사실로부터 나오는 것이었다. 통각의 선험적 통일이란 다양한 직관(감각인상들의 흐름)에 열두 개의 범주들을 적용시키는 것을 포함하는데, 그 범주들은 판단의 논리적 형식으로부터 도출된 것들이다. 계속해서 칸트는 대상들과 인과관계들이 이루는 정상적이고 일상적인 세계는 감각인상들을 이 범주들 아래 포섭하는 것에서 생긴다는 것을 보여주려고 하였다. 그리하여 '보편적인 자연법칙들은 그것들을 자연으로 귀속시키는 우리들의 오성작용에 자신들의 근거를 둔다.'[21] 그들의 보편성은 모든 가능한 경험에 대한 그들의 적용가능성에 의존한다. 이리하여 종합적인 선험적 판단의 가능성이 확립되며, 그것들의 타당성은 존재의 내부구조를 반영함에 있어서 그것들이 거두는 성공에서가 아니라 선험적 주체의 종합활동에서 도출되는 것이다. 인간의 감각과 오성의 상호작용을 통해 우리에게 주어지는 형태 이외의 실재는 알 수 없는 물자체(物自體, thing-in-itself)이다. 칸트는 『순수 이성 비판』의 세 번째 주요절(節)인 '선험적 변증법'에서, 이성은 가능한 경험의 경계 밖에서 지식을 추구하게 되면 '선험적인 환각', 예를 들면 어떤 풀 수 없는 이율배반에 빠진다는 것을 보여주려고 했다.

공적이고 객관적인 상식적 리얼리즘의 세계와 데카르트적 자아의 내석 세계를 선험적 주체의 활동에 종속시킨 칸트의 작업은 헤겔의 절대적 관념론의 기초가 되었다. 이미 피히테에게서 현상과 물자체, 주체와 객체, 이론적 이성과 실천적 이성간에 칸트가 지은 구별은 부차적이고

---

19) Kant, 앞의 책, *Critique of Pure Reason*, pp. 131~132.
20) 같은 책, pp. 111~112.
21) Kant, *The Critique of Judgement*(Oxford, 1973), p. 19.

상대적인 것이 되었다. 그 대신 일차적인 것으로 된 것은 '자아'(I)의 활동이었다. 이 '자아'는 자신에 대립하는 '비자아'(not-I)를 설정함으로써 객관적 세계를 창조한다. '자아'의 본래적 자기동일성은 그것이 일단 깨지면 하나의 대립물이 다른 대립물을 뒤잇는 무한한 과정, 모든 종합이 일시적일 뿐이어서 그것이 획득되자마자 또다시 새로운 반명제(antithesis)에 의해 전복되어 버리는 무한한 과정에 자리를 내주게 된다. 주체와 객체의 통일, 그리고 사고와 행동의 통일은 도달할 수 없는 목표가 된다. (이후에 헤겔은 이것을 '악무한'(bad infinity) — 이미 상실한 자기동일성을 결코 다시 획득할 수 없는 끝없는 노력 과정 — 이라고 부르게 될 것이었다.) 쉘링은 피히테보다 한걸음 더 나아갔다. 모든 대립물들에 선행하는 존재의 본래적 통일인 '자아'는, 모든 개인적 주체를 초월하고 신과 그 창조물의 궁극적 동일성을 표현하는 **절대이념**이 된다. 그러나 쉘링의 **절대자**는 말로 표현할 수 없는 것으로서, 이성적이고 추론적인 수단을 통해서는 알 수 없고 오직 직관을 통해서만 알 수 있는 것이었다. 그것은 '절대적 무관심이고 …… 일체의 반명제(antithesis)로부터 떨어져 있는 독특한 존재이며 그 안에서는 모든 구별들은 깨어진다. …… 술어가 없다라는 술어 외에는 어떤 술어도 (갖고 있지) 않기에.'22) 그것은, 헤겔이 냉소적으로 표현했듯이, '모든 암소가 검게 보이게 되는 밤'23)인 것이다.

헤겔은 앞서간 신(新)플라톤주의자들, 스피노자 그리고 쉘링과 마찬가지로 신과 세계가 동일하다는 것을 보여주려고 하였다. 그를 특이하게 만든 것은 첫째로는 그가 이 기획을 개념적 사고의 포기를 통해서가 아니라 오히려 그 내적 구조라고 그가 믿었던 것을 드러내 보임으로써 실현하고자 했다는 점이다. 그리고 둘째로는 그의 선배들이 개인적 주체를 **절대자** 속에 용해시키려 했던 반면 헤겔은 데카르트에서 칸트에 이르는

---

22) F. W. J. Schelling, *Philosophical Inquiries into the Nature of Human Freedom and Matters Connected Therewith*(Chicago, 1936), p. 87.
23) G. W. F. Hegel, *The Phenomenology of Mind*(London, 1966), p. 79[헤겔, 『정신현상학』, 지식산업사, 1987].

서구 철학 속에서 발전해 온 주체성의 개념에 계속해서 핵심적인 중요
성을 부여했다는 점이다.

 헤겔의 사상에 특징적인 합리주의와 신플라톤주의의 기묘한 혼합은
『논리학』의 서두에 명백하게 드러나는데, 이『논리학』이 다루는 '영역은
즉자대자적으로 외피를 쓰지 않은, 그야말로 있는 그대로의 진리이며 ……
자연을 창조하기 이전의, 그리고 유한한 정신을 창조하기 이전의 영원한 본
질의 상태에 있는 신이다.'24) 헤겔은 논리학을 '우리의 지적 인지(cogniti-
on)의 순전한 형식에 관한 학'이지 '내용에 관한' 학은 아닌 것으로 본25)
칸트의 견해를 거부했다. 헤겔에게 '형식이란 구체적 내용 자체에 들어
있는 과정이다'26) 논리학의 범주들은 우리의 경험적 지식이 그 안에서
조직되는 틀을 제공할 뿐 아니라 현실 자체에 들어 있는 추동력이다.
『논리학』의 구조는 사유의 형식들, 즉 가장 일반적이고 추상적인 범주들
이 자기 자신으로부터 내용을 발전시켜 냄으로써 그 내용을 획득하는
과정의 구조이다. 이 구조는, **절대이념**이 **절대정신** 속에서 완전한 자기의
식을 획득하기 이전에 자연이라는 외적 영역 속에 자신을 소외시키는
패턴을 드러낸다. 그것의 출발점은 존재(Being)라고 하는 본래적인 무언
(無言)의 통일성이다. 이것은 여러 범주들 가운데서 가장 기본적인 것이
다. 이것은 쉘링의 '절대적 무관심'과 같이 일체의 특수한 성질을 완전히
결여하고 있음으로 해서 무(無, Nothing)와 똑같은 것으로 된다. 그러나
존재의 자기부정은 존재가 어떤 규정적 내용을 획득하는 수단이기도 하
다. 헤겔에게 있어서 부정은 단지 그것이 부정하려는 것을 없애 버리는
것이 아니라 오히려 규정적인 부정을 뜻한다. 그것은 부정된 범주를 새
로운 통일 속에 흡수시키며 하나의 범주에서 다른 범주로 움직이는 추
진력을 제공한다. 게다가 존재가 내용을 획득하는 것은 오직 부정에 의
해서만이다. 어떤 실체가 소유하는 한정된 형상과 성격은 그것과 그것
아닌 것 사이의 대조, 그것이 그 자신과 타자(他者) 사이에 설정한 장벽

---

24) Hegel, *The Science of Logic*(London, 1929), vol. 1, p. 60.
25) Kant, *Logic*, pp. 14~15.
26) Hegel, *Phenomenology*, p. 115[헤겔, 『정신현상학』, 지식산업사, 1987].

36

에 의존한다.

존재의 차별화는 또한 그것의 자기소외의 과정이며 그것의 가장 극단에서는 **본질**(『논리학』의 둘째 권)의 영역에 속하는 과정이다. 그 영역 속에서는 현실의 상이한 측면들의 상호의존이 인식되지만 그들의 내적 연관은 아직 포착되지 않는다. **본질론**은 본질과 현상, 원인과 결과, 형식과 내용과 같은 범주들을 포괄한다. 그것은 '반성적 오성의 영역이다. 이 영역은, 차이들이 그 나름의 근거를 가지고 있다고 보고 또한 그 차이들의 상대성을 분명히 긍정하면서도, 여전히 두 가지 진술을 "또한"이라는 말로써 병렬적으로 혹은 순차적으로 결합시킬 뿐 이 진술들을 하나의 단일한 진술로 만들거나 혹은 개념으로 통일시키지 못한다.'27) 헤겔이 여기에서 염두에 두었던 사람은 특히 칸트였다. 즉 이성의 한계에 대한 강조, 그리고 현상을 넘어 물자체에 침투하려는 모든 시도는 단지 풀 수 없는 이율배반에 이를 뿐이라는 칸트의 주장이었다. 헤겔은 모순에 대한 칸트의 적의(敵意)를 비난했다. 헤겔에 따르면 칸트의 그러한 적의는 '사물에 대한 관습적인 애틋함'을 표현하는 것으로서, '모순을 우연한 것으로, 곧 사라질 일종의 비정상 상태나 혹은 질병의 발작'28)으로 취급하는 것이다. 그러나 사변적 이성의 관점에서 볼 때, '모든 사물은 그 자체가 모순적이며 부정성은 …… 자기운동과 생명의 내부에서 고동치는 맥박이다.'29) 규정적 부정은 단순히 존재의 본래적 통일성에 차이를 이끌어들이는 것만은 아니다. 『논리학』의 제3단계, 즉 사변적 단계인 **개념론**에서 '부정의 부정'으로서의 부정은 **본질**의 영역에서 발전해 온 규정적인 것들 사이의 장벽을 분쇄하고 그것들의 내적 통일성을 의식으로 끌어올린다. 그러는 과정에서 부정은 절대적 관념론의 프로그램을 실현한다. 물질 세계를 구성하고 있는 명백히 안정적이고 자립적인 유한한 실체들은 그 자체로서가 아니라 **절대자**의 발현으로서 정체성을 지닌 모순적인 것으로 나타난다. '절대적인 것은, 유한한 것이 자기모순적 대립물이라는

---

27) *The Logic of Hegel*(Oxford, 1975), p. 166.
28) Hegel, 앞의 책, *The Science of Logic*, vol. 2, pp. 50, 67.
29) 같은 책, vol. 2, pp. 66, 69.

바로 그 때문에 — 즉 유한한 것이 존재하지 않는다는 바로 그 때문에 존재한다.'[30]

『논리학』이 취한 길 — **존재/본질/개념** — 은 헤겔이 『정신현상학』에서 탐구한 주체성의 길이다. 자기의식은 존재의 무언(無言)의 통일에서는 불가능하다. 자아는, 일단 그것이 자신을 다른 것과 구별짓고 다른 것에 자신을 대립시킬 때에만 스스로를 인식할 수 있게 된다. 그러나 주체의 객체로부터의 혹은 다른 주체들로부터의 이같은 소외는 필연적으로 자기 자신이나 세계와 어긋나는 '불행한 의식'을 낳는다. 그것이 자기소외로서 포착될 때에만, 그리고 주체가 객체를 그 자신의 타자로서, 즉 자신의 형성과정 속에서만 자신에 대립되는 위치에 놓여지는 자기 자신으로 볼 때에만 의식은 세계 속에서 편안해질 수 있다. 주체성은 다음과 같은 과정, 즉 그것을 통해 본래의 무의식적 통일이 깨어지고 자기소외로 변형되지만 다시 현실의 전체를 의식의 발현으로 파악하는 보다 풍부하고 보다 높은 통일로서 회복되게 되는 과정과 동일하다. 그것은 하나의 원을 그리는데, 바로 이 원의 주위를 『논리학』이 돌고 있는 것이다. 부정의 부정에 해당하며, 오성의 대립적 성격의 말소에 해당하는 **개념**은 존재의 통일성의 회복을 의미하지만 단순한 회복을 의미하는 것은 아니고, 자기의식의 정점에서는 『논리학』의 과정 속에서 생성된 모든 규정들을 포괄하는 것이다. 부정의 부정은 '**삶**과 **정신**의 가장 내밀하고 가장 객관적인 순간이며, 이것 덕분에 주체는 개인적이며 자유롭다.'[31] 그렇지만 『논리학』의 마지막에 등장하는 주체는, 유한하든 무한하든 하나의 개인이 아니라 하나의 구조이며 그것이 획득되어진 과정과 동일한 바로 그 **절대이념**이다. '본질적으로 진리는 주체이다. 그렇기 때문에 그것은 변증법적 운동이며, 자신에게로 되돌아감으로써 자신의 전진(前進)을 유지하는 활동성의 자기생산적 과정이다.'[32] 따라서 '과학은 자기에게로 되돌아가는 순환이며, 여기서는 시작이 또한 끝이고 끝은 시작이

---


30) 같은 책, vol. 2, p. 70. 또한 vol. 1, p. 68 참조.

31) 같은 책, vol. 2, p. 478.

32) Hegel, *Phenomenology*, p. 123.

다.'33) 한편 '**절대이념**의 내용은 이 지점에 이르기까지 시야를 거쳐갔던 땅 전체이다.'34) **절대자**는 철학에서 비로소 완전한 자기의식을 획득하는데, 철학은 주체와 객체, 사유와 현실, 신과 세계의 절대적 동일성이 개념적으로 파악되고 이해되는 그런 순간에 앞서서 **이념**이 밟아 온 도정(道程)에 대한 기억(Erinnerung, 내면화)이다. 따라서 헤겔이 지지한 철학적 학설 —— 절대적 관념론 —— 과 그 학설이 확립되는 수단 사이에는 첨예한 구별이 있을 수 없는 것이다. 달리 말하자면, 처음에는 청년 헤겔파에 의해 나중에는 엥겔스에 의해 그어진 헤겔의 변증법적 방법과 그의 관념론적 체계 사이의 대립은 유지될 수 없는 것이다. '형식은 구체적 내용 자체에 들어 있는 과정이다.' 우리는 마르크스와 헤겔의 관계에서 핵심이 되는 이 문제를 이어지는 두 개의 장에서 검토할 것이다. 그 사이에 우리는 매우 상이한 하나의 철학적 전통에 주목해야만 할 것이다.

## 2. 칸트에서 프레게로

분석철학은 흔히 그 방법, 즉 철학적 문제들을 명확히 하거나 분석하기 위해 언어용법을 분석하는 것에 의해 특징지워진다. 그러나 우리가 앞으로 살펴보게 되겠지만 이러한 접근법의 근저에는, 인간의 사유(그리고 그 사유 속에 반영되는 세계)는 그것의 언어적 표현으로부터 분리되어 이해될 수 없다는 가정이 깔려 있다. 달리 말하면, 사유는 데카르트적 자아의 사적 세계로부터 담론(discourse)이라는 공적 세계로 옮아간다. 이러한 이동, 그리고 그것과 연관된 특수한 언어관은 칸트와의 연관이 뚜렷한 문제들에 그 기원을 두고 있다. '분석철학은 프레게를 따르는 철학이다'35)라고 마이클 더미트는 쓰고 있다.36) 고틀롭 프레게에 의한 논

---

33) Hegel, *The Science of Logic*, vol. 1, p. 83.
34) *The Logic of Hegel*, p. 293.
35) M. Dummett, *Truth and Other Enigmas*(London, 1978), p. 441. 이 이후의 프레

리학의 재구축은, 19세기 중반 독일 철학에 지배적 영향력을 행사했던 자연주의적 유물론자들 사이에 우세했던 심리주의(psychologism)에 반대하여, 수학의 객관성과 선험적 진리를 옹호하고자 한 그의 열망에 의해 촉발되었다. 전자, 즉 19세기 중반 독일의 자연주의적 유물론자들의 견해 —— 이 견해는 로크와 흄의 고전적 경험론의 연속이라고 할 수 있는 존 스튜어트 밀의 『논리학 체계』에서도 보여지는 것으로서, 『산수학의 기초』(1881)에서 프레게에 의해 혹독한 비판을 받았다 —— 에 의하면, 수학은 인간 정신의 작용에 대한 일종의 경험적 연구에 의해 설명될 수 있는 관찰로부터의 귀납적 일반화로 구성된다. 그 이전의 칸트와 마찬가지로 수학에 어떠한 보편적 타당성도 인정하지 않는 이같은 '오성의 생리학'을 논박하고자 한 프레게는, 산수학(算數學)의 명제들은 오직 논리학의 법칙들로부터 도출될 수 있을 뿐이라고 주장했다. 칸트가 주장했던 바와는 달리 산수학은, 그 타당성이 가능한 경험의 영역에 국한되어 있고 인간 정신의 특수한 구성으로부터 도출되는 종합적 선험체가 아니라고 한다. 오히려 단순히 논리학의 법칙들로부터의 추론에 의해 산수학의 진리를 확립할 수 있다는 것이다. 그렇다면 논리학은 정보를 전달하지 않는 분석적 진리들로 구성되는 것이 아니었다. 왜냐하면 그것은 우리에게 세계에 관한 매우 중요한 사실, 즉 수(數)들의 존재를 발견하도록 만들어 주기 때문이다.

이와 같이 매우 야심찬 주장을 정당화하기 위해 프레게는 그의 『개념론』(*Begriffschrift*, 1879)에서 논리학을 재구성할 수밖에 없었는데, 이것은

---

게에 대한 해석은 M. Dummett, *Frege : Philosophy of Language*(London, 1973), D. Bell, *Frege's Theory of Judgement*(Oxford, 1979)와 H. Sluga, *Gottlob Frege*(London, 1980)에 크게 의존하였으며, 어느 누구에게 치우치지 않고 여기저기서 견해를 취합하였다. 그리고, 프레게에 대한 논평가들은 좀처럼 견해의 일치를 이루지 못하고 있다. Sluga와 Dummett의 *The Interpretation of Frege's Philosophy*(London, 1981) 참조.

36) Post-Fregean은 여기서만 문맥상 '프레게를 따르는'이라고 옮기고 대부분의 곳에서는 그냥 '프레게 학파' 정도로 옮겼다. [역자주]

제1급의 기본논리학의 핵심 요소들을 포함하는 것으로 그 분야의 근대사의 개시를 알리는 것이었다. 이 거대한 전문적 업적은 특징적으로 칸트적인 출발점을 포함하고 있었다. 논리학은—그것이 시작된 고대 이래로—타당성 있는 추론, 달리 말하면 다른 문장들로부터 하나의 새 문장을 도출해 낼 수 있는 조건들에 관해 관심을 가져왔다. 문장들간의 관계에 대한 이같은 관심 집중은 명사론, 판단론, 그리고 삼단논법론의 세 부분으로 나뉘어진 전통적인 아리스토텔레스 논리학에서는 흐려졌다. 논리학의 출발점은 주어와 술어로의 문법적 분할에 기초하고 있는 어떤 판단이나 문장을 구성하고 있는 용어들에 의해 주어졌다. 한스 슬루가가 말했듯이, '(아리스토텔레스적) 주어·술어 논리학이 가진 관점은 본질적으로 집합적인(aggregative) 것이다. 그것은, 판단이란 것이 이미 주어진 구성 요소(개념)들의 집합에 의해 형성되는 것으로 간주한다.'37) 그 결과는 문장들의 결합적(combinatorial) 성격 즉 문장들이 갖고 있는 것으로 보이는 특이한 내적 통일성을 설명할 수 없는 무능력이었다. 더미트의 말을 빌자면, '그렇게 되면 문장들이 맞든 틀리든 어떤 것을 실제로 말하는 데 어떻게 성공하는가 하는 것이 문제가 될 듯하다. 왜냐하면 그럴 때에는 문장이 일종의 목록으로 전락하는 듯이 보이기 때문이다.'38) 프레게에 앞서 논리학에 대한 집합적 접근법과 가장 단호하게 결별한 것은 칸트였다. 그는 판단을 감각인상들의 종합으로 간주했고, 그 감각인상들의 통일성은 판단들이 포함하고 있는 개념들의 적용에 선행하며 또 그 적용을 가능하게 만드는 것이라고 보았다.

프레게는 문장들의 우선성(primacy)을 그의 논리학의 재구성에 근본적인 것으로 만들었다. '아리스토텔레스에게서 …… 논리적으로 원시적인 활동은 추상에 의한 개념의 형성이다. 그리고 판단과 추론은 여러 개념들을 그들의 외연에 따라 직접적 혹은 간접적으로 비교함으로써 등장한다. …… 이와는 반대로 나는 판단들과 그 내용으로부터 출발한다.'39)

---

37) [원본에 누락되어 있음 - 역자]

38) Dummett, *Frege*, p. 174.

39) Frege, *Posthumous Writings*(Oxford, 1979), pp. 15~16.

『개념론』은 명제계산법(propositional calculus)에서 시작하는데, 여기에서는 문장들의 논리적으로 허용가능한 결합은 명제를 구성하는 문장들의 진리값(참 혹은 거짓)에 의해 특징지워진다. 양화(量化)된 문장들('모든' 혹은 '일부'라는 연산자에 의해 묶인 문장들)의 구조를 다루는, 술어계산법(predicate calculus)을 취급하는 대목에서 그는 마찬가지로 문장을 기본적인 것으로 간주한다. 그는 문장들의 주어와 술어로의 피상적인 분할을 잘못된 것이라고 거부하면서, 한번이나 혹은 그 이상 출현하는 독립명사(singular term)를 생략함으로써 문장들로부터 술어를 추출했다. 그래서 예컨대 '⋯⋯은 푸르다'라는 술어는 '하늘은 푸르다'라는 문장에서 '하늘'이라는 독립명사를 제거함으로써 구성된다. 이러한 작업은 프레게로 하여금 보편적 명제들에 관한 분석을 발전시킬 수 있도록 하였는데, 이는 중세 시대 이래 논리학자들을 괴롭혀 온 문제들을 풀어 줄 것이었다.[40]

산수학을 논리학으로 환원하고자 한 프레게의 '논리주의적' 프로그램은, 버트란드 럿셀에 의해 발견된 집합(set)이론의 역설에 부딪혀 좌초되었다. 그렇지만 논리학을 재구축하고자 한 프레게의 시도는 그러한 충돌에도 불구하고 살아남아, 20세기로 바뀔 무렵에 캠브리지의 무어와 럿셀에 의해, 비엔나의 논리 실증주의자들에 의해, 그리고 양대전 사이의 기간에는 옥스포드의 일상언어 학파에 의해 계승되었다. 새로운 논리학은 그들의 수중에서 자연언어에 대한 이해에 이르는 그리고 때로는 그것들에 대한 비판에 이르는 열쇠가 되었다. 프레게 자신이 이 문제에 대해 가졌던 관심은 단지 주변적인 것이었을 뿐이었다. 왜냐하면 그는 자신의 논리적 표현법이 드러내는 추론 방식과 개념적 구소는 일상언어 속에서는 단지 불완전하게만 표현될 수 있을 뿐이라고 믿었기 때문이다. 예컨대, '프랑스의 국왕은 대머리다'라는 문장은 자연언어로서는 완전히 수용가능하다. 그러나 그 문장의 주어가 어떠한 지시대상도 가지고 있지 않다는 사실(프랑스에 국왕은 없으므로)이 그 문장으로부터 고유명사에 대한 프레게의 분석에 따른 어떤 진리값을 박탈하고 있어서 이로 인해 그

---

40) Dummett, *Frege*, ch. I, 그리고 Sluga, 앞의 책, ch. III 참조.

것이 모든 문장은 참이거나 혹은 거짓이어야만 한다는 논리법칙을 위반하고 있는 것이다. 분석철학자들은 자연언어를 개량하고 '재편성'하여 그것이 도널드 데이비드슨이 논리학의 '프로크루스테스 침대'[41]라고 부른 것에 맞을 수 있도록 노력하거나[42] 아니면 그러한 재편성의 가능성을 부정하면서 일상언어의 작동을 탐구하려 노력하였다.

전자의 접근법의 고전적인 사례는 럿셀의 서술이론(theory of discription)이다. 이 이론에서 그는 '프랑스의 국왕은 대머리다'와 같은 문장들에 대한 하나의 대안적 분석을 제시했는데, 이 분석에서 그는, 그러한 문장들의 표면적 문법구조는 (진리값이 없다기보다는) 거짓이라는 진리값을 갖는 논리적으로 받아들여질 만한 실존적 진술—— 이 경우에는 '프랑스 국왕인 한 사람, 오직 한 사람이 있으며 그 사람은 대머리다'라는 진술—— 에 의해 대치될 수 있음을 보여주고 있다.[43] 프레게의 분석에 대한 유명한 옹호에서 스트로슨은 주어·술어 문장의 표면구조에 반영되는 일상어법의 타당성을 복원시키고자 애썼다. '아리스토텔레스식의 규칙이나 럿셀식의 규칙은 그 어느 것도 일상언어의 표현에 대해 정확한 논리학을 제공해 주지는 않는다. 왜냐하면 일상언어는 정확한 논리학을 갖고 있지 않기 때문이다.'[44]

그럼에도 불구하고 두 접근법은 많은 공통점들을 가지고 있다. 리차드 로티가 주장하듯이, '이상(理想)언어 학파'['재편성'의 이론가들]와 일상언어 학파 사이의 유일한 차이점이란 어떤 언어가 이상적인가 하는 문제에 대한 불일치이다.'[45] 두 학파는 철학적 문제들의 해결은 언어적 표현들의 '논리적 형식'을 확증하는 것에 달려 있다는 전제를 공유한다. 그

---

41) 프로크루스테스는 그리스 신화에 나오는 노상강도로서 붙잡은 나그네를 침대에 눕히고는 침대 길이에 맞추어서 다리를 잡아늘이거나 잘라버리거나 했다. [역자 주]

42) D. Davidson, 'Belief and the Basis of Meaning', *Syntheses* 27(1974), p. 12.

43) B. Russell, 'On Denothing', in R. C. Marsh(편), *Logic and Knowledge*(London, 1956).

44) P. F. Strawson, *Logico-Linguistic Papers*(London, 1971), p. 27.

45) R. Rorty, 편집자 서문, *The Linguistic Turn*(Chicago and London, 1967), p. 12.

리고 '논리적 형식'의 성격에 관한 그들의 견해가 무엇이든간에, 분석철학자들은 언어에 대한 프레게의 개념을 적어도 두 가지 중요한 측면에서는 공유하는 경향이 있다. 첫째, 프레게는 언어표현들의 의미(sense)와 지시성(reference)을 구별했다.46) 한 언어표현의 지시대상은 그것이 지시하는 언어외적 실체이다. 예컨대, 독립명사들의 경우에는 추상적 혹은 구체적 대상들을 지시한다. 그렇지만 언어표현들의 지시성은 그 의미에 의해 즉 지시성의 '표현 방식'에 의해 규정된다.47) 더미트가 말했듯이 '이처럼 한 단어의 의미는 그 단어에게 어떤 적절한 종류의 지시대상을 규정해 주는 수단 속에 존재한다.'48) 프레게의 반(反)심리주의에서와 마찬가지로, '한 단어의 의미는 듣는 사람의 머리 속에 정신적 이미지를 불러일으키는 그 어떤 성향과도 전혀 관계가 없으며, 전적으로 객관적인 어떤 것이다.'49) 한 문장의 의미는 그 진리조건들에 의해 주어진다는 프레게의 학설을 거부하는 지점에서조차 분석철학자들은 일반적으로 논리적 형식에 대한 그들의 탐구를 의미이론의 토대 위에 올려놓으려고 해왔다.50)

분석적 언어철학이 프레게를 추종하는 경향을 보이는 두 번째 측면은 '한 단어의 의미를 고립된 상태에서 찾지 말라. 명제라는 맥락 속에서 찾아라'라는 유명한 슬로건 속에 집약되어 있다.51) 이 말을 단어들의 의

---

46) 최근에는 '지시대상'을 지칭하는 말로는 'reference'보다는 'referent'라는 단어가 더 많이 쓰인다. 'referent'라는 단어가 있음을 감안하면 'reference'는 '지시대상'보다는 '지시' 혹은 '지시성'이 더 맞다. 그러나 여기서는 맥락상의 필요가 있는 경우에는 'reference'를 '지시대상'으로 옮기기도 하였다. [역자주]

47) P. Geach · M. Black(편), *Translations from the Philosophical Writings of Gottlob Frege*(Oxford, 1970), p. 57.

48) Dummett, *Frege*, p. 93.

49) 같은 책, p. 88.

50) 이러한 이론들에 관한 최근의 개관으로는, B. Harrison, *An Introduction to the Philosophy of Language*(London, 1979) 참조.

51) G. Frege, *The Foundations of Arithmetic*(Oxford, 1980), p. x. Dummett, *Frege*, p. 3 이하, 그리고 J. Wallace, 'Only in the context of a sentence do words have any meaning', in P. A. French · T. E. Uehling · H. E. Wettstein(편), *Contem-*

미를 부정하는 것으로 이해한다면 잘못일 것이다. 오히려 그와는 반대로, 이전에 결코 들어보거나 생각해 보지 않은 발화들(utterances)을 하거나 혹은 그것들을 이해할 수 있는 우리의 능력은, 새로운 그리고 예기치 않은 순열로 결합되어 문장들을 형성하게 되는 단어더미가 이미 쌓여 있다는 점에 의존한다. 오히려 위의 말의 뜻은 단어들의 뜻(의미와 지시성)이 그것들이 문장의 의미를 결정하는 데에서 수행하는 역할 속에 존재한다는 주장을 포함하고 있다. 의미이론의 관점에서 보면, 문장들은 설명적 우선성을 갖는다. 그같은 접근법은 전통적인 논리학에 의해 고무된 원자론적 언어관과는 근본적으로 대립하는데, 이 원자론적 언어관은 ' "생각들", "관념들", "인상들", "감각들" 혹은 "개념들"로 다양하게 (알려진) …… 단순한 이해에 의해 제공되는 독립적으로 유의미한 요소들'에서 출발한다.52) 이러한 언어관에서는 단어들의 의미는 개별적으로 결정되며, 이때 의미는 그것들이 지시하는 언어외적 대상들과 일치한다. 이러한 언어관의 한 형태가 로크에게 존재했으며, 럿셀과 초기 비트겐슈타인의 논리적 원자주의에서도 이 언어관은 여전히 작용하고 있었다. 그래서 럿셀이나 비트겐슈타인에게 있어서 한 문장의 의미는 원자적 대상들의 가능한 배열에 대한 묘사 이외에 다른 것이 결코 아니었다.

그러므로 분석철학자들에게 지배적인 언어관과 칸트의 어떤 테마들 — 개념에 대한 판단의 우위, 반심리주의, 논리의 객관성, 경험을 통한 신념의 생성에 대한 인과론적 설명으로 논리가 환원될 수 없다는 주장 — 사이에는 중요한 접촉점들이 있다. 게다가 슬루가가 지적하고 있듯이,

> 프레게적 혹은 분석적 이해방식은 칸트적 형식주의에서 이미 예고되고 있다. …… (독일의 관념론자들 중에서) 칸트만이 형식과 내용의 분리를 주장하여, 인간 지식의 내용을 단호하게 경험과학에 할당하였으며 철학을 인간적 오성의 선험적 형식들로 재규정하였다.53)

---

*porary Perspectives in the Philosophy of Language*(Minneapolis, 1979) 참조.
52) Bell, 앞의 책, p. 3.

　그러나 차이점들이 유사점들만큼 중요하다. 우리가 보았듯이, 칸트에게 판단의 통일성은 경험적 자아와 그 자아의 경험의 근저에 있는 선험적 주체의 존재에 의존하고 있다. 따라서 '판단이란 여러 가지 형태의 표현들 중에서도 의식의 통일성을 표현하는 것을 말한다.'[54] 분석철학은 언어에 관한 설명에서 문장에 우선성을 부여함에도 불구하고, 선험적 주체가 가진 종합하는 활동을 똑같이 전제하지는 않는다. 『철학 탐구』에서 비트겐슈타인이 사적인 언어의 가능성에 반대한 유명한 주장은——비록 때때로 범주들의 선험적 연역이라는 칸트의 명제와 비교되기도 하지만——확실히 그러한 주체에 대해서는 실로 파괴적인 것이다. 왜냐하면, 그 주장은 한 자아에 대한 우리의 생각, 그리고 그것의 경험을 묘사하는 우리의 능력은 공적 언어의 존재 위에 기생한다는 것을 증명하고자 하기 때문이다. 만일 그 주장이 유효하다면, 언어는 모든 주체——순수하건 경험적이건——로부터 독립적인 것으로 된다. 비트겐슈타인은 다른 곳에서 프레게의 반심리주의와 매우 유사한 용어로 다음과 같이 쓰고 있다. '우리가 경험적으로 알게 되는, 문장에 동반되는 심리적 과정들은 우리에게 흥미가 없다. 우리의 흥미를 끄는 것은 한 문장의 의미에 관한 설명 속에 구현되어 있는 이해이다.' 그러나 그같은 설명은 다른 문장에 의해서만 주어질 수 있을 뿐이다. '우리는 의미가 언어로부터 빠져 나간다고 말할 수 있다. 왜냐하면 어떤 명제가 의미하는 바는 또 다른 명제에 외해 말해지기 때문이다.'[55]

　이처럼 언어는 자기충족적이다. 언어를 담론 외부의 어떤 유리한 위치로부터 설명하려는 모든 시도는 실패할 수밖에 없다. 초언어적 (extra-linguistic) 의미에 대한 탐구는 새로운 문장늘의 번성으로 귀결될 뿐이다. 의미의 객관성에 관한 프레게적 원칙들 그리고 문장들의 설명적 우선성은 틀림없이 프레게 자신의 의도와는 반대로 문장들의 자율적 영역을 구성하는 쪽으로 나아간 듯이 보인다. 제5장과 6장에서 우리는 언

---

53) Sluga, 앞의 책, pp. 61~62.
54) Kant, *Logic*, p. 106. 재인용자의 강조.
55) L. Wittgenstein, *Philosophical Grammar*(Oxford, 1974), 서문, pp. i, 6, 3.

어에 대한 이러한 견해로 되돌아갈 것이며, 이러한 견해가 프랑스의 탈구조주의자들이 말하는 '언어 혁명'과 유사성을 가지고 있다는 점을 다룰 것이다.56) 여기서는 이러한 언어관이 철학적 방법에 대한 분석철학 특유의 견해를 설명하는 데 도움을 준다는 점을 지적하는 것에 우선 만족하도록 하자. 로티는 이것을 '방법론적 명목주의'라는 이름으로 다음과 같이 요약하고 있다.

> 개념들, 실존하는 보편자들, 혹은 '성질들'에 관해 철학자들이 계속 물어 왔으나, (가) 그러한 개념들, 보편자들, 성질들 아래 포섭되는 개별자들의 행태나 속성들에 관한 경험적 탐구로는 대답될 수 없으며, (나) 그것에 답하는 어떤 다른 방식이 있기는 있는 그러한 질문들은 모두가 언어적 표현들의 사용에 관한 물음들에 대답함으로써만 대답될 수 있다는 견해.57)

이 테제에 비추어 우리는 의미이론의 정식화에 관한 분석철학자들의 관심을 이해할 수 있다. 왜냐하면 그러한 이론은 특수한 언어표현들이나 혹은 그 유형들이 가진 논리적 형식에 대한 탐구를 대단히 쉽게 만들어 줄 뿐만 아니라, 그러한 연구의 가능성 자체를 결정해 주는 것인지도 모르기 때문이다.

그러한 탐구가 현실의 성격, 지식의 토대, 윤리의 지위 등등에 관련된 전통적인 철학적 문제들에 대한 열쇠를 지니고 있다는 신념인 방법론적 명목주의는 특히 비트겐슈타인 및 옥스포드 일상언어 철학과 관련되어 있다. 예컨대 비트겐슈타인은, 철학적 문제들은 언어의 작동 방식에 대한 오해에서 생겼기 때문에 개별 언어표현들의 '심층문법'에 대한 서술을 통해서는 해결이 안되고 분해되고 흩뜨려지게 될 따름이라고 믿었다.

---

56) I. Hacking, *Why does Language Matter to Philosophy?*(Cambridge, 1975)[I. 해킹, 『왜 언어가 철학에서 중요한가』, 서광사, 1986], pp. 115~156의 '문장들의 전성기'에 관한 대목 참조. 나는 *Is There a Future for Marxism?*(London, 1982), chs. 2, 4, 7[알렉스 캘리니코스, 『마르크시즘의 미래는 있는가』, 열음사, 1987]에서 탈구조주의의 언어이론들에 관해 논한 바 있다.

57) Rorty, 앞의 책, p. 11.

그러나 럿셀과 비엔나 써클의 영향을 받은 까닭에 일상언어에 대한 이러한 애정을 공유하고 있지 않은 철학자들조차 동일한 목표를 가지고 언어의 개혁을 모색했다. 예컨대 일상언어 철학의 주요한 반대자인 콰인은 '논리학적 재편성이 …… 의미 해명에 본질적인 것이었다는 확고한 신념'으로써 자신의 전략을 정당화하고 있다.58) 다양한 의미이론들이 언어분석을 통한 철학 문제의 해결이라는 동일한 목표에 종사하고 있다. 이것은 형식논리학이라는 도구 위에 기초하여 의미이론을 구성하려는 가장 야심찬 시도를 한 당사자인 도널드 데이비드슨의 경우에서 특히 명백히 드러난다. 광범위한 철학적 문제들에 관해 쓴 자신의 논문들 중의 하나는 「행동 문장들의 논리적 형식」(The Logical Form of Action Sentences)이라고 불리고 있고, 또 하나의 논문은 「독립적 인과진술(singular causal statements)의 논리적 형식은 무엇인가 ……?」59)라는 질문으로부터 시작하고 있다.

철학적 문제들이 의미 분석을 통해 해결되어야만 한다는, 분석철학자들에 의해 ─ 그들간의 다른 차이들에도 불구하고 ─ 공유되고 있는 이러한 신념은, 언어란 우리들의 정신과 세계를 연결하는 단순한 반투명의 매체가 아니라 가장 내밀한 개인적 경험에서부터 수학이나 자연과학이라는 복잡한 접합된 체계에 걸쳐 있는 우리의 사상의 재료 자체라는 믿음이 다른 학설들의 근저에 자리잡고 있음을 보면 쉽게 이해된다. 그러한 믿음은 비트겐슈타인의 사적(私的) 언어론에 함축되어 있고, 데카르트의 정신개념을 '기계 속의 유령'60)이라고 비판한 길버트 라일(Gilbert Ryle)의 입장에 함축되고 있으며, 다른 많은 형태로도 표현되고 있다. 콰인은 행동주의적 입장에서 '유해한 정신주의'를 서부함으로써 비슷한 입장에 이끌린 바 있는데, 이 '유해한 정신주의'는 '어떤 사람의 의미를, 명

---

58) W. V. O. Quine, 'Replies', in D. Davidson · J. Hintikka(편), *Words and Objecti-ons*(Dordrecht, 1969), p. 333. 재인용자의 강조.
59) D. Davidson, *Essays on Actions and Events*(Oxford, 1980), essays 6과 7. 같은 책, p. 137 이하의 논리적 형식에 대한 논의 참조.
60) G. Ryle, *The Concept of Mind*(London, 1949).

시적인 행동으로 이르는 그의 성향들 속에 함축되어 있을 수도 있는 것을 무시하고, 정신 속에서 규정되는 어떤 것'으로 본다. 이와 대조적으로, '자연주의적 철학자는 정신철학으로 주의를 돌릴 때면 언어에 대하여 말하고자 하는 경향이 있다.'61) 분석철학은 그 내적인 차이들에도 불구하고 20세기 서구 문화에서 일어난 광범위한 운동의 일부로 간주될 수 있는데, 이 문화의 특징은 철학, 문학 그리고 예술 등에서 언어가 자기 자신에게로 되돌려지고, 극단적으로는 (데카르트적 자아와 세계 사이의 접촉점이 아니라) 자아 일반과 세계 일반의 접촉점이 된 것이다. 이러한 '언어혁명'의 몇 가지 의미들은 다른 장들에서 상세히 검토될 것이다.

---

61) Quine, *Ontological Relativity and Other Essays*(New York and London, 1969), pp. 27, 26.

# 제2장

# 철학의 종말?

# 제2장
# 철학의 종말?

## 1. 프롤레타리아트의 발견

마르크스는 필경 철학자로 출발할 수밖에 없었을 것이다.[1] 마르크스
가 헤겔 철학으로의 개종을 선언하였던, 그의 아버지에게 보낸 1837년
11월 10일자의 그 유명한 편지는 그의 세대의 많은 지식인들이 겪었던
경험을 기록하고 있다. 사변적인 성격이 없어서 나중에 청년 헤겔파와
마르크스의 대결을 답답해 했던 엥겔스조차도 거의 마찬가지의 길을 걸
었다.[2] 프로이쎈의 교육 및 문화부 장관인 알텐슈타인에 의하여 장려된

---

1) 마르크스의 발전에 관한 기본적인 저작은 A. Cornu, *Karl Marx et Friedrich
   Engels*(4 vols., Paris, 1958~1970) 참조. 그밖의 두드러진 연구물들로서는 다음
   의 세 책이 있다. S. Hook, *From Hegel to Marx*(London, 1906), M. Löwy,
   *La Théorie de la révolution chez le jeune Marx*(Paris, 1970), 그리고 철학적
   배경을 광범하게 다루고 있는 K. Löwith, *From Hegel to Nietzsche*(London,
   1969)[칼 뢰비트, 『헤겔에서 니체에로』, 민음사, 1985]. 또한 흥미있는 것으로는
   D. McLellan, *Karl Marx and the Young Hegelians of Revolution*, vol. 1(London,
   1977)[맥렐란, 『청년 헤겔 운동』, 학민사, 1984], Part 1, 그리고 G. Labica, *Marxism
   and the Status of Philosophy*(London, 1980) 등이 있다.
2) 엥겔스의 발전에 관해서는 Cornu, Draper, Labica 외에 G. Stedman-Jones,
   'Engels and the Genesis of Marxism', *New Left Review*, no. 106, 1977년 11 ·
   12월호 참조. 이 글은 마르크스에 비한 엥겔스의 조숙성(早熟性)과 마르크스에
   미친 엥겔스의 영향에 강조점을 둔다.

헤겔주의는 1820년대와 1830년대에 실질적으로 공식적인 철학의 지위를 향유하였다. 그러나 헤겔주의에는 1840년대에 독일의 현상태에 대한 급진적인 비판의 출발점들 중의 하나를 헤겔의 사상이 제공하였던 이유를 설명하는 긴장들이 담겨져 있었다.

철학은 헤겔의 체계내에서 독특한 위치를 차지하고 있다. 철학은 전체 과정의 정점에 서 있으며, 또한 반성(反省) 속에서 이 과정을 **절대정신**의 자기의식의 성취과정으로 재구축하고 있다. 이러한 전개과정의 동력을 제공하는 모순은 사후에(post festum) 해소된다. 즉 사태가 끝난 후에 **절대정신**으로 향하는 여정의 필연적인 단계로서 철학자에 의하여 합리화되는 것이다. '철학은 그리하여 진정한 신정론(神正論, theodicy)이며' 그 역사는 '그 가장 깊은 의미에 있어서 세계의 역사다'라고 헤겔은 썼다.3) 칼 뢰비트의 말을 빌자면 헤겔에게 있어서 '철학은 기독교에서의 신의 현현과 마찬가지로 현실과의 화해를 나타낸다. 최종적으로 파악된 화해인 그것은 곧 철학적 신학이다.'4) 그러나 만약 **절대이념**과 현실의 완전한 동일성을 나타내는 것이 철학의 몫이라면 헤겔의 체계내에는 어떤 느슨한 지점이 존재하게 되는 셈이다. 철학이 일상 세계의 변혁에 기여함으로써 이 동일성을 의식으로 가져오는 데 어떤 역할을 할 수 있느냐 없느냐의 문제는 어느 정도로는 아직 해답이 주어지지 않고 있기 때문이다. 헤겔은 초기에 프랑스혁명에 열광을 보인 까닭에, 나폴레옹이 예나에서 프로이쎈군을 패배시키기 전날 밤에 완성한 『정신현상학』이 인간해방을 향한 바로 그 투쟁의 일부라고 믿게 되었다. 실로 그는 그의 작업이 프랑스군의 실질적인 공적 이상의 것을 성취하리라고 생각하여서 1808년에 '개념의 영역이 일단 변혁되면 현실은 버티지 못한다'라고 썼다.5) 헤겔은 나중에는 정치에서의 환멸로 인하여, 독일이 이념과 현실

---

3) G. W. F. Hegel, *Lectures on the History of Philosophy*(3 vols., London, 1963), vol. 3, pp. 546~547.
4) Löwith, 앞의 책, p. 48[칼 뢰비트, 『헤겔에서 니체에로』, 민음사, 1985].
5) 1808년 10월 28일 헤겔이 니트함머(Niethammer)에게 보낸 편지, W. Kaufman, *Hegel*(London, 1965), p. 323에서 재인용.

의 동일성을 의식으로 가져오는 데 필수적인 인간 정신의 해방을 종교 개혁의 시점에서 달성하였다고 결론지었다. 그는 정치적 개혁의 반대자가 되어 '이성적인 것이 현실적인 것이고 현실적인 것이 이성적인 것이다'라고 선언하게 되었다. 변화를 주창하는 자유주의자들은 **절대자가** 이미 실현되었고 세계와 하나가 되었다는 것을 파악할 지적인 통찰력을 결여하고 이념을 기존 현실에 대립시켰다는 것이다.6)

1831년 헤겔의 죽음 이후에 헤겔 학파는 프로이쎈 국가를 이념의 현현으로 신성시하는 것을 받아들이는 우파와 이 국가가 이념에 순응하기를 요구하는 좌파로 급속히 양극화되었다. 좌파의 명칭이 되었던 청년 헤겔파 혹은 헤겔내기들(Hegelings)은 종교의 비판으로 시작하였다. 18세기의 계몽주의 철학자들처럼 이들도 이렇게 하는 데 대해서 철학적 이유뿐만 아니라 정치적 이유도 가지고 있었다. 루터의 교회는 프로이쎈의 절대왕정을 떠받치는 주요한 지주들 중의 하나였던 것이다. 그들은 또한 종교가 그보다 깊고 개념적인 철학의 진리들을 불완전하고 시각형상적으로 나타낸 것이라는 헤겔의 분석에 격려를 받았다. 다비드 쉬트라우스의 『예수의 삶』(1835)은 성서를 유태 민족의 신화로 간주하였다. 브루노 바우어의 긴 일련의 복음서 비판은 그 복음서가 그 저자들이 창안해 낸 것임을 드러내었다. 루드비히 포이에르바하의 『기독교의 본질』(1841)은 종교를 인간의 본질이 소외되어 나타난 것으로 끌어내렸다. 헤겔 좌파는, 1840년 프리드리히 빌헬름 4세의 즉위에 의해 고양된 변화의 희망이 무산되고 나서, 프로이쎈 국가에 대하여 그 민주적 개혁을 요구하는 보다 명시적으로 정치적인 도전을 전개하도록 자극받았다. 새로운 왕정은 자유수의적 재야 세력의 무적(符籍)이었던 입헌군주제에 대한 빌헬름 4세의 적대감을 급속히 드러나도록 하였다. 알테슈타인의 자리를

---

6) G. W. F. Hegel, *The Philosophy of Right*(New York, 1971), p. 10. G. Lukács, *The Young Hegel*(London, 1975)[G. 루카치, 『청년 헤겔 I · II』, 동녘, 1986, 1988] 참조. 그러나 허버트 마르쿠제는 헤겔의 '현실과의 화해'는 『정신현상학』에 기원을 두고 있다고 믿었다. *Reason and Revolution*(London, 1968), p. 92[마르쿠제, 『이성과 혁명』, 중원문화, 1983] 참조.

54

이어받은 아이히호른은 '헤겔주의라는 용의 씨앗'을 제거하기 위하여 쉘링을 베를린 철학 주임교수로 초청하였다. 1841년 11월에 이 나이든 관념론자가 한 취임 강의는 프로이쎈 국가의 철학과의 유희가 끝났음을 나타내는 것이었다. 바쿠닌, 부르카르트, 엥겔스, 키에르케고르를 포함한 청중에게 쉘링은 헤겔의 변증법의 '부정적·이성적' 성격을 비난하였으며, 바로 이 세계에 다름 아닌 '태고로부터의 맹목적인 존재'를 받아들이는 '긍정적 철학'을 설파하였다.7) 청년 헤겔파 중에서 보다 실질적인 정신의 소유자로서 이전에는 프로이쎈 국가의 자유주의적·청교도적 전통이라고 믿었던 것에 희망을 걸었던 아놀드 루게 같은 이들은 이제 보다 급진적인 행로를 취하기 시작하였다.

　점점 사나워져 가는 억압에 직면하면서 발전한 헤겔 좌파는 주로 두 가지 형태를 띠었다. 브루노 바우어와 베를린 박사클럽에 있는 그의 추종자들에 의하여 발전된 첫째 갈래는 헤겔의 절대적 관념론을 버리고 피히테의 주관적 관념론과 다소 유사한 입장을 취하였는데, 이 입장에서는 객관적 세계가 자기의식의 획득을 목표로 하는 개별적 자아에 의하여 관념적으로 설정될 뿐이다.8) 바우어는 헤겔의 이중적 측면을 발견하였는데, 그 하나는 '평범한' 공적인 인물로서 현실과의 화해를 설파하는 기독교 철학자에 해당하고 다른 하나는 '비교(秘敎)적인' 헤겔로서 은밀한 무신론자에 해당한다고 한다. 바우어의 『무신론자이자 반(反)기독교주의자인 헤겔에 대한 최후 심판의 나팔』이라는 풍자문에서 상세하게 개진된 이러한 해석은 **절대자**를 단지 인간의 자기의식에 대한 은유로 간주하였다. 바우어는 의식의 전능성에 대한 헤겔의 믿음을 공유하였는데, 실체(substance)나 칸트의 물자체와 같은──사유로 환원할 수 없는 현실의 존재를 시사하는──개념들에 대한 헤겔의 비판에 특별한 중요성을 부여하였다. 바우어판 헤겔주의의 중심에는 자기의식의 전개형태의

---

7) Löwith, 앞의 책, pp. 117~118. 또한 Marcuse, 앞의 책, p. 323 이하 참조.
8) Marx・Engels, *Collected Works*, vol. 4, p. 139, G. Lukács, *Political Writings 1919~1929*(London, 1972), p. 193, 그리고 Cornu, 앞의 책, vol. 1, p. 161 참조.

역사로 간주되는 『정신현상학』이 있었다. 헤겔과는 달리 바우어에게는 이 과정에 시기 구분이 없었다. 즉 역사는 **절대정신**에서 정점에 달하는 것이 아니라, 자기의식의 각각의 특별한 실현이 그 내적인 긴장으로 인하여 분해되어 다른 실현을 낳게 되는 과정이 무한히 계속된다.

만일 바우어가 피히테의 사상이 역사화된 것으로 되돌아갔다면 포이에르바하의 보다 급진적인 헤겔 비판은 프랑스 계몽주의의 철학적 유물론이 디드로, 홀바하, 라 메트리에게로 되돌아가는 것에 해당하는 것이었다. 포이에르바하에게 있어서 변증법의 주체는 **절대이념**도 아니고 개별적 자아도 아니었다. 그 주체는 인간을 그 최고의 발전형태로 하는 자연이었다.9) 그는 변증법의 구조에 대한 헤겔의 설명 즉 맹목적인 본래적 통일성, 자기소외, 궁극적 화해라는 3단 구조를 받아들였다. 그러나 그는 헤겔의 오류가 유한한 자아를 **절대이념** 속으로 쑤셔 넣음으로써 이 과정의 주체를 잘못 밝혀 내는 것 이상으로 나아갔다고 생각했다. 그 오류는 오히려 주어와 술어의 전도에 있다고 본 것이었다. 이는 경험적 세계의 반영인 사유를 현실과 자연의 본질로, 진정한 주체로, 이념의 현현으로 바꾸는 것을 포함했다는 것이다. 이러한 사변 영역에서의 공적은 포이에르바하에 따르면 현실 자체에서 일어난 전도작용 즉 인간의 자기로부터의 소외의 반영이었다. 인간의 의식이 발전함에 따라 인간의 모든 본질적 힘들이 부여된 낯선 존재가 상상에 의하여 창조되었다는 것이다. 이렇게 인간이 궁핍화되고 허구적 신격이 이익을 얻는 것은 기독교에서 가장 극단적으로 표출되기에 이르렀다고 한다. 신과 그 창조물이 종교 안에서의 화해하는 것 ── 이는 철학에 의하여 개념적으로 파악된다고 한다 ── 은 헤겔이 주장한 대로 절대적 지식의 획득이 아니라 인간소외의 심화라는 것이다. 포이에르바하는 이러한 신이니 **절대자**니 하는 허구를 부수고 그 자리에 인간을 세우는 것이 미래철학의 과제라고 주장하였다. 종교와 관념론적 형이상학은 인간의 특유한 정체성에 대한 자기인

---

9) 이 이후의 논의는 M. Wartofsky, *Feuerbach*(Cambridge, 1977)에 크게 의존하고 있다.

식의 발전, 자연과의 본래적인 무의식적 통일로부터의 발전에 있어서 필연적인 단계들이기는 하나 이제는 때가 지났다는 것이다. 관념론에 대한 포이에르바하의 적대성은 이에 머물지 않았다. 인간은 본질적으로 자연적인 존재인 까닭에 인간에게 있어서 자연에 대한 의존을 드러내는 측면들 즉 감각지각과 육체적 욕구들이 지식의 유일하게 확실한 원천을 제공한다는 것이다. 인간주의(휴머니즘)는 가장 철저한 유물론과 경험주의에 의해서만 옹호될 수 있다는 것이었다.

포이에르바하의 자연주의적인 유물론이 바우어의 주관적 관념론과 철학적으로 어긋나 있기는 하지만 그 정치적 입장은 아주 유사하다. 마르크스는 나중에 '포이에르바하는 유물론자인 한에서는 역사를 다루지 않으며, 역사를 다루는 한에서는 유물론자가 아니다'라고 말한 바 있다.10) 그 이전 세기의 엘베시우스나 홀바하처럼 포이에르바하도 인간 본성이 기존 사회에서는 한껏 표출되지 않는 일정한 수의 힘들과 성향들 속에 있다고 보았다. 인간해방을 가로막는 주요한 장애물은 조직된 종교(종교조직)의 현존에 있는데, 이것의 힘은 사상과 언론의 자유가 일단 수립되면 무너질 것이라고 한다. 바우어는 이러한 생각에 대체적으로 동의하였으며 따라서 무신론적 입장의 선전에 큰 중요성을 부여하였다. 일반적으로 청년 헤겔파에게는 **절대자**가 제거된 바의 역사란 자기의식의 발전과정, 꽁도르세가 '인간 정신의 발전'이라고 부른 것 즉 자기 자신과 자신의 자연적 환경에 대한 지식이 꾸준하고 무한하며 불가피하게 성장하는 것을 말한다. 이렇기에 독일에서의 인간해방을 위한 투쟁은 사상의 전투가 될 수밖에 없으며 여기서 계몽주의는 미신과 반동을 제거하게 될 것이었다.

관념론적 역사철학은 처음 보기보다는 포이에르바하의 유물론과 덜 어긋난다. 갈릴레오, 데카르트, 뉴턴은 17세기에, 인간과 사물의 행태는 배후의 목적에 기여하는 한에서만 알 수 있다는 것을 내용으로 하는, 세계를 목적론적 질서로 보는 아리스토텔레스적 사고방식을 축출하였다.

---

10) Marx · Engels, *Collected Works*, vol. 5, p. 41.

그 결과로 인간과 물리적 세계는 서로 분리되었다. 객관적 현실은 물질 즉 기계적 법칙들에 의하여 지배되는 물리적 세계와 동일시되었으며, 인간은 데카르트적 자아 즉 본질적으로 주관적이고 정신적인 존재가 되었다. 따라서 인간에 대한 연구는 오로지 인간 정신의 연구에만 놓여 있었다. 이렇듯 18세기에 물리학의 경험적 방법을 인간에 대한 과학에 확대하려던 흄, 엘베시우스 등의 시도는 필연적으로 사회적이라기보다는 심리적이 될 수밖에 없었다. '물리적 세계의 운동은 인간에게 있어서 감정(passion)에 해당한다'라고 엘베시우스는 썼다.[11]

마르크스와 바우어는 1830년대 말 마르크스가 베를린에 있을 때 친구였는데도, 남아 있는 마르크스의 철학적 저작들 중에서 가장 최초의 것인 데모크리투스와 에피쿠루스에 대한 박사학위 논문(1841)과 그것을 준비하는 연구들에는 이미 바우어의 주관주의에 대한 일정한 불만이 드러나고 있다. 바우어는 철학과 현실 세계는 어긋나게 마련이라고 생각하였다. 현실 세계는 사상이 둔한 물질덩어리로 응결된 것을 나타내는 것으로서 정신의 자유로운 활동에 무거운 장애물이 된다는 것이 그 이유였다. 따라서 철학은 기존 현실의 비판이라는 형태만을 취할 수 있었다. 마르크스는 철학적 체계들이 세계로부터 떨어져 나와 그 현실과 어긋나는 '추상적 총체'를 창출함으로써만 형성될 수 있다는 것을 인정하였다. 그러나 마르크스의 생각으로는 이 총체는 세계를 철학의 형상에 맞추어 바꿈으로써만 실현될 수 있고 이념도 그럼으로써만 현실로 바뀔 수 있는 것이었다. 그럼으로써 철학은 스스로를 폐지하고 자신이 떨어져 나온 세계—이제는 바뀐 이성적인 세계—로 되돌아간다는 것이었다. 요컨대 철학의 실현은 그 폐지에 놓여 있는 것이었나. 그러나 이러한 휴지점(休止点, resting point)은 일시적일 뿐이라고 한다. 새로운 체제가 다시 출현하여 현실에 도전을 하는 것이며, 이렇게 내적인 갈등과 혼란의 시기들과 이성적 조화의 시기들이 교체하는 것이 역사다. 그리스 유물론자들에 대한 마르크스의 연구는, 여전히 굳건하게 헤겔의 틀내에 서서 철

---

11) C.-A. Helvétius, *De l'Esprit*(Paris, 1968), p. 40.

학을 역사의 추동 원리로 보고 있기는 하지만, 철학은 세계를 비판할 수 있을 뿐 바꾸지는 못한다는 바우어의 믿음에 대한 암묵적인 비판을 포함하고 있는 것처럼 보인다.12)

이러한 시점에서 정치적 사건들이라는 갈고리가 마르크스를 철학에서 세계로 끌어냈다. 1842년 3월에 바우어가 본 대학 신학부에서 해직됨으로써 학계 진출에 대한 마르크스의 희망도 끝이 났는데, 이 사건은 프로이쎈 러시아 정부가 모든 반대 세력을 짓밟으려고 한다는 것을 나타내주는 여러 신호들 중의 하나였다. 이에 마르크스는 『라인 신문』의 편집진에 참가하였는데, 이 신문은 보다 계몽적인 경제정책들을 촉구하기 위하여 콜로뉴의 자유주의 부르주아지가 창립하였으나 곧 모제스 헤스 및 기타 청년 헤겔파에 의하여 인수되어 프로이쎈 국가에 대한 가장 격렬한 비판가로 변모한 신문이었다. 마르크스는 이 신문의 편집 주간이 되었다. 검열과의 계속되는 싸움 끝에 1843년 3월 이 신문이 탄압을 받기까지 얼마 안되는 기간 동안 지속된 이 경험은 두 가지 측면에서 결정적으로 중요하였다. 첫째, 마르크스는 이제는 스스로를 **자유인들**(die Freien)이라고 부르는 바우어와 그의 동료들이 가지고 있는 독단주의, 무절제한 주관주의, 수사(修辭)만의 급진주의에 대한 참을성을 급속하게 잃어 갔다. 『라인 신문』이 망한 직후에 마르크스가 아놀드 루게에게 보낸 편지의 다음 대목은 바로 이들을 염두에 둔 것이었다.

우리는 새로운 원리를 가지고 독단적으로 세계와 맞서지 않는다. 여기에 진리가 있으니 무릎을 꿇으라는 식으로 하지 않는다. 우리는 세계 자체의 원리들로부터 세계를 위한 새로운 원리들을 개발해 낸다. 우리는 세계를 향하여, 당신의 투쟁은 어리석으니 그만 두라, 우리가 당신에게 투쟁의 진정한 슬로건을 주겠다고 말하지 않는다. 우리는 단지 세계에게 그것이 무엇을 위해서 싸우고 있는지를 보여줄 뿐이다.13)

---

12) Marx · Engels, *Collected Works*, vol. 1, pp. 85, 491, Cornu, 앞의 책, vol. 1, p. 183 이하에서의 이 논문에 관한 뛰어난 논의, 그리고 J.-M. Gabaude, *Le Jeune Marx et le matérialisme antique*(Toulouse, 1970) 참조.

　여기서 철학과 세계의 거리는 이미 좁혀지고 있다. 철학이 할 일은 세계의 투쟁을 위하여 입법(立法)을 하는 것이 아니라 그 투쟁에서 중요한 것을 의식으로 가져오는 것이 된 것이다.

　마르크스가 『라인 신문』에 있을 때의 두 번째 주요한 발전은 그가 '소위 물질적 이해관계에 대한 논쟁에 참가해야 하는 곤란함을 처음 경험하였다'는 것이다.14) 1842년 무렵의 마르크스는 정치적으로—— 핼 드레이퍼의 표현을 빌자면——'비타협적인 민주주의적 극단주의자'로서 자코뱅주의적 민중공화국의 창출에 헌신하고 있었다.15) 그러나 그 견해는 헤겔적 용어들로 정식화되었다. 『법철학』에서 헤겔은 유기적이고 조화로운 전체(헤겔은 특히 그가 젊었을 때에 이것이 그리스의 고대 도시국가들에서 실현되었다고 믿었다)로서의 사회상을 청교도적 종교개혁의 이데올로기적 품질증명서인 개인의 자유와 화해시키려고 하였다. 헤겔은 놀라운 기지로 아담 스미스, 제임스 스튜어트 그리고 기타 정치경제학자들에 의지하면서, 시민사회 즉 원자화되고 경쟁적인 시장경제 세계는 통제되지 않는다면 경제적 위기와 위험한 빈부격차를 낳을 것이라고 주장하였다. 헤겔의 입장에서는 이러한 모순들은 정치적 국가라는 틀내에서만 화해될 수 있을 것이었는데, 이 국가라는 틀내에서는 사회생활의 유기적 토대인 가족, 개별적 주체의 도덕적 자율성에 대한 요구, 시민사회의 역동적 개인주의 사이에 조화로운 균형이 취해질 수 있을 것이었다. 그렇다면 국가는 사회적 이성의 최고의 형태가 될 것이었다.

　마르크스와 청년 헤겔파는 이러한 정치철학을 받아들였는데, 헤겔파는 그가 이성적 국가를 당대의 프로이쎈 왕정과 농일시하는 섬에서 주로 차이가 났다. '최근의 철학은 …… 국가를 법적, 도덕적, 정치적 자유가 실현되어야 하는 그리고 시민들 개인이 국가의 법을 준수하는 것이 그 자신의 이성 즉 인간의 이성의 자연법을 준수하는 것일 따름인 거대

---

13) Marx · Engels, *Collected Works*, vol. 3, p. 144.
14) K. Marx, *A Contribution to the Critique of Political Economy*(London, 1971), p. 19[마르크스, 『정치경제학 비판을 위하여』, 중원문화, 1989].
15) Draper, 앞의 책, p. 57.

한 유기체로 본다'고 마르크스는 『라인 신문』에 썼다.16) 헤겔주의와 자코뱅주의 사이의 이러한 불안한 타협은 독일에서 산업화의 정도가 가장 높은 지역에서 마르크스가 정치적 언론인으로서 경험을 한 뒤에는, 특히 모젤 지방의 농민의 상태를 조사하고 불법 벌목을 처벌하는 법안에 대한 라인 의회의 논쟁을 뒤따라가면서 『라인 신문』의 부르주아 후원자들을 포함한 유산계급과 국가 사이의 밀접한 연관을 발견한 이후에는 사라졌다. 신문에 대한 탄압이 오자 그는 헤겔의 『법철학』에 대한 비판적 검토에 몰두하였다.

그 결과로 나온 원고 — 1927년에 처음 출판되었다 — 에는 1843~45년 시기의 마르크스의 저작들 모두가 그렇듯이 포이에르바하의 영향이 강하게 새겨져 있었다. 포이에르바하가 쓴 세 편의 글 — 「철학개혁의 필요성」(1842), 「철학개혁을 위한 잠정적 테제들」(1842), 「미래철학의 근본원칙」(1843) — 은 청년 헤겔파 중 보다 급진적인 이들, 특히 마르크스, 헤스, 엥겔스에게 큰 영향을 미쳤다. 이 글들은 유물론적 인간주의를 옹호하였으며, 인간의 소외는 공산주의 사회에서만 폐지될 수 있음을 시사하는 듯하였다.17) 포이에르바하의 사회주의는 주로 윤리적 교리의 성격을 가진 것으로서, 공통의 인간성을 보는 눈을 열어 주고 이기주의에 대한 사랑의 승리를 보게 할 지적·정서적 개종을 기대하는 것이었다. 그러나 헤겔에 대한 그의 비판으로 인해 마르크스는 보다 유물론적이고 혁명적인 공산주의로 가는 길에 들어서게 되었다. 『헤겔 법철학 비판』의 주된 주제는 헤겔에게서 나타나는 주어와 술어의 전도, 현실과 사유의 전도이다. 마르크스는 변증법적 방법은 지식의 형식과 내용 사이의 구분을 뛰어넘어 변증법적 범주들의 모순적인 운동으로부터 사유의 자료를 생성하는 것이라는 헤겔의 견해를 비판하였다. 헤겔은 단지 기존의 경험적 자료를 취해서 그것을, 주장되기는 하였지만 확증되지는 않은, 이념

---

16) Marx · Engels, *Collected Works*, vol. 1, p. 202.
17) 알뛰세의 탁월한 편역서인 L. Feuerbach, *Manifestes philosophiques*(Paris, 1960), 그리고 Cornu, 앞의 책, vol. 2, pp. 123~135 참조.

과 현실의 동일성의 단순한 사례들로 바꾸어 놓았을 뿐이라는 것이다. 즉 헤겔은 경험적 현실의 복합성과 다양성을 파악하지를 않고 '그 유일한 관심을 국가든 자연이든 모든 요소들 속에서 순전하고 단순한 "이념", "논리적 이념"을 발견하는 데 두며, 여기서 실질적 주체들은 …… 단순한 이름들이 될 뿐이다.'18) 세계는 파악되지 않은 채로, **절대자**의 현현으로 축소된 채로 남아 있다. 헤겔의 국가론은 '기존의 정치적 정의들을 증발시켜 추상적 사상으로 만드는 것'에 해당하며, '물질의 논리가 철학의 원소가 되는 것이 아니라 논리라는 물질이 철학의 원소가 된다. 논리가 국가를 입증하는 데 복무하는 것이 아니라 국가가 논리를 입증하는 데 복무한다.'19) 헤겔의 '현실과의 화해'는 그의 방법으로부터 흘러나온 것이다. 여기서 기존의 현실은 변형되고 변용되어 신의 현현으로 되며 따라서 비판될 수도 없고 이해될 수도 없는 것이 된다. 초(超)이성주의가 무비판적 긍정주의에 이르게 된 것이다.

주어와 술어, 사유와 현실을 헤겔이 관념론적으로 전도시킨 것에 대한 비판은 헤겔의 변증법이 반영하는 물구나무 선 세계에 대한 분석의 전주곡이다. 마르크스는, '헤겔의 주요한 오류는 현상에서의 모순을 본질에서의 **통일** 즉 **이념에서의 통일**로 이해한 것인데, 사실 여기에는 그 본질에 해당하는 것으로 보다 심층적인 어떤 것 즉 본질적인 모순이 들어 있다'라고 썼다.20) 헤겔이 **절대자** 속에서 모순들을 초월해 버리는 것은 기존의 사회를 구성하고 있는 실제적 모순들, 특히 시민사회(civil society)와 정치국가 사이의 모순들을 은폐하는 데 복무한다. 국가는 시민사회의 경쟁적인 갈등을 그 조화롭고 이성적인 통일 속에서 화해시키는 것이 결코 아니다. 오히려 국가는 시민사회로부터 추상된 것으로서 인간의 자기소외의 산물이며, 자기 자신의 이익만을 추구하는 개인주의자인 부르주아지(bourgeois)와 하나의 정치적 공동체의 성원인 씨뜨엥(citoyen)으로 인간이 분할되게 된 데서 나온 것이다. 포이에르바하가 말한 대로 인간

---

18) Marx · Engels, *Collected Works*, vol. 3, p. 12.
19) 같은 책, pp. 17~18.
20) 같은 책, p. 91.

의 유적(類的) 존재 즉 인간적 본질이 기독교에서 낯선 존재로 전이되는 것과 마찬가지로, '국가 속의 개인들이 유적 본질로서 스스로와 관계를 맺게 되는 것'은 다름 아닌 정치적 국가—— 이것은 시민사회에서의 실존으로부터 떼어내어진 것이다—— 속에서이다.21) 인간성은 종교에서뿐만 아니라 사회생활에서도 자기 자신으로부터 소외되는데, 여기서 인간은 국가라고 하는 기만적 통일체 속에서만 하나의 총체로서 존재한다.

『헤겔 법철학 비판』은 소외의 근원을 인간의 의식상태가 아니라, 사회의 구조에 둠으로써 역사적 유물론을 향한 중요한 일보를 내딛었음을 의미한다. 그러나 이 단계에서는 계급관계에 대한 고찰은 아직 거의 이루어지고 있지 못했으며, 마르크스의 정치학은 공산주의라기보다는 '민주주의적 극단주의'의 정치학에 머물고 있었다. 그는, 보통선거권은 '진정한 민주주의'를 도입함으로써 국가와 시민사회의 분리를 해소할 것이며, 양자 모두를 인간에게로 복귀시킬 것이라고 썼다. 그러나 마르크스가 밝혔던 정치제도와 물질적 이해관계의 관계는, 인간해방 즉 소외의 폐지는 민주적 개혁 이상의 것을 포함할 것임을 암시하는 것이었다. 바로 그것이 『독불 연보』—— 그가 파리로 망명하여 루게와 함께 편집했던 서평지(1844년 3월에 단지 첫 호만이 발간된)였다—— 에 실린 마르크스의 논문들 중 최초의 논문의 주제였다. 여기서 마르크스는, 종교 즉 바우어가 말하는 '혐오스러운 것'(bête noire)은—— 미국에서 기독교의 영향이 보여주는 것처럼—— 단순한 정치혁명에 의해서만은 폐지될 수 없는 것이며, 그것은 보다 근본적인 소외의 산물이기 때문에 단순한 정치적 해방을 넘어서는 인간해방이 부르주아지와 씨뚜옝 사이의 구별을 철폐하고 나서야 비로소 사라질 것이라고 주장했다.

「유태인 문제에 대하여」라는 이름이 붙은 이 논문에서 마르크스는 1776년과 1789년의 혁명들과 같은 이전의 부르주아지 혁명의 제한적 성격을 비판했고 이 논문을 계기로 그는 공산주의의 문턱으로 다가갔다. 그는 『독불 연보』에 실린 두 번째 기고문——『법철학』에 관해 이전에

---

21) 같은 책, p. 107.

쓰여진 미간행 초고의 서문—에서 그 문턱을 넘어섰다. 여기에서 그는 데모크리투스와 에피쿠루스에 대한 자신의 연구 주제, 즉 철학과 세계의 관계라는 문제로 되돌아갔다. 마르크스는, 독일에서 관념론 철학이 번성한 것은 이 나라의 비참한 후진성으로부터 유래하는 것이라고 주장했다. 즉 '정치 분야에서 독일인들은 다른 민족들이 행한 것을 단지 **생각한다**'는 것이었다.22) 주어와 술어, 사유와 현실을 전도시키고자 하는 경향을 갖고 있는 철학은, 인간의 본질을 부정하고 소외시키는 자기소외된 사회를 반영한다. 그러나 다른 한편 철학은 소외가 극복된 세계의 이미지를 표현함으로써 세계를 변형시키려는 열망을 갖는다. 철학을 무시하는 사람들—공산주의적 비밀단체들을 지칭하는 듯하다—에 반대하여 마르크스는, '철학을 실현함이 없이 철학을 지양하는 것은 불가능하다'고 주장했다. 즉 철학이 지양되기 위해서는 조화로운 사회—**절대자**란 이러한 사회의 왜곡된 형상일 뿐이다—를 이루어야 한다는 것이다. 또 그는 청년 헤겔파에게 '철학을 지양함이 없이' 즉 그것을 발생시킨 소외된 사회를 폐지함이 없이는 '철학을 실현할 수 없다'고 말했다.23) **이념**과 현실은 현실을 변형시킴으로써만 일치될 수 있다. 이러한 행위는 이성적 세계를 창조함으로써 그 세계가 독일 관념론에 의해 양육된 **이념**이라고 하는 초현실적 형태로 그려지는 것을 불필요한 것으로 만들 것이었다. 그러한 변형은 1789년의 단순한 재판(再版)이 아니라 '급진적 혁명'을 필요로 할 것이다. 그것은 오직 프롤레타리아트에 의해서만, 즉 '인간의 완전한 상실'이라는 조건에 처한, '철저히 속박된 계급'에 의해서만 성취될 수 있을 것이다.24) 의미심장하게도 그가 노동자계급의 대의를 최초로 지지하게 된 바로 그 순간에, 마르크스는 철학의 종언을 내다보았다.

---

22) 같은 책, p. 180.
23) 같은 책, p. 181.
24) 같은 책, pp. 184, 186.

## 2. 역사적 유물론의 형성

1843년의 '서문'은, 혁명적 공산주의 경향의 문헌으로서는 마르크스의 최초의 문헌이었지만, 이것은 『자본론』에서 절정에 이르게 될 지적·정치적 여정의 출발을 나타낼 뿐이었다. 이 단계에서 프롤레타리아트는 아직 구체적으로 규정된 계급(무계급사회를 창조할 능력을 부여하는 특수한 생산관계내에서 형성된 계급)으로 파악되지 않았다. 프롤레타리아트는 아직도 오귀스트 꼬르뉘(Auguste Cornu)의 말을 빌면, '인간의 운명을 다룬 포이에르바하적 드라마의 주인공과 비슷했으며, 소외의 심연에 떨어져 바로 무소유의 그 극한들로부터 자신의 소외된 본질을 재전유(再專有)할 이유와 동기를 이끌어 내는 인류의 화신과 비슷'했다.25)

더 중요한 것은, 마르크스가 여전히 프롤레타리아트를 — 그 자신이 말하고 있듯이 — 독일혁명의 '수동적 요소'나 '물질적 기초'로, 즉 철학의 불꽃에 의해 점화되기를 기다리고 있는 수동적 대중으로 간주할 만큼 청년 헤겔파적 경향이 강했다는 것이다. 그 결과 '인간해방'은, 하나의 동맹, 즉 '철학을 …… 머리로 하며 …… 프롤레타리아트를 …… 심장으로 하는' 동맹의 과제가 될 것이었다.26) '머리'와 '심장'이라는 비유는 포이에르바하의 '임시 테제'로부터 직접 차용한 것이다. 여기에서 이 용어들은 각각 독일 관념론과 프랑스 유물론을 가리키고 있다. 포이에르바하는 이 양자의 동맹이 '진정한 인간주의'의 기초를 제공할 것이라고 기대했다. 이 동맹의 힘은 정신 — 행동성, 보편성, 변화의 원리 — 과 물질 — 수동적이고 원자적이며 이기적인 것 — 사이의 헤겔적 대비에 의존한다. 철학의 프롤레타리아트에 대한 관계에 적용해 보면, 그 대비는 또 한 사람의 포이에르바하주의적 공산주의자인 엥겔스에 의해 거의 동시에 표현된 다음과 같은 엘리트주의적인 태도를 고무하는 데 복무할

---

25) Cornu, 앞의 책, vol. 2, pp. 288~289. 이어지는 대목은 뢰비(Löwy)에 크게 빚지고 있다.

26) Marx·Engels, *Collected Works*, vol. 3, pp. 183, 187.

수 있을 뿐이었다. '사유할 철학자들이 있고 우리를 위해 투쟁할 노동인민들이 있는데 도대체 어떤 지상의 권력이 우리들의 진보를 가로막을 수 있을 정도로 강하단 말인가?'[27] 정치적 무능으로 인해 좌절감에 빠져 있었던 바우어와 **자유인들**은 이 엘리트주의를 극단으로까지 밀고 나가 대중들을 모든 진보에 대한 장애물, 즉 정신의 활동을 가로막는 수동적이고 반동적인 장애물이라고 비난했다. 그러나 루게가 이러한 태도에 맞추어 1844년의 실레지아 직조공들의 봉기를 하찮은 것으로 무시했을 때, 마르크스는 그들을 옹호하기 위해 나섰다. 1844년 8월에 씌어진 루게에게 보낸 그의 답신에서, 철학은 더 이상 능동적 요소가 아니었다. 오히려 '그들(독일 인민들)이 자신들을 해방시킬 역동적 요소를 발견할 수 있는 것은 **프롤레타리아트** 내부에서일 뿐이다.'[28]

노동자계급을 혁명과정의 능동적 힘으로 간주하는 입장으로 마르크스가 이렇게 옮겨간 배후에는 1843년 10월 파리에 도착한 사실이 작용하고 있었다. 그곳에 마르크스가 머문 것은 불과 15개월뿐이었지만, 이 체류는 생산적인 중요성을 갖는다. 발터 벤야민이 '19세기의 수도'라고 말한 당시의 파리는, 소수의 은행가와 조신(朝臣)들의 무리가 지배하고 있고 급속한 산업발전을 겪고 있었으며, 이미 몇 차례의 주요한 노동자계급 봉기들에 의해 뒤흔들린 바 있는 나라에서, 사회주의 및 공산주의의 이론과 조직이 유례없이 번성한 중심지였다.[29] 이 소용돌이 속에서 매우 중요한 세 가지 사건이 마르크스에게 일어났다. 첫째, 그는 독일과 프랑스의 공산주의자들을 만났다. 1844년 파리에는 약 4만 명의 독일 이주민들이 있었는데, 그 압도적인 다수는 장인(匠人)들이었다. 그들 사이에서는 블랑키와 쏘시에테 드 세종(Societe des Saisons)이 주도한 1839년의 실패한 봉기에서 행한 역할로 인하여 지하로 몰린 의인(義人) 동맹

---

27) Marx · Engels, *Collected Works*, vol. 4. p. 236.

28) Marx · Engels, *Collected Works*, vol. 3, p. 202.

29) W. Benjamin, *Charles Baudelaire*(London, 1973) 참조. 파리 시절의 마르크스에 대해서는, Löwy, 앞의 책, pp. 79~120., Cornu, 앞의 책, vol. 3, 그리고 J. Grandjonc, *Marx et les communistes allemands à Paris 1844*(Paris, 1974) 참조.

이 점차 영향력을 크게 발휘하고 있었다. 푸리에의 유토피아적 사회주의, 라메네(Lamennais)의 기독교 사회주의, 그리고 블랑키의 음모적 소요(騷擾)주의의 혼합물을 이념으로 삼고 있었던 이 그룹과 마르크스의 접촉은, 그리고 마찬가지 이념을 가지고 있는 프랑스인들과의 그의 접촉은 마르크스가 최초로 겪은 노동자계급 조직활동의 경험이었다. 그 영향은 심대했다. 마르크스는 1844년 8월에 포이에르바하에게 보낸 편지에서 이렇게 쓰고 있다. '이 노동으로 지친 사람들로부터 솟아오르는 순수한 신선함과 고귀함을 제대로 아시려면 프랑스 노동자들의 집회에 참석해 보셔야 할 겁니다.'[30] 둘째, 노동자계급의 대의에 대한 마르크스의 지적(知的)일 뿐만 아니라 감성적인 투신은 같은 달 말에 파리를 방문한 엥겔스와의 만남을 통해 더 한층 강화되었다. 이것은 마르크스가 죽을 때까지 지속된 동지관계의 시작이었다. 1842년 말 이래 맨체스터에서 그의 가족의 회사를 위해 일하고 있었던 엥겔스는, 19세기 최초의 대중적 프롤레타리아 운동인 차티즘에 대한 개인적 경험과, 『영국 노동자계급의 상태』에서 곧 기록하게 될 산업혁명의 끔찍함들을 직접 목격한 것을 전해 주었다. 셋째, 마르크스가 나중에 말했듯이, 『헤겔 법철학 비판』을 계기로 마르크스는 '법적인 관계들'과 '정치적 형식은 …… 삶의 물질적 조건들에서 유래하는데, 이 조건들의 총체를 헤겔은 18세기의 영국과 프랑스의 사상가들을 따라서 "시민사회"라는 용어 안에 포함시키고 있는 것이다'라고 결론지을 수 있었으며 동시에 '그러나 이 시민사회의 해부는 정치경제학에서 찾아져야만 한다'고 결론지을 수 있었다.[31] 마르크스는 파리에 머물고 있는 동안 고전적 정치경제학자들의 연구에 몰두했다. 또한 그는 위대한 프랑스혁명 동안의 계급투쟁을 조사하였다.

마르크스가 처음 스미스, 리카아도 그리고 여타의 경제학자들과 접한 결과는 『1844년 경제철학 수고』였는데, 그것은 마르크스가 죽은 지 오래 뒤인 1932년에 비로소 완전한 형태로 출판되었다. 여기에서 마르크스는

---

30) Marx · Engels, *Collected Works*, vol. 3, p. 355.
31) Marx, *Contribution*, p. 20.

포이에르바하의 인간 본성의 개념과 근본적으로 상이한 뚜렷하게 새로운 인간관의 윤곽을 그려냈다. (이것은 실상은 단지 그 후에 「포이에르바하에 관한 테제」와 『독일 이데올로기』에 와서야 명백하게 되었다.) 포이에르바하의 철학에 중심적인 유적 본질(species-being, Gattungswesen)이라는 개념은 강력하게 헤겔적인 색채를 띠었다. 인간의 성원 자격은 사유와 독립하여 객관적으로 주어지는 것이 아니라고 한다. 그것은 인간의 자기 자신에 대한 의식이 확장됨에 따라 발전한다. 인간의 유적 본질은 인간이 지적으로나 감성적으로 자연 및 동료들과의 통일을 깨닫게 될 때에야 완전히 만개한다. 따라서 포이에르바하는 역사를 의식형식의 발전으로 보는 헤겔적 입장을 보존하였다. 종교에서 일어나는 인간의 자기 소외는 주체와 객체의 통일을 수립하는 데 필요한 전제이다. 그러나, 이 통일은 인간과 자연의 통일이지, **이념**과 그것의 경험적 발현의 통일은 아니다. 인간은 바로 역사의 절정이며, 그 유적 본질이 완전히 발전한 존재이고, 자신의 인간성과 자연성에 대한 의식이 명백하게 된 존재이다.

마르크스는 유적 본질의 개념을 계승하여 그것에 새로운 내용을 부여했다. 인간을 감성적이고 궁핍한 존재로서 보는 포이에르바하의 견해는 세계에 대한 근본적으로 수동적인 관계를 암시했다. (그의 핵심적 개념들 중의 하나인 감성 즉 Sinnlichkeit는 감각적인 자연 세계를 의미하는 동시에 감기능력 — 칸트에 따르면 오성을 통해 경험으로 전환되기 이전의 감각인 상들을 기록하는 수용적 능력 — 도 의미한다.)32) 이와 반대로, 마르크스에게서 인간은 그의 환경과의 근본적으로 능동적인 관계에 의해 규정된다. 이 주장은 포이에르바하에 관한 제1테제에서 가장 명백하게 표현되고 있다. '이선의 모든 유물론(포이에르비히의 유물론까지 포함하여)의 주요한 결점은 사물, 현실, 감성이 단지 객체적 혹은 명상의 형식으로만 파악될 뿐 감성적인 인간 활동으로서, 실천으로서 주체적으로 파악되지 못한다는 것이다.'33) 이 '감성적인 인간 활동'은 마르크스가 『수고』에서 명

---

32) L. Althusser, 'Note du traducteur', in Feuerbach, *Manifestes*, pp. 5~6 참조.

백히 하고 있듯이 바로 노동이다.

> 인간이 실제로 자신이 '유적 존재'임을 증명하는 것은 …… 바로 객관적 세계에
> 가하는 자신의 노동 속에서이다. 이 생산은 인간의 능동적인 유적 삶이다. 이 생
> 산을 통해, 자연은 인간의 노동물로, 인간의 현실로서 나타난다. 그러므로 노동의
> 대상은 인간의 유적 삶의 대상화이다. 왜냐하면 인간은 의식에서처럼 단지 지적으
> 로만 자신을 복사하는 것이 아니라, 현실에서 능동적으로 복사하며, 따라서 그는
> 자신을 그가 창출한 세계 속에서 보게 되는 것이다.[34]

인간의 유적 본질은 그의 자기의식에 있는 것이 아니라 자연에 대한
그의 객관적 관계에 있는 것이며 인간과 그의 환경의 상호작용의 틀을
제공하는 노동과정에 있는 것이다.

마르크스에게 노동이란 두 가지 특별히 주요한 차원을 갖는다. 첫째,
인간의 노동은 씨드니 후크가 말하듯이 '재정향적'(再定向的)이다.[35] 다
른 동물들과는 달리 인간은 일정한 고정된 필요를 충족시키는 제한된
활동을 통해 자신의 환경과 관계를 맺는 것이 아니다. 자신의 활동을 반
성하는 인간의 능력, 달리 말하자면 인간의 자기의식은 인간이 이 활동
을 새로운 목표를 성취하기 위해 고안된 새로운 형식으로 향하게 할 수
있다는 것을 의미한다. 둘째, 인간의 노동은 변혁(변형)적이다. 인간과
자연의 관계는 관계의 양쪽 측면의 변형을 포함하는 역동적인 것이다.
인간의 욕구와 능력은 고정된 것이 아니라 노동과정이 인간의 생산력을
확장시키고 새로운 욕망을 창출함에 따라 변화하는 것이다. '산업의 역
사와 이미 확립된 산업의 객관적 실존은 인간의 본질적 힘들을 담은 열
려진 책이다'[36]라고 마르크스는 썼다. 마찬가지로 자연은 그러한 활동으

---

33) Marx · Engels, *Collected Works*, vol. 5, p. 3.
34) Marx · Engels, *Collected Works*, vol. 3, p. 277.
35) Marx · Engels, *Collected Works*, vol. 3, p. 276, 그리고 이에 덧붙여 Hook, 앞
    의 책, pp. 272~307, Allen W. Wood, *Karl Marx*(London, Henly, and Boston,
    1981), p. 32, E. V. Ilienkov, *Dialectical Logic*(Moscow, 1977), pp. 27~74 참조.

로부터 독립된 직접적인 자료들이 아니라, 그 자체가 그 활동에 의해 변형되는 것이다.

마르크스가 후일 포이에르바하의 감성개념 — 감각경험 속에서 주어진 정적인 세계이자 곧 그 세계에 대한 인간의 수동적 관계 — 을 비판한 것은 이 두 번째 측면, 즉 인간노동의 변혁적 측면의 관점에서이다. 마르크스는『독일 이데올로기』에서 이렇게 썼다.

> (포이에르바하는) 주변의 감각세계는 언제나 동일한 것으로 남는, 영원히 직접 주어진 것이 아니라, 산업과 사회상태의 산물이며 그것도 실로 역사적 산물이라는 의미에서 (그렇다는) 점을 보지 못하고 있다. …… 단순한 '감각적 확신'의 대상들조차 단지 사회발전, 산업, 상업적 교류를 통해서만 주어진다. 벚나무는 거의 모든 과실수처럼 …… 불과 몇 세기 전에 상업에 의해 우리 지역으로 이식되었고, 그러므로 단지 특정한 시대의 특정한 사회의 이러한 특정한 행동에 의해서만 그것은 포이에르바하에게 '감각적 확신'의 대상이 된 것이다.37)

이 대목은 '유물론에서와는 아주 달리 능동적 측면은 관념론에 의해 추상적으로 제시되었다'는 「포이에르바하에 관한 테제」에서의 마르크스의 말38)을 조명해 준다. 그것은 헤겔이『정신현상학』서두에서 '감각적 확신'에 대하여 논한 것을 상기시킨다는 점에서 헤겔과의 부분적 연계성을 시사하는데, 거기서 헤겔은 가장 직접적인 감각경험조차도 실상은 매개된 것으로서 보편적 개념들과 불가분하게 결합된 것이고, 따라서 고전적 경험론자들이나 포이에르바하가 주장하듯이 정신이 감각인상들을 수동적으로 수용한 데서 나온 것이 아니고 주체와 객체의 상호작용으로부터 유래하는 것이라고 주장했었다. 헤겔처럼 마르크스는 경험적으로 주어진 것을 그 자체만으로 받아들이기를 거부했다. 그는 모든 감각경험은 매개된 것이라는 데에 동의했다. 그러나 헤겔에게서는 이 매개가 **절대이념** 속에서 완전한 자기의식을 성취하기 위하여 나아가는 **개념**의 활동으

---

36) Marx · Engels, *Collected Works*, vol. 3, p. 302.
37) Marx · Engels, *Collected Works*, vol. 5, p. 39.
38) 같은 책, p. 3.

로부터 궁극적으로 도출되고 있는 반면, 마르크스에게서는 그것이 인간 노동의 결과로 파악된다. 우리가 '헤겔이 알고 있고 인지하고 있는 유일한 노동이란 추상적으로 정신적인 노동이다'[39]라는 마르크스의 말을 읽을 때에는 이 점을 염두에 두어야 한다. 칸트는 선험적 주체에게 형식과 물질, 범주와 직관을 종합하는 역할을 부여하였다. 헤겔에게 있어서 주체의 활동은 단지 경험만을 낳는 것이 아니라, 절대자의 발현인 현실을 낳는 것이기도 하다. 이제 마르크스는 능동적으로 물질 세계를 형성하는 힘을 인간의 사회적 실천, 즉 노동에 부여하였다. 따라서, '마르크스에게서는 종합이 사유의 활동으로 나타나는 것이 아니라 물질적 생산의 활동으로 나타난다'는 하버마스의 말은, 마르크스가 『자본론』에서 분명히 밝히고 있듯이 이 생산이 현실을 창조하는 것이 아니라 이미 주어진 환경의 어떤 측면을 변형할 뿐이라는 단서를 단다면 옳다.[40]

인간 본성이 노동과정을 통해 자연과의 능동적이고 재정향적이며 변형적인 관계에 의해 구성된다고 보는 이러한 견해는 마르크스의 사유에 근본적인 것이다. 그것은 마르크스의 '프로메테우스주의'라고 불리는 것, 즉 사람들은 그들의 모든 힘들의 발휘를 통하여 스스로를 충족한다는 본질적으로 아리스토텔레스적 믿음의 초석이며, 그러한 자기실현이 가능해지는 사회에 대한 비전의 초석이다. 마르크스는 통합적이고 다면적이며 역동적인 인간성을 향한 이러한 노력을 유럽의 문학에서, 에스킬루스, 셰익스피어, 쎄르반테스에서 발견했다. 그는 쉴러, 괴테, 헤겔, 하이네처럼 근대 서구 문명의 찢겨지고 분열된 인간성을 공격했다.[41] 그는

---

39) Marx · Engels, *Collected Works*, vol. 3, p. 333.

40) J. Habermas, *Knowledge and Human Interests*(London, 1972)[하버마스, 『인식과 관심』, 고려원, 1983], p. 31. 또한 A. Shmidt, *The Concept of Nature in Marx*(London, 1971) 그리고 *For Marx*(London, 1969)[알뛰세, 『마르크스를 위하여』, 백의, 1990]와 *Reading Capital*(London, 1970)[알뛰세, 『자본론을 읽는다』, 두레, 1991]에 나타난 실천에 대한 알뛰세의 반(反)헤겔주의적 개념 참조.

41) S. S. Prawer, *Karl Marx and World Literature*(Oxford, 1976), 그리고 또한 L. Kolakowski, *Main Currents of Marxism*(3 vols., Oxford, 1978), vol. 1 참조.

이 인간주의적이고 심미적인 전통을 노동과정에서 출발하는 유물론적 역사이론 안에다 다시 위치지웠다. 『수고』의 대부분은 이 이론에 비추어 자기소외의 개념을 재해석하는 데 바쳐졌다. 소외는 이제 포이에르바하에서처럼 근본적으로 정신적 현상이 더 이상 아니었다. 고전적 경제학자들이 분석했던 바의 자본주의적 생산관계들은 노동자를 그의 노동의 산물로부터, 그리고 그의 노동 자체로부터 소외시킨다. 노동자가 생산한 상품은 그에게 속하는 것이 아니라 그를 고용한 자본가에게 속한다. 노동 그 자체는 목적을 위한 수단일 뿐이며 생존의 방법이지 인간의 자기표현의 특유한 형식이 아니었다. 인간의 근본적 특성이 생산 속에서 자연과 맺는 능동적 관계이므로, 노동의 소외는 유적 존재 즉 본질로부터의 인간의 소외이기도 하며, 따라서 다른 인간으로부터의 소외이기도 하다. 단지 소외된 노동과 그것의 표현인 사적 소유가 폐지되는 공산주의에서만 인간들은 충족된 삶을 누릴 수 있을 것이었다.[42]

소외된 노동에 대한 마르크스의 비판 속에 포함되어 있는 인간관은 그의 후기의 저작들의 근저에도 깔려 있다. 예컨대 그것은 『자본론』에서 노동과정을 논한 곳에서 발견된다. 여기서 '사용가치의 생산을 노리는 합목적적 활동'인 노동과정은 '인간과 자연간의 물질대사 관계의 보편적 조건이자 항상적으로 자연이 가하는 인간 실존의 조건'인 교환가치와 대립된다.[43] 그러나 이렇게 파악된 '인간 본성'이 행하는 역할은 마르크스의 초기 저작에서 후기 저작으로 가면서 변한다. 이 점은 포퍼와 그 추종자들이 지은, 과학적 명제들과 형이상학적 명제들간의 구별의 도움을 빌어서 밝혀질 수 있을 것이다.[44] 과학적 진술은 경험에 의해 확증되거

---

42) I. Mészáros, *Marx's Theory of Alienation*(London, 1970) 그리고 B. Ollman, *Alienation*(Cambridge, 1971) 참조.

43) Marx, *Capital*(Harmondsworth, 1976), p. 290.

44) K. R. Popper, *The Logic of Scientific Discovery*(London, 1968), J. W. N. Watkins, 'Confirmable and Influential Metaphysics', *Mind* LXVII(n. s.), 1958년 7월호, 그리고 I. Lakatos, *Philosophical Papers*(2 vols., Cambridge, 1978), vol. 1, ch. 1 참조.

나 반박될 수 있다. 그러나 형이상학적 진술은 논박될 수 없다. 그 논리적 형식 때문이든, 아니면 단지 그 주장자가 그것을 반박될 수 없는 것으로 만들기로 결정했기 때문이든, 그러한 명제는 관찰에 의하여 틀린 것으로 입증될 수 없다. 철학이론들은 보통 형이상학적이다. 그것들은 결코 결정적으로 논박될 수 없으며, 그것들의 진리를 확증하려는 시도들은 예컨대 '자명한' 원리들로부터의 연역이라든가 아니면 개념적 분석과 같은 어떤 사전적(事前的)인 절차를 포함한다. 그러나 형이상학적 명제들은 과학적인 연구 프로그램의 일부로서 기능할 수 있다. 여기서 그것들은 임레 라카토스가 프로그램의 '발견법'이라고 부른 것의 일부를, 즉 경험적이고 반박될 수 있는 가설들을 정식화하는 토대를 형성하는 일단의 원리들의 일부를 형성한다. 그것들이 생성하는 가설들이 확증되거나 반박되는 정도에 따라서 그러한 형이상학적 진술들은 진리라고 입증될 수 있거나 거짓이라고 반박될 수 있는 것으로 간주되게 된다. 예컨대, 물질은 단지 직접적으로만 물질에 작용할 수 있다는 데카르트의 형이상학적 교리는 만유인력의 법칙이라는 형태를 띤, 거리를 두고 일어나는 작용의 개념을 포함하는 뉴턴의 연구 프로그램의 경험적 성공에 의해 효과적으로 논박되었다.45)

파리 『수고』는 우리에게 형이상학적 이론을 제시하고 있다. 마르크스는 자본주의에 관해 스미스나 리카아도가 묘사한 것과 다투지 않았으며, 단지 그들이 밝혀 낸 사실들에 관한 그들의 해석과 다투었을 뿐이다. '정치경제학은 사적 소유라는 사실에서 출발하는데, 그것을 우리에게 설명하지는 않고 있다.'46) 그러한 설명은 마르크스의 인간 본성 개념과 그것과 연결된 소외된 노동에 대한 분석을 필요로 했는데, 이것들은 그 자체가 정치경제학을 휘발시켜 헤겔의 변증법 및 포이에르바하의 소외론과 접촉하도록 한 것의 결과이다. 소외에 관한 논의의 끝에서 마르크스는 이렇게 묻는다. '어떻게 …… 인간은 자신의 노동을 소외시키고 낯설

---

45) 라카토스의 '연구 프로그램'에 대해서는 이 책 5장 3절 참조. [역자주]
46) Marx · Engels, *Collected Works*, vol. 3, p. 270.

게 하기에 이르는가?'47) 그의 대답은 『수고』의 바로 끝 즉 헤겔적 변증
법에 대한 마르크스의 비판 속에 주어져 있다. 마르크스에 따르면 헤겔
의 장점은 그가 '인간의 자기창조를 하나의 과정으로 인식하고, 대상화
를 대상(객체)의 상실로 인식하며 소외와 그 극복으로 인식하는 것이었
다.'48) 여기에서 마르크스는 헤겔 변증법의 특징적인 구조를 계승했는데,
그 변증법에서 주체는 단지 자기소외를 통해서만, 그리고 소외로부터 나
와서 자신에게로 궁극적으로 귀환함으로써만 발전할 수 있었다. 그러나
헤겔은 그 과정의 주체를 '비객관적인, 정신적인 존재'로 보았으며49) 반
면에 마르크스는 포이에르바하처럼, 객관적 존재이며 인과적으로 지배되
는 자연적 세계의 일부인 인간을 그 주체로 보았다. 더욱이 노동에 의한
자연의 변형인 대상화는 인간 본질의 가장 적합한 표현인데, 그것이 소
외된 노동이 되는 것은 단지 어떤 역사적으로 특정한 조건 속에서라고
한다. 그러나 그같은 소외가 왜 일어나는가에 관한 마르크스의 설명은
헤겔적인 것이다. 소외되지 않은 실존은 단지 인간이 '실제로 그의 모든
본질력들을 이끌어 내고 …… 그리고 그 힘들을 객체로 취급할' 때에만
가능한데, '이는 애초에 소외의 형태를 거쳐야만 가능한 것이다.'50) 달리
말하자면, 소외는 진정으로 인간적인 사회의 수립에 반드시 필요한 서곡
이다. 헤겔에서와 마찬가지로 주체는 단지 내적 분화의 시기, 그의 힘이
낯선 대상의 형태로 발전되는 시기를 거친 후에야 비로소 자신을 인식
할 수 있게 된다. 주체가 이 낯선 대상을 자신의 것으로 인식하고 자기
자신에게로 되돌려서 소외시에 창출된 다양성에 의하여 풍요롭게 될 때
소외는 극복된다. 이 과정의 구조는 마르크스에게서나 헤겔에게서나 동
일하게 본래적 통일, 자기소외, 보다 높은 통일 속에서의 화해라는 3단
구조이다.

　『수고』의 핵심에는 목적론적 역사철학이 놓여 있다. 사회형태들의 발

---

47) 같은 책, p. 281.
48) 같은 책, pp. 332~333.
49) 같은 책, p. 334.
50) 같은 책, p. 333.

전은 역사과정의 절정, 즉 '인간이 사회적(즉 인간적) 존재로서 자기 자신에게 완전히 복귀하는 것', '인간과 자연, 그리고 인간과 인간 사이의 갈등의 진정한 해소', '해결된 역사의 수수께끼이며', '자신이 그러한 해결임을 아는 것' 등으로 표현되는 공산주의를 이루는 데서 맡는 역할에 의하여 설명된다.51) 이에 대한 설명 장치는 마르크스의 인간 본성 개념과 헤겔의 변증법 — 역사의 주체가 그것의 완전한 잠재력을 실현하기 위해 거쳐야만 하는 3단 구조라는 의미에서의 변증법 — 에 의해서 제공된다. 그러나 이러한 인간 본성 개념은, 그것이 이러한 역사철학의 근저에 깔려 있는 동시에 그것을 뒤집어엎기도 한다. 『수고』에서 인간은 형식적으로는 포이에르바하에서 행한 것과 똑같은 역할 — 역사를 소외를 거쳐가는 인간의 역정으로 보는 이론의 토대를 제공하는 역할 — 을 한다. 그러나 유적 본질의 내용은 인간이 효과적으로 이러한 역할을 하는 것을 막을 만큼 변했다. 고정된 일단의 욕구들과 힘들이라는 의미에서의 인간 본성이라는 것이 있다는 것을 부정하고, 그 대신에 이 욕구들과 힘들은 자연에 대한 인간의 발전하는 관계에 조응하여 변화한다고 주장하는 인간 본성관은, 생산이 조직되는 역사적으로 가변적인 사회적·기술적 형식의 분석에 기초한 역사이론을 향하고 있다. 사실 마르크스는 『수고』에서 단호히 그러한 이론을 향해 움직이고 있다. 「유태인 문제에 관하여」나 「제임스 밀에 관한 논평」과 같은 초기 저작에서 마르크스는 자본주의를 교환의 관점에서 분석하여, 화폐를 소외의 본질적 형태로 취급한 바 있다. 이와 마찬가지의 접근법이 엥겔스에 의해 그의 「정치경제학 비판 개요」에서, 그리고 모제스 헤스에 의해 「화폐의 본질에 관하여」에서 거의 동시에 채택된 바 있다. 그러나 『수고』의 맨 첫 문장은 '임금이란 자본가와 노동자 사이의 적대적 투쟁을 통해서 결정된다'고 선언하고 있다.52) 여기에서 우리는 유통관계의 관점에서가 아니라 생산의 사회적 관계들의 맥락에서 자본주의를 분석하는 것의 효시를 보게 되는데, 그것

---

51) 같은 책, pp. 296~297.
52) 같은 책, p. 235.

은 『자본론』에서 절정에 이르게 될 기획이었다.

마르크스는 1844년 말에 막스 슈티르너(Max Stirner)의 『자아와 그 자신의 것』이 등장한 이후에야, 『수고』에 역사변화에 관한 이론을 제공하였던 종래의 목적론적 형이상학을 의식적으로 포기하게끔 되었다. 바우어와 **자유인**들의 주관주의가 가장 완전하고도 극단적으로 표현된 이 책은 포이에르바하의 헤겔 비판을 포이에르바하에게까지 확장한 점이 주로 두드러진다. 현실을 개인적 자아라는 뾰족한 점으로 축소시킨 슈티르너는 인간은 **절대이념**과 마찬가지로 신의 또 다른 형태이며, 소외의 한 형태라고 주장했다. '자아'를 어떤 본질 아래, '자아'를 설명할 수 있는 어떤 보편적 속성 아래 포괄하려는 모든 시도는 낯설고 허구적인 존재를 창조하는 것이라고 한다. '다름 아닌 본질만을 알고 인정하는 것, 이것이 바로 종교다. 종교의 영역은 본질의 영역이며, 유령과 망령의 영역이다.'53) 본질을 설정하는 것은 단순히 관념론에 그치는 것이 아니었다. 그것은 또한 개별적 자아의 양도할 수 없는 자유를 부정하는 것이었다. '진리, 인류 등과 같은 모든 보다 높은 수준의 본질은 우리를 지배하는 본질이 다.'54) 도덕성, 국가, 공산주의를 억압적 '망령들'이라고 일축하는 철저한 무정부주의만이 자아에 의한 자유로운 이익추구와 양립가능하다는 것이다.

슈티르너의 공격은 마르크스와 엥겔스로 하여금 포이에르바하와 결별하도록 촉구했을 수도 있다. 그들의 최초의 공동저작인 『신성 가족』은, 『수고』가 완성되고 나서 『자아와 그 자신의 것』이 나오기 이전의 시기에, 포이에르바하적 공산주의의 관점으로부터 브루노 바우어와 그 형제들(여기에서 제목이 유래한다)의 엘리트주의를 공격하기 위하여 씌어졌다.55) 그런 다음 『신성 가족』이 출판된 지 한달 후인 1845년 3월에 씌어진 「포이에르바하에 관한 테제」는 이렇게 힘주어 선언했다. '포이에르

---

53) Draper, 앞의 책, p. 160 이하 참조, 그리고 헤스와 엥겔스에 관해서는, Cornu, 앞의 책, vol. 2, pp. 304~340 참조.
54) M. Stirner, *The Ego and his Own*(New York, 1973), p. 40.
55) 같은 책, p. 37.

바하는 종교의 본질을 인간의 본질로 용해하고 있다. 그러나 인간의 본질은 모든 개별 인간에게 내재하는 추상물이 결코 아니다. 현실적으로 인간의 본질은 사회적 관계들의 총합이다.'56) 『수고』에 들어 있던 긴장은 이렇게 해결되었다. 인간성에 관한 마르크스의 형이상학적 이론은 직접적으로 설명적인 역할을 맡지 않는다. 그 대신 그것은, 생산력들과 생산관계들이라는 주요한 개념들이 사회적 생산이 조직되는 역사적으로 가변적인 형식들을 상세히 설명하는 데 복무하고, 그로부터 생성되는 반박가능한 가설들을 통하여 경험적 확증과 반박의 가능성을 허용하는 하나의 과학적 연구 프로그램의 철학적 존재 근거들(원리들)을 제공해 준다. 유적 본질이라는 포이에르바하적 개념은 1845~46년 브뤼셀에서 마르크스와 엥겔스가 슈티르너에 대한 응답으로 쓴, 그러나 포이에르바하에 대한 장문의 비판으로부터 시작하는, 『독일 이데올로기』에서 명백하게 거부되고 있다. 이 저작에서는, 헤겔 좌파의 결별이 '철학적인 어구로 행해졌으며' 그리하여 '"인간의 본질", "유"(類) 등의 전통적으로 자주 등장하는 철학적 표현들이 독일의 이론가들에게 사유의 현실적 경향을 잘못 이해하는 데 도움이 되는 이유를 제공하고 있다'는 이유로 「유태인 문제에 관하여」와 1843년의 '서문'이 비판되고 있다.

『독일 이데올로기』는 청년 헤겔파의 관념론에 대한 마르크스와 엥겔스의 가장 격렬하고도 상세한 (거의 600쪽이나 되는) 공격인데, '중력에 대한 생각을 가지고 있다는 이유만으로 사람들이 익사한다고 생각한 한 용감한 젊은이'에 대한 풍자로 시작하고 있다. '이 젊은이는 독일의 새로운 유형의 혁명적 철학자였다.'57) 이 저작은 또한 역사적 유물론의 최초의 체계적 표현이다. '지나간 역사의 모든 단계들에서 기존의 생산력들에 의해 규정되고 또 그 생산력들을 규정하는 교류형식'인 시민사회는 '모든 역사의 진정한 초점이자 무대이다.'58) 자기소외와 화해라는 헤겔적 변증법에 의해 채워지는, 인간개념이 취하는 역사적 변화를 설명해야

---

56) Marx·Engels, *Collected Works*, vol. 5, p. 4.
57) 같은 책, p. 24.
58) 같은 책, p. 50.

하는 부담은 더 이상 존재하지 않는다. 그 대신 새로운 개념들, 특히 생산력들, 인간의 자연에 대한 통제의 발전수준, 이 통제가 조직되는 사회적 틀인 교류형식의 발전수준 같은 개념들이 설명적 우선성을 갖는다. 정치적·문화적 형식들은 시민사회의 발전에 의존한다. '의식이 삶을 결정하는 것이 아니라, 삶이 의식을 결정한다.'[59] 노년 헤겔파와 청년 헤겔파 모두에 의해 옹호되는 독일 관념론은 그것이 의식에게 존재에 대한 우월성을 부여하는 한 이데올로기 즉 물질적 조건의 전도된 반영의 한 형식이다. (우리는 나중에 6장에서 다소 길게 마르크스의 이데올로기론을 고찰할 것이다.) 이미 『독일 이데올로기』에서 유물론적 역사관의 최초의 윤곽이 그려졌다. 기존의 교류형식이 생산력의 발전수준과 양립하지 못하는 데서 생기는 시민사회내의 갈등은 계급투쟁을 낳으며 궁극적으로 사회혁명을 낳는다. 상이한 사회적 관계 위에 기초한 새로운 지배계급의 수립은 인간의 생산력의 더 나아간 확장을 허용한다.

　역사발전에 관한 이 이론은 사회를 오직 계몽에 의해서만 변화시키려는 모든 시도에 대한 마르크스의 거부의 근저에 깔려 있다. 그러한 시도들은 의식의 형식들이 자율적인 것이 아니라 물질적 조건에 의존하기 때문에 틀림없이 실패할 것이다. 그렇다면 사회변화는 어떻게 가능한가? 이에 대한 마르크스의 대답은 그를 청년 헤겔파뿐만 아니라 당시의 다른 사회주의자들로부터 구별시켜 주었다. 프랑스의 공상적 사회주의자들 특히 푸리에는 포이에르바하처럼 계몽주의의 연장선상에 있었다. 푸리에는 계몽주의 철학자들이 가진 인간 본성론을 넓혀서 보다 광범위한 성향들, 욕구들, 능력들——개인적이고 경쟁적이고 이기적일 뿐 아니라 사랑하고 협동하고 이타주의적인 것들——을 포괄하도록 하였다. 그는 인간의 성취에 대한 장애물은 계몽주의자들이 생각했듯이 미신에 있는 것이 아니라 '문명' 속에 즉 부르주아 사회 자체 속에 있는 것으로 보았다. 그러나 그와 다른 공상적 사회주의자들은 계몽주의의 역사관 즉 역사를 '인간 정신의 진보'로 보는 견해를 공유하였으며, 계속해서 사회변화를

---

59) 같은 책, p. 37.

지적 계몽의 산물로 보았다. 만일 프랑스 사회주의자들이 노동자계급의 대의를 옹호했다면, 그들은 노동자를 주체가 아니라 사회적 변화의 객체로 보면서 그들의 고통에 대한 동정에서 그랬을 뿐이다. 사회주의는 프롤레타리아트에 의해서가 아니라 프롤레타리아트를 위해서 도입된 것이었다. 블랑키와 드자미(Dezamy), 푸리에와 프루동 등 프랑스 사회주의자의 혁명적 분파와 개량적 분파 모두가 변화를 대중을 위해 행동하는 소수의 작업으로 간주했다. 다만 그것이 공산주의적 음모에 의해서 폭력적으로 권력을 탈취하는 것에 의해서 이루어지리라고 믿느냐 아니면 부르주아지에게 사회주의가 그들에게 이익이 된다고 평화적으로 설득함으로써 이루어지리라고 믿느냐에서 차이가 날 뿐이었다. 어느 경우에든 그 결과는 엘리트주의라고 마르크스는 주장했다. 대중은 그들의 물질적 환경에 의해 스스로 행동할 수 없도록 만들어진 무기력하고 수동적인 존재로 간주되었다. '그러므로 그 교리는 사회를 두 부분으로 나누어서 그 중의 한 부분이 사회보다 우월하다고 보게 마련이다.'60)

우리는 마르크스가 1843년 「서문」에서, 프롤레타리아트를 철학의 인도 하에 인간성이 부정되는 상태에서부터 그것이 구현되는 상태로 단번에 비약하게 될 불쌍한 대중으로 보는 엘리트주의적 관점을 채택하는 모습을 앞에서 살펴보았다. 『독일 이데올로기』에서 처음으로 윤곽이 잡힌 새로운 유물론적 역사관은 이러한 엘리트주의를 거부할 이론적 토대를 제공하였다. 노동자들은 그들이 처한 착취적 생산관계들에 의해 이끌려 고용주에 맞서는 계급투쟁에 참여하게 된다. 이 투쟁의 경험은 사회주의적 이념의 형성을 촉진하면서 그들의 의식을 변화시킨다. '환경의 변화와 인간행동의 변화 혹은 자기변화가 동시에 일어나는 것은 단지 혁명적 실천으로서만 파악될 수 있고 이성적으로 이해될 수 있다.'61) 대중교육은 무기력한 프롤레타리아트를 주조하는 '사회보다 더 우월한' 엘리트에 의해 성취되는 어떤 것이 아니라, 계급투쟁의 과정 속에서 자신

---

60) 같은 책, p. 4.
61) 같은 곳.

들의 의식과 사회 모두를 변화시키는 대중들 자신에 의해 성취되는 것이다. 바꾸어 말하자면 사회주의는 노동자계급의 자기해방이다. 마르크스와 엥겔스가 몇 년 후에 지적하게 되듯이, '노동자계급의 해방은 노동자계급 자신에 의해 성취되어야만 한다.'62) 혁명적 의식이 노동자계급과 그들의 객관적인 환경간의 상호작용으로부터 유래한다는 이러한 견해는 틀림없이 『수고』에서 그가 인간과 자연간의 물질대사 과정에서 일어나는 인간 본성의 형성과 끊임없는 변형에 대해 분석한 것과 연결되어 있다.

「포이에르바하에 관한 테제」와 『독일 이데올로기』는 루이 알뛰세가 마르크스 사상에서의 '인식론적 단절'(epistemological break)이라고 부른 것을 나타낸다.63) 왜냐하면 마르크스가 '유적 본질'을 노동의 관점에서 재규정한 것이 함축하는 의미들이 바로 이러한 저작들에서 분명히 정식화되었기 때문이며, 역사적 유물론도 바로 이 저작들에서 처음으로 과학적 연구 프로그램으로서 등장하였기 때문이다. 그러나 여기에 포함되어 있는 것은 『수고』의 철학적 목적론이 사회구성체에 관한 새로운 과학으로 대치된 것 이상이다. '단절의 저작들' 속에 포함된 역사이론은 프롤레타리아 혁명이라는 실천적 목표와 불가분하게 결합되어서 그러한 혁명의 물질적 조건들을 구체적으로 설명하는 데 복무한다. '철학자들은 단지 세계를 다양한 방식으로 해석해 왔을 뿐이다. 중요한 것은 세계를 변화시키는 것이다.'64) 마르크스주의는 1845~46년에 노동자계급의 자기해방의 과학적 이론으로서 등장했던 것이다.

## 3. 『자본론』의 논리학

역사적 유물론의 출현에는 철학에 대한 마르크스와 엥겔스의 단호한

---

62) Marx · Engels, *Selected Correspondence*, p. 301
63) Marx · Engels, *Collected Works*, vol. 4, pp. 126~134, 그리고 Löwy, 앞의 책, pp. 113~120 참조.
64) Marx · Engels, *Collected Works*, vol. 5, p. 5.

거부가 또한 포함된다. 그들의 철학 비판에 있어서 세 가지 요소들을 추려볼 수 있겠다. 첫째, 데모크리투스와 에피쿠루스에 대한 마르크스의 연구로부터 1843년의 「서문」에 걸쳐 있는 작업들의 주제는 철학이 스스로를 폐지함으로써만, 세계를 자신의 형상대로 바꿈으로써만, 진정으로 인간적인 삶에 대한 요구에 살아 있는 내용을 제공함으로써만 스스로를 실현할 수 있다는 것이다. 1845년 무렵에 오면 이것이 두 번째 단계의 주장, 즉 철학을 소외된 현실의 전도된 반영으로 파악하는 포이에르바하의 입장을 유지하지만 이것은 의식의 형식들과 계급사회 사이의 일반적 관계의 한 예에 불과한 것으로 보는 주장에 자리를 이미 내준 상태다. 바꾸어 말하자면 이 때의 마르크스의 견해로는 철학은 이데올로기인 것이다. 철학은 경험적 과학을 위하여, 특히 역사적으로 변화하는 '사회적 관계들의 총합'의 연구를 위하여 폐기되어야 된다. '우리는 "철학을 제쳐놓아야" 하며 …… 철학의 바깥으로 뛰어나와 보통 사람들처럼 실제 현실의 연구에 몰두해야 한다.'65) 실증적 과학의 이름으로 관념론적 형이상학을 비난하는 『독일 이데올로기』의 여러 대목들에는 거의 꽁뜨적인 울림이 들어 있다. 셋째, 철학은 어떤 형태의 이론에 대해서든 대역을 맡을 수 있다. 사회적 관계의 변혁은 렛싱이 '인류의 교육'이라고 부른 것 즉 계몽의 확대에 의존하는 것이 아니라 노동자대중이 계급투쟁에 참여하는 것에 의존한다. 자본주의를 무너뜨리고 무계급사회를 건설할 수 있는 세력이 출현하는 것은 부르주아 사회의 생산과정의 중심부에서 생성되는 이러한 실천적 경험을 통해서이다. 사회주의를 윤리적 교리, 현존 사회의 비판, 미래에 대한 구상으로 보는 독일의 '진정 사회주의자들'을 특히 비판하는 가운데 마르크스와 엥겔스는 공산주의는 '사태의 현존 상태를 폐지하는 실질적인 운동이다'라고 주장하였다.66)

그러나 역사적 유물론이라는 새로운 영역은 처음 보기보다는 덜 엄밀하고 덜 경험적이었다. 예를 들어서 '우리의 출발점을 이루는 전제들은

---

65) 같은 책, p. 236.
66) 같은 책, p. 56.

자의적인 전제들이 아니요 독단적 교리들이 아니며 현실적인 전제들이
다. …… 즉 현실적인 개인들과 그들의 활동 그리고 그들의 삶의 물질
적인 상태가 그 전제이다'[67]와 같은 마르크스와 엥겔스의 선언들은 몇
몇 논평가들을 혼란스럽게 한 다량의 수사(修辭)를 담고 있다.[68] 뉴턴이
관찰로부터의 귀납에 의하여 중력의 법칙에 도달한 것이 아니듯이 마르
크스도 역사적 유물론을 경험적 사실들로부터 직접 도출해 낸 것이 아
니다. 양 경우에 있어서 새로운 이론들은 과학적 연구 프로그램의 토대
로서 정식화되었다. 경험적 발견들은 이러한 개념상의 진보들을 만들어
냈다기보다는 그 뒤를 따랐던 것이다.[69] 우리는 어떻게 역사적 유물론
이 헤겔, 포이에르바하, 자유인들 그리고 고전적 정치경제학에 대한 비판
으로부터 출현하였는가를 보았다. 인간 본성에 대한 새로운 형이상학적
이론의 정식화는 마르크스의 역사이론의 근본적인 개념들을 구축하는
데 필수적인 전제였던 것이다. 『독일 이데올로기』가 구사하는 '현실적인
전제들'이라는 수사는 역사적 유물론을 청년 헤겔파로부터 구분짓는 데
복무하는데, 청년 헤겔파는 헤겔처럼 철학의 역사를 '그 가장 깊은 의미
에 있어서 세계의 역사'를 드러내는 '진정한 신정론'으로 보았다. 그러나
마르크스의 독일 관념론 거부가 그가 철학과 최종적으로 결별하였음을
보장하는 것은 아니었다. 실로 역사적 유물론의 더 나아간 발전을 위해
서는 그가 철학과의 친밀함, 그리고 바로 헤겔과의 친밀함을 부활시키는
것이 필요하였다.

　『독일 이데올로기』와 『자본론』에 나타난 두 형태의 역사적 유물론을
동일하게 보는 해석들과는 반대로 『독일 이데올로기』는 심각한 개념상
의 모호성, 가장 중요하게는 기술적인 관계와 사회적인 관계의 지속적인
혼동이 문제가 되고 있다.[70] 새로운 역사과학의 두 기본적인 개념들 중

---

67) 같은 책, p. 31.
68) Althusser, 앞의 책, *For Marx* 참조. 그리고 매우 다른 이론적 관점에 서 있는
　　것으로는 Löwy, 앞의 책, p. 24, 각주 21 참조.
69) 그러한 혼란의 예로서는, D. Sayer, *Marx's Method*(Hassocks, 1979) 참조.
70) 뉴턴에 대해서는, Lakatos, vol. 1, ch. 5 참조.

에서 '생산력'은 두 요소를 포함한다. 그 첫째는 고전 경제학자들이 인간의 '생산능력'이라고 부른 것 즉 현존의 기술발전 수준에서 허용되는 노동의 생산성이다. 둘째 요소에 관해서는 마르크스가, 생산의 사회적 성격을 강조하는 것과 동일한 맥락에서, 노동과정의 기술적 조직화는 생산자들 사이의 일정한 '협력방식'을 필요로 한다고 주장한 바 있다. 이것은 지배적인 사회적 관계들의 성격과 관계없이 생산의 특수한 기술적 요청에서 생겨난다.[71] 생산력에 대한 이러한 분석은 어떤 심각한 난점도 제공하지 않으며, 뒤에서 간단히 살펴볼, 『자본론』에서의 마르크스의 노동과정 논의로 연결된다. 그러나 『독일 이데올로기』의 두 번째 주요 개념인 '교류형식'(Verkehrsform)에 관해서는 사정이 다르다. 독일어 Verkehr의 의미들에는 '교통', '수송', '의사소통', '상업', '통신'이 포함된다. 마르크스는 계급 및 소유관계들과 함께 무역과 상업 등 사회적 관계들 일반을 포괄하기 위하여 이 개념을 사용한다. 『독일 이데올로기』에서는 노동생산성의 증가와 '교류형식'의 변화 — 예를 들어 세계시장의 창출과 의사소통 기술의 향상 — 를 모두 포괄하는 분업이 역사적 변화를 추동하는 것으로 제시된다는 점이 의미심장한데, 여기서 자본주의의 기원에 대한 설명은 아담 스미스의 『국부론』의 제3권에서의 설명과 다소 유사하다. 그렇다면 '교류형식'은 모든 사회적 관계들을 무차별적으로 혼합하여 포괄할 뿐만 아니라 생산력의 일부로 간주되어 더 마땅할, 수송조직 같은 요소들도 포함하는 것처럼 보인다. 사실상 마르크스는 그가 『자본론』에서 중대한 오류로 비난하고 있는 바의 것 즉 노동과정의 기술적 전제로서의 생산수단을 그 역사적으로 특수한 사회적 형식인 자본과 혼동하는 오류를 범하게 된 것이다.[72] 그러므로 『독일 이데올로기』는 '물질적인 것'(혹은 기술적인 것)과 '사회적인 것' 사이의 엄밀한 구분에 기반을 두고 마르크스를 해석하려 해 왔던 사람들을 지원해 주지 않는데, 생산력의 발전을 역사적 변화의 원천으로 보는 것을 정당화하는 것이 이러

---

71) Marx · Engels, *Collected Works*, vol. 5, p. 43.
72) 예를 들어, 같은 책 p. 66을 참조하라.

한 해석의 예이다. '물질적'인 동시에 '사회적'인 분업에 역사적 변화를 추동하는 역할이 할당된다는 점은 『독일 이데올로기』가 보다 깊은 혼란에 빠져 있다는 것을 나타내는 징후이다.

마르크스는 이 불명료성을 『철학의 빈곤』에서 생산관계라는 개념을 도입함으로써 해결하였다.73) 생산관계들은 생산의 수준에서 구성되기는 하지만 생산력과는 달리 노동과정의 특수한 기술적 조직화와 연관이 없으며 오히려 '계급적대성에 기초한 사회적 관계들이다. 생산관계는 개인들간의 관계가 아니라 노동자와 자본가간의 관계, 농민과 지주와의 관계 등을 말한다.'74) 이 개념은 『자본론』에서 더욱 발전되었는데, 여기서 생산관계들과 생산력들이 접합되어 생산양식이라는 총체를 이룬다. 생산력은 노동과정의 측면에서 분석된다. 즉 기술적 요구를 반영하며 일정 수준의 노동생산성을 허용하는, 노동과 생산수단과 재료의 특수한 결합이라는 측면에서 분석된다. 노동과정은 특수한 인간의 욕구를 충족시키는 사용가치들을 생산하는 데 바쳐진다. 그렇기에 노동과정은 모든 생산양식의 공통된 특징이다. 이러한 노동과정은 자본주의적 생산관계에 종속되고 잉여가치를 추출하고 축적하는 목적에 종속되게 되면 상품의 생산을 포함하게 된다. 즉 사용가치인 동시에 특정 양의 가치 —— 사회적으로 필요한 노동시간 —— 를 구현하는 것을 생산하게 되는 것이다.

계급사회에서 생산관계란 '부불 잉여노동이 직접생산자로부터 짜내어지는 특수한 경제적 형식'이다.75) 따라서 생산관계는 무엇보다도 착취의

---

73) 우리 말은 '들'자를 붙이지 않아도 복수(複數)를 표현할 수 있다. '생산관계'나 '생산력'이라는 말에 '들'자를 붙이는 것은 다소 어색하기도 하다. 그러나 기존에 소개된 스딸린주의적 색채가 강한 철학에서는 이 개념이 원래 그것이 가지고 있는 복수적 다양성이 사상된 채 아주 단일한 메커니즘으로 환원되는 경향이 있었다. 그리하여 역사는 생산력이라는 어떤 단일한 구조와 생산관계라는 다른 어떤 단일한 구조의 상호관계로 단순하게 파악되는 경향이 있었다. 이 책에서는 이렇게 오해될 소지를 피하기 위하여 지나치게 어색한 경우가 아니라면 '생산관계들', '생산력들'이라고 옮기는 것을 원칙으로 하였다. [역자주]

74) Marx · Engels, *Collected Works*, vol. 6, p. 159.

75) Marx, *Capital*(Moscow, 1971), p. 791.

관계다. 잉여가치를 전유하는 방식은 직접생산자들이 생산수단과 결합되는 특수한 사회적 형식에 달려 있다. 예컨대 소득의 분배는 '생산도구의 분배'에 달려 있는데 '이 생산도구의 분배는 생산과정내에 포함되며 생산의 구조를 결정한다. 이 내적인 분배를 무시하고 생산을 검토하는 일은 명백하게도 공허한 추상일 뿐이다.'[76] 생산과정의 내부에서 일어나는 이러한 생산수단의 분배는 법적인 소유형식들에 선행하며 이 소유형식의 성격을 결정한다.[77] 그것은 또한 일정한 생산양식에 고유한 착취형식을 결정한다. 자본주의에서 직접생산자들은 자신의 노동력만을 소유한다. 그들은 살기 위해서는 이 노동력을 생산수단의 소유자들에게 팔아야 한다. 노예제에서는 생산수단의 소유자들이 노동력 자체를 소유하기도 하였다. 반면에 봉건제에서는 비록 직접생산자들이 생산수단과 자신의 노동력에 대한 일정한 통제력을 가지고 있기는 하였지만 지주가 무력과 경제력을 독점하였기에 자신의 농노나 소작인들로부터 잉여노동을 추출해 낼 수 있었다.[78]

> 사회구조 전체의 가장 내밀한 비밀을 밝혀 주는 것, 그 숨어 있는 토대를 밝혀 주는 것, 그리고 동시에 …… 그에 상응하는 국가의 특수한 형태를 밝혀 주는 것은 항상 다름이 아니라 생산조건의 소유자들이 직접생산자들과 맺는 직접적인 관계—항상 자연적으로 노동방법의 특정 발전단계에 상응하며 그럼으로써 노동의 사회적 생산성의 특정 발전단계에 상응하는 관계— 이다.[79]

역사적 유물론은 생산관계의 개념이 명확히 정식화되고 나서야 완전히 구성되었다고 말할 수 있다. 『독일 이데올로기』의 개념적 구조는 여전히 파리 『수고』의 개념적 구조와 많은 공통점을 가지고 있다. 후자는

---

76) Marx, *Grundrisse*(Harmondsworth, 1973), p. 96. 또한 *Capital*(Moscow, 1956), pp. 36~37, *Capital*(Moscow, 1971), p. 879를 참조하라.
77) Marx · Engels, *Collected Works*, vol. 6, p. 187을 참조할 것.
78) G. Therborn, *Science, Class, Society*(London, 1976), pp. 355~375, 그리고 Labica, 앞의 책, pp. 282~284 참조.
79) Marx, *Capital*(Moscow, 1971), p. 791.

인간과 자연의 노동과정 속에서의 물질대사적 상호작용이라는 차원에서
인간 본성을 재정의하고 헤겔의 변증법을 재해석하였다. 이러한 상호작
용의 기술적·사회적 결정 요인들은 어떤 의미에서도 명확히 식별되지
않고 있다. 마르크스가 헤겔 및 포이에르바하와 결별하면서 그리고 사회
적 생산이라는 개념에서 출발하는 새로운 역사과학을 이제 막 정식화하
려고 하면서 그가 나중에 생산력과 생산관계라고 부른 것을 계속적으로
혼합하는 것은 아주 자연스럽다고 할 것이다. 『독일 이데올로기』에서는
극히 애매한 '교류형식'보다도 생산력이라는 개념이 보다 본격적으로 개
진되고 있다는 사실은 『정치경제학 비판을 위하여』의 1859년 서문에서
발견되는 기술적 결정론(technological determinism)에 기여하였는데, 이
서문에서는 생산력들이 생산관계들에 변화를 생성시키는 것으로 되어
있다(이 서문은 상당한 부분이 마르크스가 살아 있을 때 출판되지 않은 채
로 있었던 『독일 이데올로기』의 요약에 해당한다). 역사적 유물론의 첫번
째 판은 18세기 스코틀랜드 역사 학파의 견해와 일정한 유사성을 갖는
데, 이 학파는 주로 생산의 기술적 조직화와 동일시되는 '생존 방식'에서
일어나는 변화로 역사적 발전을 설명하였다.80) 그러나 『자본론』에서는
생산력들이 생산관계들에 종속된다. 그리하여 대량 공장생산의 도입에
동반되는 노동과정의 변화는 그에 선행하는 '노동의 자본에의 형식적 포
섭'에로 원인이 돌려진다. 즉 자본주의적 생산관계들의 지배로 그 원인
이 돌려지는 것이다.81)

　생산관계라는 개념의 도입으로 착취, 사회적 갈등 그리고 투쟁이 역
사발전에 대한 마르크스의 설명의 중심에 놓이게 되었다. 그리하여 『공

---

80)  Althusser·Balibar, *Reading Capital*(London, 1970), B. Hindess·P. Hirst,
　　*Precapitalist Modes of Production*(London), G. A. Cohen, *Karl Marx's Theory
　　of History*(Oxford, 1976), 그리고 A. Callinicos, *Is There a Future for
　　Marxism?*(London, 1982)[알렉스 캘리니코스, 『마르크시즘의 미래는 있는가』, 열음
　　사, 1987] 참조.
81) Marx, *Capital*(Harmondsworth, 1976), 3, 4부. 기술적 결정론에 대해서는 뒤의 4
　　장을 참조하라.

산주의자 선언』의 첫 문장—'지금까지 존재했던 사회의 역사는 계급투쟁의 역사이다'[82]—에 대한 이론적 기초가 제공되었던 것이다. 그것은 더 나아가 공산주의를 계급투쟁의 결과 즉 생산과정내에서의 노동자와 자본가의 싸움—프롤레타리아트의 권력장악에 이르는 싸움—의 결과로 보며, 계급을 모두 폐지하고 연합한 생산자들의 협동에 기반하는 사회를 창출하는 일의 서곡으로 보는 마르크스와 엥겔스의 정치 전략의 기저에도 놓여 있는 것이었다.[83] 마지막으로 생산관계의 개념은 마르크스의 헤겔과의 결별이 완료되는 데 필수적이었다. 이미 헤겔에게서 역사는 알뛰세가 '주체 없는 과정'이라고 부른 것으로, 개별적 행위자들의 의식 및 의지와는 무관하게 작동하는 것으로 파악된다. 그러나 개별 행위자들의 이기적인 활동들은 '이성의 간지'를 통하여 그들이 모르고 있는 어떤 목적 즉 **절대자**의 자기실현을 달성하게 된다. 이런 의미에서 헤겔에게 역사는 여전히 주체를 가지고 있는 것이다. 그러나 그 주체는 특수한 것으로서 자기 자신에게로 회귀하여 종국에는 **절대정신**의 자기의식에 해당하는 존재의 본래적 통일성을 회복하는 과정이 가진 목적론적 구조에 놓여 있는 것이다. 그러나 마르크스에게 역사는 끝이 없는 것으로서 미리 정해진 목적(goal)이 아니다. 역사는 **절대자** 혹은 인간의 자기실현에 복무하는 까닭에 알 수 있게 되는 것이 아니고 생산관계들에 의해서 생성되는 계급적대성의 관점에서만 알 수 있게 된다. 계급투쟁의 결과는 미리 정해진 것이 아니다. 그것은 사회적 진보를 이루지 못하고 '다투는 계급들 모두의 파멸'로 귀결될 수 있다.[84] 생산관계라는 개념의 도입과 함께 마르크스는 마침내 헤겔과 포이에르바하로부터 물려받은 목적론적 역사철학을 버리게 되는 것이다.[85]

---

82) Marx · Engels, *Collected Works*, vol. 6, p. 482.

83) Marx · Engels, *Selected Correspondence*, p. 64 참조.

84) Marx · Engels, *Collected Works*, vol. 6, p. 482.

85) 스코틀랜드 역사 학파에 대해서는, R. Meek, 'The Scottish Contribution to Marxist Sociology', *Economics and Ideology and Other Essays*(London, 1967) 참조.

만일 그렇다면 『그룬트리세』와 『자본론』 같은 마르크스의 원숙기의 경제적 저작들내에 헤겔적 범주들이 존재하는 것을 어떻게 설명할 수 있을 것인가? 이 범주들은 알뛰세가 제안하듯이 단지 '헤겔의 사상이 미친 영향의 …… 잔재들'인가?[86] 아니면 다른 많은 논평가들이 주장하는 바처럼 파리 『수고』에서 『자본론』에 걸쳐 존재하는 마르크스의 사상의 기본적 통일성의 징후들인가?[87] 종종 이것은 마르크스가 그의 후기 저작에서 '인간 본성'과 '소외' 같은 개념들을 사용하는가 아닌가의 문제로 취급된다. 마르크스가 나중에도 이 개념들을 사용하고 있다는 데에는 의심의 여지가 없다. 그러나 이미 시사했듯이 이 개념들이 맡은 역할은 『수고』에서와는 아주 다르다. 『수고』에서 인간 본성은 역사적 발전을 설명하기 위해 사용된다. 실로 역사는 인간의 자기실현으로서만 알 수 있게 되는 것이다. 반면에 『자본론』에서 마르크스의 인간 본성에 대한 이론은 직접적인 설명 역할을 맡지는 않는다. 자본주의적 사회구성체의 본성과 기능을 설명하는 짐을 진 것은 오히려 자본주의적 생산양식이라는 개념과 이 개념의 의미를 상세히 설명하기 위해서 도입되는 다른 개념들 —— 사용가치/교환가치, 노동과정/가치실현과정, 불변자본/가변자본, 절대적 잉여가치/상대적 잉여가치 —— 이다. 인간을 생산자로 보는 이론은 마르크스의 일부 전제들에 철학적 존립 근거를 제공하는 형이상학적 이론으로서 기능한다. 예를 들어서 이것이 마르크스가 (한계효용론자들이 선호하는) 효용보다도 사회적 노동을 시장에 놓여져 있는 다양한 상품들의 기서에 있는 공동적 요인으로 택하는 데 부분지인 동기가 되었음은 의심할 수 없다. 그러나 마르크스의 노동가치론의 진실은 마르크스의 인간 본성론의 진실로부터 파생될 수 없다. 후자는 형이상학적 이론으로서 경험에 의하여 확증될 수도 반박될 수도 없기 때문이다. 오히려 후자는 그것으로부터 도출되는, 거짓으로 판명될 수도 있는 경험적 가설들에 의

---

86) L. Althusser, 'Marx's Relation to Hegel', *Politics and History*(London, 1972)와 *Essays in Self Criticism*(London, 1976) 참조.

87) Althusser, *Lenin and Philosophy and Other Essays*(London, 1971), p. 81[알뛰세, 『레닌과 철학』, 백의, 1991].

존한다. (우리는 뒤에서 『자본론』에서의 증명의 문제로 돌아갈 것이다.) 이와 비슷한 식으로, 『그룬트리세』와 『자본론』의 많은 대목들이 자본주의가 직접생산자들을 생산수단으로부터 떼어놓음으로써 인간의 생산능력을 낯선 실체인 자본에게로 옮겨 놓는 방식에 대하여 언급하는 반면에 소외된 노동이라는 개념은 마르크스의 후기 저작에서는 자본주의 자체에 대한 설명보다는 자본주의적 생산양식이 낳는 결과들을 서술하는 데 사용된다. 앨런 우드가 말했듯이, '이러한 저작에서 마르크스가 그것(소외라는 개념)을 사용하는 것은 더 이상 설명을 위한 것이 아닌 것 같다. 오히려 그것은 기술적(記述的)이거나 진단적으로 사용된다. 마르크스는 소외라는 개념을 현대 사회에서 특히 지배적인 일정 종류의 인간의 병폐나 역기능을 밝혀 내거나 특징짓기 위하여 사용하는 것이다.'[88]

마르크스 자신이 말한 바 있는 후기의 헤겔주의를 이해하기 위한 열쇠는 칼 뢰비트의 다음의 예리한 발언에서 발견될 수 있다.

> 그가 헤겔에 대하여 얼마나 잘 알고 있는가는 헤겔을 직접 언급하는 — 그리고 포이에르바하의 영향을 받은 — 그의 초기 저작들보다는 『자본론』에서 더 잘 보여진다. 이 저작에서 이루어지는 분석들은 내용면에서는 헤겔로부터 멀리 떨어져 있기는 하지만 현상을 개념으로 바꾸는 헤겔의 태도를 소화하지 않고서는 생각할 수 없는 것이다.[89]

바꾸어 말하면 『자본론』에서 보여지는 마르크스에 대한 헤겔의 영향은 『자본론』에서 보여지는 개념들 중 어느 것에 있다기보다는 헤겔과 마르크스가 경험적 현실을 파악하는 문제에 개념적으로 접근하고 있는 데서 보이는 유사성에 있다. 만일 이것이 사실이라면 이 주장은 마르크스의 견해에 있어서의 의미심장한 전환을 지적하고 있는 셈이다. 왜냐하면 그의 초기 저작들에서 마르크스는 『신성 가족』에서 '사변적 구축의

---

88) 예를 들어, Mészáros · Ollman · D. McLellan, *Karl Marx*(London, 1973) 참조. 알뛰세, 꼬르뉘, 그리고 후크는 이러한 해석에 대한 주요한 반대자들에 속한다.
89) Wood, 앞의 책, p. 7.

신비'라고 부른 것 즉 헤겔의 변증법적 방법이 경험적 대상들을 진정한 실존의 단순한 가상으로, **절대자**의 현현으로 축소시키는 방식을 강력하게 공격하고 있기 때문이다.90)

이 초기 저작들에 대한 갈바노 델라 볼페의 해석에 영향을 받은 루시오 콜레티는 마르크스의 유물론은 현실 속에 모순이 있다는 헤겔의 교리와 양립할 수 없다고 주장하였다.91) 이 주장은 우리가 1장에서 보았듯이, 헤겔에게서 물질적 세계의 모순의 발견은 그 세계의 비실체성을 드러내는 데로 나아가며 물질적 세계는 그 자체로서가 아니라 **절대자**의 현현으로서 이해될 수 있음을 보여주는 데로 나아간다는 사실에 기반을 두고 있다. 어떤 의미에서 콜레티는 의심의 여지 없이 옳다. '부르주아적' 형식논리 대신에 마르크스주의적 '변증법적' 논리를 세우려는 시도들은 헤겔을 뒤따라서 모순율을 부인하게 된다. 이 원리는 어떤 명제와 그 부정을 동시에 주장하는 것을 금지한다. (기호로 쓰면 이 원리는 '-(p. -p)'이다.) 예를 들어서 '비가 오고 있고 오지 않고 있다'라는 문장은 이 원리를 어기고 있는 것이다. 이러한 문장으로부터 다른 모든 문장들이 타당한 것으로 추론될 수 있다. 따라서 어떤 모순을 주장하는 것은 모든 것을 말하는 것이다. 그것은 또한 아무 것도 말하지 않는 것이다. 특정의 진술은 모두가 일정한 사태의 존재를 배제하고 있기 때문이다. ('비가 오고 있다'고 말하는 것은 비가 오고 있지 않다는 것을 부정하는 것이다.) 이 원리를 거부하는 것은 담론을 불가능하게 만들 것이다.92) 이 원리가 운동과 변화를 설명될 수 없게 만들 것이라는 헤겔의 주장은 전적으로 사이비적인 것이며, 19세기초에 미분학(微分學)이 처했던 일시적인 곤경

---

90) Marx · Engels, *Collected Works*, vol. 4, pp. 57~61.
91) Löwith, 앞의 책, p. 92[칼 뢰비트, 『헤겔에서 니체에로』, 민음사, 1985].
92) L. Colletti, *Marxism and Hegel*(London, 1973)[루시오 콜레티, 『마르크스주의와 헤겔』, 인간사랑, 1988], 그리고 'Marxism and the Dialectic', *New Left Review*, no. 93, 1975년 9 · 10월호 참조. 또한 G. Della Volpe, *Logic as a Positive Science*(London, 1980), 그리고 Callinicos, *Is There a Future for Marxism?*, ch. 5[알렉스 캘리니코스, 『마르크시즘의 미래는 있는가』, 열음사, 1987] 참조.

으로부터 대체적으로 파생된 것이다.[93]

마르크스의 저작들 중 어느 것에도 모순율이 타당하지 않다는 엉터리 교리를 그에게 지우는 것을 정당화해 주는 것은 없다. 그러나 그렇다고 해서 '진정한 모순'이라는 개념이 『자본론』에 없다는 결론이 나오는 것은 아니다. 그 반대로 마르크스는 현실로부터 모순을 제거하려고 하는 사람들에 대해서 대단히 비판적이다. 예를 들어 그는 제임스 밀에 대하여 이렇게 말한다.

> 경제적 관계가 — 그리고 그것을 표현하는 범주들 또한 — 모순, 대립 그리고 대립의 통일을 포함하는 곳에서 그는 모순의 통일성의 측면을 주장하고 모순 자체는 부정한다. 그는 대립물의 통일을 대립물의 직접적 동일성으로 바꾼다.[94]

다른 곳에서도 그는 자본주의의 축적과정은 '모순적인 경향들과 현상들 속에서 발현되는 모순'을 포함하며, '위기들이란 항상 기존의 모순들이 순간적이면서도 강력하게 해소되는 과정일 뿐이다'라고 쓴 적이 있다.[95]

이 대목들은 우리들에게 『자본론』에서 모순이 하는 역할에 대해서 일정하게 알게 해 준다. 헤겔은 반성적 오성이 가진, '사물들이 서로 모순되지 않기만을 염려하는 사물에 대한 애틋함'을 공격한 바 있다.[96] 왜냐하면 그는 물질적 세계의 현실성은 그 자립적 실존에 있는 것이 아니라 **절대자**의 자기소외의 형태로서의 역할로부터 도출된다는 점을 보여주고 싶었기 때문이다. 마르크스는 현실에 있어서 모순의 존재를 부정하는 사람들을 그들이 가진 **자본주의** 사회에 대한 애틋함 때문에 공격하였다. 마르크스에게 현실이 모순적이라는 진술은, 계급투쟁, 사회적 갈등 그리

---


93) K. R. Popper, *Conjectures and Refutations*(London, 1969), ch. 15 참조.

94) Marx, *Theories of Surplus-Value*, vol. 3, pp. 87~88.

95) Marx, *Capital*(Moscow, 1971), p. 249. 또한 *Theories of Surplus-Value*, vol. 2, p. 500 참조.

96) G. W. F. Hegel, *The Science of Logic*(London, 1929), vol. 2, p. 50.

고 경제적 위기가 사회의 작용에 부수하여 일어나는 현상이거나 우연의 산물이 아니라, 계급으로 나누어진 모든 사회구성체에 내적으로 특유한 것으로서 그 사회구성체의 역사적으로 특수하고 일회적인 성격을 드러내 주는 것임을 의미하였다. 모순은 사회적 삶을 추동하는 원리인 것이다. 사회구성체들은 그것들을 구성하는 적대적인 생산관계들의 관점에서 개념화되어야만 과학적 지식으로 될 수 있다. 변증법은,

> 이성적 형태의 것이라면 …… 부르주아지와 그 교리적 대변인들에게는 불쾌하고 혐오스러운 것이다. 왜냐하면 변증법은 존재하는 것에 대한 긍정적 이해 속에 그 부정에 대한, 그 불가피한 파멸에 대한 인식을 동시에 포함하고 있기 때문이며, 모든 역사적으로 발전된 형태를 유동하는 상태, 운동하는 상태에 있는 것으로 보므로 그 무상한 측면 또한 파악하기 때문이고, 본질적으로 비판적이고 혁명적이기에 그 어느 것에 의해서도 감명을 받지 않기 때문이다.97)

이렇게 이해되는 마르크스의 변증법은 모순율의 부정을 포함하지 않으며, 우리가 3장에서 다루게 될 자연변증법이라는 수상한 개념의 인정을 포함하지도 않는다. 후자의 개념은 소련과 그 속국들에서 발견되는 형태의 '변증법적 유물론'의 초석을 제공한다. 이 교리에 의하면 모순은 사회뿐만 아니라 자연의 본질적 속성으로 간주된다. 그 결과 마르크스주의는 존재론으로, 현실의 근본적 구조에 대한 일반적 설명으로 바뀌게 된다. 이러한 접근법에는 적어도 세 가지의 난점이 있다. 첫째, 아도르노, 알뛰세, 델라 볼페 등이 헤겔의 변증법을 존재의 이질적 속성들을 존재의 통일성으로 되놀리는 신성론이라고 비판한 것에 무력하다. 둘째, 보다 독특한 것으로서, 역사적 유물론을 보다 일반적인 형이상학적 이론의 관점에서 과학적 연구 프로그램으로 정당화하려고 하는 것은 결과적으로 역사적 유물론을 경험적 탐구에 의한 반박으로부터 면제시키는 것이다. 셋째, 가령 입자물리학이나 분자생물학에서의 이러저러한 발전이 변증법의 법칙들의 진리성을 예증하거나 증명한다는 주장에 많은 내용

---

97) Marx, *Capital*(Harmondsworth, 1976), p. 103.

을 부여하기가 어렵다. 모순개념의 확대를 사회구성체의 분석에만 국한하는 것이 훨씬 좋을 듯하다. 우리는 이 개념을 막연한 사회적 갈등을 나타내는 데보다는 어떤 생산양식을 구성하는 적대관계들, 따라서 그 경험적 발현과 무관하게 그 생산양식의 구조 속에 내재하는 그러한 적대관계들을 나타내는 데 사용해야 한다는 시사를 마르크스 자신이 이 개념을 사용하는 방식으로부터 얻는다. 자본주의적 생산양식에 특징적인 자본과 노동의 적대관계, 그리고 개별 단위의 자본들간의 적대관계가 그 예가 될 것이다. 이러한 경우로부터 모순의 더 나아간 속성 — 즉 모순적 관계에 놓여 있는 각 항들은 그 자신들이 바로 이 관계에 의하여 구성된다는 점 — 이 도출된다. 그렇기에 마르크스가 종종 강조하듯이 자본과 임금노동은 불가분한 것이다. 이와 비슷하게, 자본들로 하여금 자본들로서 행동하도록 강요하는 것은 자본들간의 경쟁과정이다.[98]

마르크스의 후기의 헤겔주의는 주로 방법론적인 것이다.[99] 『자본론』은 자본주의적 생산양식의 심층에 있는 내적 구조와 그 표면적 현상 사이의 대조에 큰 강조를 둔다. 여러 경제학파들은 이 표면을 뚫고 들어가는 데 성공하는 정도에 따라서 평가된다. 마르크스가 '고전적인 정치경제학 …… 즉 부르주아적 생산관계의 진정한 내적 틀을 검토한 …… 모든 경제학자들'과 '이 생산관계의 겉으로 드러나는 틀 속에서 이리저리 버둥대는 속류 경제학자들'을 구분한 것은 바로 이것을 근거로 해서이다.[100] 리카아도의 위대함은, 노동가치론이 비록 경험적으로 주어진 상대적 가격들의 겉으로 드러나는 운동과 상충하는 추상물이긴 하지만 그가 이것을 그의 출발점으로 삼았다는 사실에 있다. '마침내 리카아도가 들어서서는 과학을 향하여 멈춰라! 하고 외쳤다. 부르주아 체제의 생

---

98) 미분학에 대한 헤겔의 긴 비판, *The Science of Logic*, vol. 1, pp. 256~332 참조.

99) Callinicos, 앞의 인용문, 그리고 A. Giddens, *Central Problems in Social Theory* (London, 1979), p. 131 이하 참조. 이 책은 J. Elster, *Logic and Society*(London, 1978)에 있는 모순론에 대한 탁월한 비판적 논의를 담고 있다.

100) Marx, *Capital*(Harmondsworth, 1976), pp. 174~5, 각주 34.

리학을 위한 토대이자 출발점, 그 체제의 내적인 유기적 정합성과 생활 과정을 이해하기 위한 토대이자 출발점은 노동시간에 의한 가치결정이다.'101) 마르크스는 자신의 방법을 '추상에서 구체로 상승하는' 것,102) 경제의 관찰가능한 운동을 상품생산 속에 담겨 있는 사회적으로 필요한 노동시간에서 출발하여 설명하는 것이라고 설명하고 있다. 그러나 그는 자신이 리카아도의 오류라고 생각하는 것을 피하려고 한다. 이 오류는 리카아도가 서로 다른 부분에 투여된 자본에 환수되는 수익은 균일화된다는 경험적 사실을 (즉 일반적 이윤율이 존재한다는 사실을) 그의 공리들 중의 하나로 삼은 데서 나온다고 마르크스는 주장한다. 그러나 리카아도 자신도 만일 생산조건들이 똑같지 않고 또 동시에 일반적 이윤율이 존재한다면 상품은 그 가치대로 즉 생산하는 데 드는 사회적으로 필요한 노동시간에 따라서 교환되지 않을 것임을 보여주고 있다. 그래서 리카아도의 두 기본적 전제 — 노동가치론과 자본의 균일수익률 — 는 서로 양립할 수 없는 것이 된다.

리카아도는 이러한 모순을 알고 있었으나 그것이 단지 그의 체계에 사소한 양적인 불일치들을 가져올 뿐이라고 보았다. 즉 상품들은 여전히 대체적으로 그 가치들을 중심으로 변동할 것이라고 생각한 것이었다. 그러나 그 모순은 그의 후계자들로 하여금 점차적으로 노동가치론을 버리도록 장려하였다. 마르크스는 문제는 리카아도의 방법론적 오류에서 나온다고 주장하였다.

> 이 일반적 이윤율을 전제하는 대신에 리카아도는 이 이윤율의 존재가 어느 정도로 노동시간에 의한 가치결정과 일치하는가를 검토했어야 했다. 그랬다면 그는 양자가 일치하는 것이 아니라 상충한다는 것을 발견했을 것이고 따라서 이윤율의 존재는 일련의 중간단계들을 거쳐서 — 단지 일반적 이윤율을 가치법칙에 포함시키는 것과는 다른 절차를 거쳐서 — 설명되었을 것이다.103)

---

101) Marx, *Theories of Surplus-Value*, vol. 2, pp. 165~6[마르크스, 『잉여가치 학설사』, 아침, 1988].

102) Marx, *Grundrisse*, p. 101.

94

그리고 『자본론』에서 마르크스는 바로 이러한 방향으로 나아가서 노동가치론을 반박하는 것처럼 보이는 경험적으로 관찰가능한 현상을 '일련의 중간단계들을 거쳐서' 설명하려고 한다. '자본 일반', 생산과정, 그리고 유통과정을 1권과 2권에서 각각 분석한 후에 마르크스는 3권에서 '다수 자본들'간의 경쟁과정을 고찰한다.104) 그는 경쟁이 일반이윤율의 형성을 낳을 것이며 이러한 상황에서는 상품이 그 가치대로 즉 그것들을 생산하는 데 든 사회적으로 필요한 노동시간대로 교환되는 것이 아니라는 것을 보여주고 있다. 상품들은 오히려 그 개별적 이윤율이 평균치를 웃돌거나 밑도는 정도에 따라서 자본들간에 잉여가치가 재분배되는 것을 통하여 형성되는 변경된 가치대로 혹은 달리 말하면 생산가격대로 교환되는 것이다. 그리하여 노동가치론의 타당성은 『자본론』을 구성하는 명제들의 전체 체계로부터 분리할 수 없다. 마르크스는 1권의 서두에서 이 이론을 증명하지 못했다는 비판에 대한 대응으로 이렇게 썼다. '과학은 가치법칙이 어떻게 스스로를 주장하는가를 보여주는 데 있다. 그래서 만약 이 법칙에 어긋나는 듯이 보이는 모든 현상을 처음부터 "설명"하기를 원한다면 우리는 과학 앞에 과학을 제시해야 할 것이다.'105)

과학적 방법에 대한 이러한 파악은 헤겔에 의하여 깊게 영향을 받았는데, 헤겔은 칸트의 판단력 개념을 보편성에 대한 추상적 파악을 포함한다는 이유로 비판하였다. 칸트에게 있어서 보편적 개념들은 그 특수한 사례들과는 구분된다. 판단은 포섭에 의하여 이루어진다. 즉 단지 이 사례들을 내적 연관을 지움이 없이 어떤 일반적 개념 밑에 포함시키는 것이다. 추상작용은 '개별자를 생략하고 더 높은 그리고 최고로 높은 유(類)로 상승하여' 경험적 자료를 분류만 하고 설명하지는 않는 연역의

<hr>

103) Marx, *Theories of Surplus-Value*, vol. 2, p. 174[마르크스, 『잉여가치 학설사』, 아침, 1988].
104) 이후의 논의는 A. Callinicos, 'The Logic of *Capital*'(D. Phil, *Thesis*, University of Oxford, 1978)에서 더 풍부하게 개진된 바 있다.
105) Marx·Engels, *Selected Correspondence*, p. 196.

위계적 체계를 창출한다고 헤겔은 주장하였다. 이 추상작용에 헤겔은 구체적 보편자를 대립시켰는데, 이 구체적 보편자는 '그 자립적 실존을 향유하는 개별자와 대면하고 있는, 여러 사물들에 공통된 특징들의 단순한 총합이 아니라' '스스로를 개별화하고 특수화하는' 것이었다.106) 구체적 보편자는 그 개별적 사례들과 뗄 수 없게 통일되어 있으며 서로 합하여 유기적인 총체를 이루고 있다. 개별자들의 종합으로서의 보편자라는 생각은 아리스토텔레스의『사후적 분석학』이래로 받아들여져 왔던 과학적 증명의 개념에 대한 헤겔의 비판과 밀접하게 연관되어 있다. 전통적 생각에 따르면 각 과학은 어떤 공리들로부터 나온 연역적 체계를 형성하는데 이 공리들의 진리는 자명하거나 아니면 관찰로부터의 귀납에 의하여 도달된다. 진리는 체계 속에서 하향적으로 즉 공리에서 그 공리로부터 추론되는 명제로 이전된다. 경험적 자료는 이 체계 속에서 분류됨으로써 설명된다. 헤겔의 말대로 '마치 명제는 여기 우리 앞에 있고 그 증명은 그것으로부터 떨어져 있는 어떤 것인 양' 모든 것은 원래의 공리의 증명에 의존한다. 그러나 헤겔에게 있어서는 '증명이 명제와 함께 온다.' 그의 체계를 구성하는 명제들의 진리는 그 체계의 전개과정 속에서만 수립되는 것이다.107)

　『자본론』에서의 마르크스의 접근법과의 유사성은 아주 분명하다. 마르크스의 리카아도 비판의 내용은 리카아도가 가치를 추상적 보편자로 취급하여 그로부터 경험적 현상의 서술이 직접적으로 도출될 수 있는 것으로 보았다는 것이다. 그래서 리카아도의 방법은 '형식적 추상작용'을 포함하며 '현상적 형식을 일반적 법칙의 즉각적이고 직접적인 증명 혹은 실명으로 간주하고 …… 그것을 해석하지는 못한다'108)는 것이다. 이와는 달리 마르크스 자신의 '추상에서 구체로 상승하는' 접근법은 '중간단

---

106) *The Logic of Hegel*, p. 227.
107) Hegel, *Lectures*, vol. 2, pp. 368~369. 또한 Lakatos, 앞의 책, vol. 2, Part 1 참조.
108) Marx, *Theories of Surplus-Value*, vol. 2, p. 106[마르크스,『잉여가치 학설사』, 아침, 1988].

계들'에 의한 진행을 포함하며, 그 과정에서 어떻게 노동가치론에 어긋나는 듯이 보이는 다양한 경험적 현상들이 노동가치론에서 시작해야만 설명될 수 있는가 하는 것을 보여준다. '과학은 가치법칙이 어떻게 스스로를 주장하는가를 보여주는 데 있다.' 헤겔에서처럼 증명이 『자본론』을 구성하는 명제들의 집합과 불가분하기에 '증명이 명제와 함께 온다.' 그 결과로 나오는 것은 '구체적인 내용을 갖는 사상의 총체'이다. 여기서 '구체적인 것은 많은 규정들의 집중이기에, 따라서 다양한 요소들의 통일체이기에 구체적이다.'[109] 바꾸어 말하자면 마르크스에게 있어서 가치는 구체적 보편자로서 그것이 설명하는 경험적 현상들과 유기적 총체를 이루는 것이다.

이러한 유사성이 헤겔의 『논리학』과 마르크스의 『자본론』 사이의 방법상의 동일성을 보여주는 것인가? 여기에 대한 대답은 부정적인 것이 될 수밖에 없다. 마르크스 자신이 그의 『헤겔 법철학 비판』에서 보여준 바 있듯이, 헤겔의 변증법적 방법은 그것이 설명하려는 경험적 자료를 이념의 단순한 예들이라고 설명한다. 헤겔이 하려고 하는 것과 그가 실제로 하고 있는 것과의 간극을 설명하기는 쉽다. 1장에서 보았듯이 헤겔의 변증법적 방법은 **절대이념**과 동일하다. 혹은 달리 표현하자면 **절대이념**은 자기획득 과정에 다름 아니며 그 구조는 본래적 통일성, 자기소외, 더 높은 통일 속에서의 화해로 이루어지는 3단 구조이다. 이제 이 구조가 특수한 현상을 더 광범한 패턴 속으로 엮어 넣으며 '설명하는' 데 있어서는 목적론적으로 그렇게 한다. 그리하여 그 현상들의 의미는 바로 그 과정의 목적 즉 **절대이념**의 완전한 자기의식의 성취에 기여하는 데 놓여 있게 되는 것이다. 따라서 헤겔의 체계 속에 포함된 경험적 자료는 필연적으로 증발되어 이 세상에서의 **정신**의 역정(歷程)의 단순한 예증 사례들로 축소되고 마는 것이다. 헤겔의 체계는 닫혀져 있는 것이다. '모순은 사태의 종말이 아니라 그 스스로를 말소한다'라고 그는 쓰고 있다.[110] 그것이 맡은 역할은 존재에 구체적인 내용을 부여하고 그 다음에

---

109) Marx, *Grundrisse*, p. 101.

는 부정의 부정으로서 그 내용을 다시 **절대자** 속으로 회수하는 것이다. 그러나 마르크스에게 있어서 역사는 열린 과정이며 모순은 사회 현실을 구성하여 공산주의에서조차도 변화의 동력을 제공한다(생산력들과 생산 관계들의 모순이라는 형태로). 따라서 마르크스는 단순히 헤겔의 방법만을 끌어올 수는 없었다. 헤겔의 방법은 그의 체계와 불가분하여 목적론적 구조 속으로 용해시킴으로써만 현상을 설명할 수 있기 때문이다.

헤겔의 방법론적 지도(指導)에 대한 마르크스의 의존은 따라서 위험한 일이었다. 이는 마르크스가, 헤겔을 뒤집어서 그의 변증법을 바로 세우라는 자기 자신의 요청을 진지하게 받아들이는 경우들에 의해서 보여지는 바대로다.111) 예를 들어서『그룬트리세』에서 자본은 **절대이념**의 속성들을 띠는 경향이 있으며, 그 '전제조건들'을 '관념적으로 설정하는' 즉 자기가 자기의 실존조건들을 생성하는 경향이 있다. 이는 논리적 범주들이 자기 자신의 내용을 생산하고 이념이 자연을 생산하는 방식과 수상쩍게도 유사한 것이다.112) 이것은『자본론』에는 해당되지 않는다. 몇몇 예외가 있기는 하지만 (예를 들어 물신론을 다루는 뒤의 6장을 참조하라)『자본론』에서는 헤겔의 범주들과 주제들의 사용은 자본주의를 탐구하는 경험적 과제에 거의 전적으로 종속되고 있다.『자본론』의 구조는 철저하게 반헤겔적이다. 그것은 모순의 더 높은 통일 속에서의 화해에서가 아니라 '사태 전체의 운동과 파국이 용해되어 있는 **계급투쟁**'에서 그 정점을 이룬다.113) 그러나 이후의 마르크스주의자들은 헤겔을 유물론적으로 전유하는 데 포함되어 있는 난점을 피하는 데 그렇게 운이 좋지만은 않았다.

---

110) *The Logic of Hegel*, p. 174.

111) Marx, *Capital*(Harmondsworth, 1976), p. 103.

112) 예를 들어 *Grundrisse*, p. 459 이하를 보라.

113) Marx · Engels, *Selected Correspondence*, p. 195.

# 제3장
# 억압된 것의 재등장

# 제3장
# 억압된 것의 재등장

## 1. 제2인터내셔널의 마르크스주의

원숙기의 경제적 저작들에서 마르크스가 '헤겔로 회귀'한 것은 겉으로 잘 드러나지 않는 은밀한 것이었다. 마르크스주의 특유의 철학적 전통을 구성하는 시도는 다른 이들에게 맡겨졌다. 역사적 유물론의 창시자들이 그들의 '한때의 철학적 양심'과 '관계를 청산한' 지 40년 후에[1] 엥겔스는 '독일의 노동운동은 독일 고전철학의 계승자이다'라고 하면서 고전적 관념론과의 인연을 주장하였다.[2] 엥겔스의 철학 영역에의 개입은, 1875년에 마르크스주의적 사회주의자들과 라쌀레주의적 사회주의자들이 통합함으로써 생긴 독일 사회민주당이 이론적·정치적으로 형성되는 데 크게 기여한 엥겔스의 업적의 일부였다.[3] 그의 주요한 철학적 저작들인 『반듀링론』(1878), 「루드비히 포이에르바하와 독일 고전철학의 종말」 (1886) 그리고 유고저작인 『자연변증법』은 대체로 갓태어난 당을 외부의 이데올로기적 영향들로부터, 특히 '진정한 사회주의자들'로부터 파생된 윤리적 사회주의의 영향으로부터 떼어놓으려고 의도된 것이었다(이 '진

---


1) Marx, *A Contribution to the Critique of Political Economy*(London, 1971), p. 22[마르크스, 『정치경제학 비판을 위하여』, 중원문화, 1989].
2) Marx·Engels, *Selected Works*, vol. 3, p. 376.
3) G. Stedman-Jones, 'Engels and the End of Classical German Philosophy', *New Left Review*, no. 79. 1973년 5·6월호 참조.

정한 사회주의자들'의 특징인 피히테적 관념론과 포이에르바하적 인간주의의 조합을 마르크스와 엥겔스는 이미 1840년대에 공격한 바 있다.)4) 엥겔스는 일반적으로 적용가능하며 과학적으로 확증가능한 어떤 객관적인 법칙들에 의해서 지배되는 세계상을 제시함으로써 이 일을 하려고 했다. 역사적 유물론은 인간 사회의 영역에서 이러한 법칙들이 특수한 형태로 작용하고 있는 것을 발견하였다고 엥겔스는 주장하였다. 이 법칙들에 대한 지식은 사회당의 성공에 필수적인데, 프롤레타리아 혁명은 객관적인 사회과정의 결과일 것이기 때문이었다. 사회주의는 과학적이어야 했다. 즉 변화의 물질적 조건을 개념화하는 것이어야 했으며 단지 기존 사회의 비판과 미래 사회의 묘사에만 관심을 갖는 공상적인 것이어서는 안되었다. 헤겔의 중요성은 보수적인 관념론적 체계 속에 갇힌 혁명적인 변증법적 방법에 놓여 있었다. '변증법은 모든 운동의 가장 일반적인 법칙에 관한 학(學)으로 파악된다. 이는 그 법칙들이 자연과 인간 역사에서의 운동에 있어서나 사유의 운동에 있어서나 마찬가지로 타당해야 함을 함축한다.'5) 엥겔스가 헤겔의 『논리학』으로부터 끌어낸 이 법칙들은 세 가지 — 양질전화의 법칙, 대립물들의 상호침투, 부정의 부정 — 이다. 이 법칙들은 19세기의 주요한 과학적 발견들 모두에 의해서 — 마르크스의 『자본론』에 의해서뿐만 아니라 다윈의 『종의 기원』에 의해서 — 예증되었다고 엥겔스는 믿었다.

이렇게 헤겔의 관념론을 거부하면서 그 변증법의 형식적 구조를 구하려고 시도하는 것은 그 [변증법적] 방법 자체가 절대이념과 동일한 까닭에 — 물질적 세계를 구성하는 차이가 **개념**의 동일성 속으로 회수되는 것은 특히 부정의 부정을 통해서이다 — 실패할 수밖에 없다는 것은 앞의 두 장에서 명확히 설명되었다고 본다. 더욱이 자연변증법이라는 개념

---

4) G. Lukács, 'The New Edition of Lassalles's Letters'와 'Moses Hess and the Problem of Idealist Dialectics', *Political Writings 1919~1929*(London, 1972) 참조.
5) F. Engels, *Dialectics of Nature*(Moscow, 1954), p. 267[엥겔스, 『자연의 변증법』, 전진, 1989].

은 과학적 가설들의 구축에 기준을 제공하는 것으로 진지하게 받아들여진 때에는 진정한 연구를 방해하고(특히 리쎈꼬 사건의 경우에 가장 유명하게 된 바와 같이)6) 사이비 과학적 헛소리를 조장했다. 특히 인간주의적 마르크스주의자들 사이에서는 이 모든 것에 대한 비난을 엥겔스에게 씌우는 것이 보통이었다. 역사적 유물론에 대한 주장에 있어서 마르크스가 일반적으로 엥겔스보다 더 조심스럽다는 데에는 의심의 여지가 없다. 예를 들어서 마르크스는 '서구에서의 자본주의의 생성에 관한 나의 역사적 개관(『자본론』 1권 8부)을 상황에 관계없이 모든 국가에 운명적으로 처방되는 일반적 발전 경로에 관한 역사·철학적 이론으로 바꾸었다'는 이유로 러시아의 민중주의 작가인 N. K. 미하일로프스끼를 비판한 바 있다.7) 그러나 헤겔의 변증법을 엥겔스가 복권시킨 것을 마르크스가 거부하였다는 증거는 없다. 사실상 그는 『반듀링론』에 한 장(章)을 기고하였으며(이는 1883년에 그가 죽기 5년 전에 출판되었다), 『자본론』에서는 '헤겔이 그의 『논리학』에서 발견한, 어떤 지점에서는 단순히 양적인 구분들이 변증법적 전도에 의하여 질적인 구분으로 옮아간다는 법칙'의 예로서 화학의 분자이론을 거론하였다.8)

어쨌든 변증법적 유물론이라고 알려지게 된 것은 독일 사회민주주의의 공식적 이데올로기가 되었으며 제2인터내셔널(1889~1914)에서 갖는 독일 사회민주당의 엄청난 비중을 놓고 볼 때 유럽 노동운동의 많은 부분의 공식적 이데올로기가 되었다. 제2인터내셔널의 주요한 이론가들인 칼 카우츠키, 게오르기 플레하노프, 안토니오 라브리올라의 손에서 변증법은 존재론 즉 존재의 근본적 성격에 대한 설명으로 파악되어, 사회변화는 그 결과가 미리 결정된 유기적 과정이라는 식의 마르크스주의를 정당화하는 데 복무하였다. 1892년에 카우츠키는 이렇게 썼다. '자본주의 사회 체제는 그 끝에 다다랐다. 그 해체는 이제 시간 문제가 되었다. 불

---

6) L. Colletti, *Marxism and Hegel*(London, 1973)[루시오 콜레티, 『마르크스주의와 헤겔』, 인간사랑, 1988]과 D. Lecourt, *A Proletarian Science?*(London, 1977) 참조.

7) Marx·Engels, *Selected Correspondence*(Moscow, 1975), p. 293.

8) Marx, *Capital*(Harmondsworth, 1976), p. 423.

가항력적인 경제적 힘이 운명처럼 확실하게 자본주의적 생산의 파국을 낳는다. 현존의 질서를 새 질서로 대체하는 것은 더 이상 바람직한 것이 아니라 불가피한 것이 되었다.'9)

이러한 진화주의적 마르크스주의는 『자본론』 1권 32장 '자본주의적 축적의 역사적 경향'에서 지지되고 있다고 주장되는데, 여기서 마르크스는 부르주아 사회의 역사적 궤적에 있어서 헤겔적 3단 구조를 발견하였다는 것이다. 전(前)자본주의적 사회구성체에 있어서의 직접적 생산자와 생산수단의 통일이 바로 본래적 통일에 해당했다. 그 다음에는 '개인적 사유재산의 첫번째 부정' 즉 소수에 의한 직접적 생산자의 갈취와 생산수단의 독점이 온다. '그러나 자본주의적 생산은 자연적 과정의 무자비함으로 그 자신의 부정을 낳는다. 이것이 부정의 부정인데' 여기서 자본주의에 의하여 창출된 노동자계급은 생산수단에 대한 통제를 다시 획득한다는 것이다.10) 실상 제2인터내셔널의 '정통' 마르크스주의자들 중에서 철학적으로 가장 현학적인 플레하노프는 헤겔에게서 바로 그러한 역사적 목적론 — 결과가 미리 결정된다는 것 — 을 도출해 냈다. 그는 「헤겔 사후 69년에 즈음하여」(1891)에서 이렇게 썼다. '위대한 역사적 목표점으로 가려는 충동 — 아무도 멈출 수 없는 충동 — 이것이 위대한 독일 관념철학의 유산이다.'11)

더욱이 예를 들어 에르네스트 헤켈(Ernest Haeckel) 등에 의한 다윈적 진화론의 속류화와 같은 다른 영향들도 있었다. 마씨모 쌀바도리는 그의 주요한 카우츠키 연구서에서 이렇게 쓰고 있다.

> 1924년에 그 자신이 형성한 시기를 회고하면서 카우츠키는, 다윈주의가 '문화의 대열을 정복하였을' 때 그 또한 그것을 '열광적으로' 받아들였으며 그의 '역사이론은 다윈주의를 사회발전에 적용한 것에 다름 아닌 것으로 의도되었다'고 말하게

---

9) K. Kautsky, *The Class Struggle*(New York, 1971), p. 117.
10) Marx, *Capital*(Harmondsworth, 1976), pp. 929~930.
11) G. V. Plekhanov, *Selected Philosophical Works*(4 vols., Moscow, 1976), vol. 1, p. 483.

되었다. 마르크스주의와 다윈주의의 이러한 융합은 카우츠키에게 혁명적 과정을 유기적 필연성의 전개로 보는 생각을 고취시켜 주었다. 진화에 의하여 역사적으로 저주받은 것도 모두 보수(保守)될 수 있다거나 누구라도 주의주의적으로 진화의 행보 자체에 강제로 영향을 미칠 수 있다는 등의 환상이 들어설 여지는 없었다.12)

마르크스주의가 진화주의적 성격을 띠게 된 과정의 근저에 놓여 있는 것은 복합적인 사회과정이다. 독일 사회민주당과 그와 연합한 노동조합들은 수백만 노동자들의 지지를 누리는 대중조직들이었으며, 반(反)사회주의법의 시기 동안에 실질적으로 그들을 억압하려고 하였던 정권에 비타협적으로 맞서고 있었다. 동시에 당과 조합들내에서는, 타협을 위한 협상과 갈등의 회피를 존재 근거로 하며, 계급투쟁을 회피하는 것을 대가로 치르고 운동을 손상받지 않게 보존하는 것을 관심사로 하게 된 상시적 기구가 자라나왔다.13) 사회주의의 불가피성에 대한 믿음이 제2인터내셔널에서 중요한 이데올로기적 역할을 하였으며 미래의 승리에 대한 확신이 당과 조합의 전투적인 활동가들에게 상황이 아무리 암울하더라도 활동적으로 남게끔 하는 자극을 주었긴 하지만, 동시에 노동운동과 국가간의 직접적인 대립을 유발할 활동을 자제하는 것을 정당화하는 데 복무하기도 하였음을 그람시와 벤야민 모두가 시사한 바 있다.14)

---

12) M. Salvadori, *Karl Kautsky and the Socialist Revolution 1880~1938*(London, 1979), p. 23. 이 진화주의적이고 다윈적인 마르크스주의는 신화론이나 다윈과는 거의 아무런 관계도 없었다는 것이 주목되어야 한다. 마르크스는 『종의 기원』에 대하여 '자연과학에서 처음으로 "목적론"에 치명타가 가해졌을 뿐만 아니라 그 합리적인 의미가 경험적으로 설명이 되고 있다'고 평했다.(*Selected Correspondence*, p.115) 또한 V. Gerratana, 'Marx and Darwin', *New Left Review*, no. 82, 1973년 11 · 12월호 참조.

13) C. Schorske, *German Social Democracy, 1905~1917*(Cambridge, Mass, 1955) 참조.

14) A. Gramsci, *Selections from the Prison Notebooks*(London, 1971), p. 336[그람시, 『옥중 수고』, 거름, 1993]과 W. Benjamin, *One-Way Street and Other Writings*(London, 1979), pp. 368~370 참조.

독일 사회민주주의가 취하는 미묘한 평형은 에어푸르트 강령이 채택된 1891년에 이미 명백하게 드러났다. 프러시아 절대주의를 힘으로 전복할 필요성을 인정하지 못했다는 이유로 그 당시에 엥겔스에 의해서 비판을 받은[15] 이 문건은 두 부분으로 나뉘어 있다. 카우츠키가 작성한 첫번째 혹은 최대 강령은 자본주의의 모순을 개관하고 그 불가피한 붕괴를 선언하고 있다. 두 번째 부분에서 에두아르트 베른슈타인은 최소 강령인 직접적인 요구들 특히 독일 국가의 민주화에 대한 요구를 개진하고 있다. 역사가 '자연적 필연성'(카우츠키가 좋아하는 문구)에 의해서 프롤레타리아 혁명을 가져옴으로써 최대 강령과 최소 강령 사이의 간극을 메우리라는 것이었다. 이는 독일 사민당이 그 최소 강령을 실행하려 한 의회전술의 정점인, 사회주의자가 의회 의석의 과반수를 차지함을 통하여 일어날 것이었다. 카우츠키는 1910년과 1912년에 로자 룩셈부르크와 안톤 판네쾨크를 노린 소모전략(strategy of attrition)을 옹호하면서, 의회외적인 대중행동에 의해서 역사과정을 촉진시키려는 시도는 이미 노동운동에 의하여 거두어진 이득을 위험하게 할 뿐이라고 주장하였다.[16]

제2인터내셔널의 '정통' 마르크스주의가 특징적으로 가지고 있는 속류화되고 진화론적인 형태의 헤겔 변증법은 이렇게 사회주의 혁명의 성공에 대한 보장을 해줌과 함께 독일 사민당 및 다른 유럽 노동자당들이 추구하는 본질적으로 개량주의적이고 점진주의적인 전략을 정당화해주는 데 복무하였다. 따라서 이러한 정통성에 대한 도전이 철학적인 동시에 정치적인 것이 되는 것은 당연한 일이었다. 많은 '마르크스주의의 위기들' 중 첫번째 것은 1899년 발표된 베른슈타인의 『사회주의의 전제와 사회민주주의자의 과제』로 거슬러 올라간다. '정통' 마르크스주의를 공격한 이 책은 이론적으로는 '진정' 사회주의를 뒤집은 형태에 지나지 않았으며 변증법, 역사적 유물론, 노동가치론, 그리고 『자본론』까지 거부하고

---

15) Marx · Engels, *Selected Works*, vol. 3, p. 433 이하.
16) Salvadori, 앞의 책, p. 30 이하, pp. 133~146, 152~165 참조.

칸트적 윤리학의 복권을 옹호하였다. 그러나 정치적으로 이 책은 다이나마이트였다. 베른슈타인은 사민당으로 하여금 이론을 실천에 맞추기를 요구하였으며, 독일 사회민주주의에 '그 현실적인 정체인 민주주의적이고 사회주의적인 개량당으로 대중 앞에 나타나도록 결심하기를' 촉구하였다.17) 난처해진 당 지도부는 베른슈타인에 대해 이론적 '수정주의'라는 형식적 비난을 확보하는 한편 그가 대변하고 있었던 점차 목소리가 높아지고 있었던 우익은 당내에 머물 수 있도록 허용하였다. 카우츠키는 아우구스트 베벨에게 보낸 편지에서 '만일 베른슈타인이 그의 『전제』를 엥겔스가 아직 살아 있을 때에 썼더라면 이 장군은 우리처럼 그를 부드럽게 다루지 않고 "꺼져, 악당아!"라고 외치면서 발로 차서 내쫓았을 것이다'18)라고 고백한 바 있다. 베벨과 카우츠키가 보기에 베른슈타인의 범죄는 말하지 않고 두는 것이 나았던 것을 누설한 것이었다. '친애하는 에데, 그런 일들은 말하는 것이 아니라 그냥 행하는 것이야'라고 사민당 서기인 이그나즈 아우어는 항변한 바 있다.19)

비밀은 누설되었다. '베른슈타인 사태'는 처음에는 독일의 그리고 나중에는 유럽의 사회주의내에서 벌어져서 제2인터내셔널이 셋으로 갈라지게 되는 1차 대전 이후까지 점점 더 격하게 계속되었던 논쟁의 시작을 나타내는 것이다. 제2인터내셔널이 셋으로 갈라지는 것은 1910년경에 우파, 좌파, 중도파의 세 파를 가지고 있었던 독일 사민당에서 이미 예고되고 있었다. 우파와 좌파는 카우츠키와 중도파가 계속적으로 옹호하였던 '당 전술'을 고치려는 목표 말고는 일치하는 바가 거의 없었다. 노조 지도부의 상당한 지지를 받고 있으며 1905년 이후에 당내의 정책들에서 점차 영향력이 커져온 우파는 최대 강령을 폐기하고, 빌헬름 왕정에 대

---

17) E. Bernstein, *Evolutionary Socialism*(New York, 1967), p. 197. '베른슈타인 사태'에 대해서는, L. Colletti, 'Bernstein and the Marxism of the Second International', *Rousseau and Lenin*(London, 1972), 그리고 P. Gay, *The Dilemma of Democratic Socialism*(New York, 1962) 참조.

18) Salvadori, 앞의 책, p. 103에서 재인용.

19) J. P. Nettl, *Rosa Luxemburg*(2 vols., London, 1966), vol. 1, p. 156에서 재인용.

한 원칙적 반대라는 당의 입장을 버리며 다른 열강들과의 분쟁 속에 있던 독일 국가를 지지하기를 원했다. 1914년 8월은 이들의 승리를 나타냈다. 좌파, 그리고 무엇보다도 로자 룩셈부르크가 1910년 카우츠키와의 논쟁에서 당의 최소 민주강령을 관철하고 정치권력 획득에 필요한 노동자계급 의식과 조직을 구축하려면 대중파업을 선동해야 한다고 제안하였다. 공식적으로 우파를 비판하는 중도파는 로자와 좌파 쪽으로 이끌렸다. 이 논쟁은 1918년 독일혁명 이후에 사민당의 우파 장관들이 룩셈부르크와 칼 리프크네히트의 살해를 주관하는 데서 절정에 이르게 될 것이었다.

1900년과 1914년 사이에 출현한 여러 상이한 정치적 입장들이 종종 카우츠키와 플레하노프의 진화주의적 마르크스주의에 대한 이론적 비판을 포함하게 되는 방식을 주목해 보면 대단히 흥미롭다. 예를 들어 한편으로 오스트리아 사회민주주의의 이론가들 즉 오스트리아 마르크스주의자들(the Austro-Marxists)은 정통이론에 더욱 군건한 신칸트주의적 토대를 부여하려 했는가 하면, 레닌, 뜨로츠키, 룩셈부르크는 정통이론을 안에서부터 전복하였다.

정치적으로 오스트리아 마르크스주의는 카우츠키의 중도파에 가장 가깝다. 유럽 노동운동이 제2인터내셔널과 제3인터내셔널로 나뉜 후에도 오토 바우어 및 오스트리아 사민주의의 다른 지도자들은 혁명과 개량, 좌파와 우파를 화해시키려고 하였다. 동시에 오스트리아 사민주의는 국가와의 무장 대결을 회피하였는데, 이는 1934년 2월 돌푸스 정권에 의하여 오스트리아 노동운동이 파괴되는 데로 이르게 한 정책이었다.[20] 오스트리아 마르크스주의자들은 베른슈타인처럼 윤리가 계급과는 별도의 자율적인 것이라고 믿을 정도로 베른슈타인과 이론적으로 공감하였다. 예컨대 루돌프 힐퍼딩은 마르크스주의가 과학적 이론으로서 갖는 진리

---

20) Y. Bourdet, 'Introduction' to R. Hilferding, *Le Capital financier*(Paris, 1970), T. Bottomore · P. Goode(편), *Austro-Marxism*(Oxford, 1978), R. Loew, 'The SPÖ: from Hapsburgs to Hitler', *New Left Review*, no. 118, 1979년 11 · 12월호 참조.

를 받아들이면서, 윤리적이고 정치적인 입장으로서의 사회주의는 거부하
여도 그것이 논리적인 데서 벗어난 것이 아니라고 주장하였다.21) 그러
나 그들의 주된 철학적 관심은 과학으로서의 역사적 유물론에 적절한
철학적 토대를 제공하는 것이었다. 신칸트주의의 영향과(뒤의 2절 참조)
마하의 경험일원론의 영향 아래서 그들은, 카우츠키의 진화주의는 불가
피하게 속류화를 동반하는 대중화를 마르크스주의에 가져오는 역할은
했지만 그 철학적 토대를 제공하는 일에는 실패하였다고 믿었다. 오스트
리아 마르크스주의의 주된 철학자인 막스 아들러는 바우어에 따르면 '모
든 수정주의적 희석에 대항하여 마르크스주의의 사회과학을 지식에 대
한 칸트의 비판의 도움을 받아서 옹호하기 위하여 그리고 그 사회과학
을 사회주의의 윤리적 정당화와 날카롭게 구분하기 위하여' '신칸트주의
를 받아들였다.'22)

아들러의 작업이 주는 흥미는 독일 고전적 관념론의 초석인 선험적
주체를 마르크스주의 안으로 재도입하는 것이 그 첫번째 주요한 시도였
다는 사실에 있다. 실로 의식의 전제들로부터 역사적 유물론을 '선험적
으로 연역'해 내는 그의 작업은, 우리의 감각을 기술하는 우리의 능력조
차도 공적 담론과 사회적 '생활형식들'의 현존에 의존한다는 것을 증명
하려는 비트겐슈타인의 본질적으로 칸트적인 시도라고 때때로 칭해지는
것의 놀라운 선례에 해당한다.23) '비판철학은 개별적 의식에서 출발하고
또 그래야만 한다. 그러나 그것은 이 개별적 의식 속에서 초개인적이고
선험·사회적인 성격, 사전적(事前的)으로 사회화된 성격을 보여준다.'24)
이로써 칸트가 역사적 유물론의 기본개념인 사회화(Vergesellschaftung)
를 확립한 셈이다. 이에 따르면 (막스 베버에 대한 비판적 논의에서 아들
러가 주장한 바이다) '심리적 의미에서 모든 "오성"은 개별적 의식의 특

---

21) R. Hilferding, *Finance Capital*(London, Henley, and Boston, 1981) p. 23~24[힐퍼
　　딩,『금융자본』, 새날, 1994].
22) Bottomore · Goode, 앞의 책, p. 52.
23) P. M. S. Hacker, *Insight and Illusion*(Oxford, 1972) 참조.
24) Bottomore · Goode, 앞의 책, p. 65.

110

정 구성을 전제하는데, 여기서 자기의식의 내재적인 상호연관성은 타자들의 의식에 의존한다.'[25] 바꾸어 말하자면 개별적인 '나'는 사회적인 '우리'를 전제한다는 것이다. 범주들의 선험적 연역이 과학자들의 자연과학적 법칙 수립에 합리적 근거를 부여하듯이, 마르크스주의로 하여금 사회생활에 있어서 인과관계적 규칙성을 발견하도록 해 주는 것은 경험의 이러한 선험적 조건이라는 것이다. 이러한 주장은 마르크스주의의 일정한 주관화를 포함한다. '역사에 대한 유물론적 파악과 사회진보에 대한 이론은 그 의미와 확실성을 사회화된 인간 혹은 …… 사회화된 의식으로부터 도출한다'라고 아들러는 쓰고 있다.[26] 따라서 사회적 관계들을 의식의 형식들과 동일시하고 경제적이고 정치적인 투쟁에 대해서와는 반대로 이데올로기적인 투쟁에 거대한 의미를 부여하는 오스트리아 마르크스주의자들의 경향을 주목하는 것이 흥미롭다.[27] 이러한 측면들에서 그들은 서구 마르크스주의의 선구자들이었다.

그러는 동안 제2인터내셔널의 혁명적 좌파측에서는 레닌, 룩셈부르크, 뜨로츠키가 카우츠키와 플레하노프의 진화주의와 철학적·정치적 결별을 나타내는, 특정 문제들에 대한 분석을 발전시켰다. 이러한 분석들은 혁명적 과정에서 의식과 활동이 맡는 역할에 훨씬 더 큰 강조를 두는 종류의 마르크스주의로의 전환을 포함했다. 이 분석들이 '정통' 마르크스주의의 단순한 변경이 아니라 그것과의 결별에 해당한다는 사실은 이 이론의 담당자들에 의해서는 의식적으로 정식화되지 않았다. 실상 레닌과 뜨로츠키는 1914년 8월의 사태가 일어날 때까지는 카우츠키에 대해 큰 존경심을 가지고 있었으며, 1910년에 벌인 '당 전술'에 대한 로자와의 논쟁에 있어서는 카우츠키를 지지하였다.[28] 그러나 특히 레닌은 자기 자신을 카우츠키의 충실한 추종자로 간주하였긴 하지만 짜르 치하의 러

---

25) 같은 책, p. 70.
26) 같은 책, p. 68.
27) 이러한 경향의 한 예인 바우어의 민족성 이론에 대해서는 M. Löwy, 'Marxists and the National Question', *New Left Review*, no. 96, 1976년 3·4월호 참조.
28) Nettl, 앞의 책, vol. 1, p. 433 참조.

시아에서 혁명적 노동자당을 건설하는 일과 연관된 특수한 문제들에 접근하는 데 있어서 근본적으로 비진화주의적인 종류의 마르크스주의를 발전시켰다.29)

정통이론은 역사를 일련의 생산양식들이 생산력들의 발전수준에 상응하여 미리 정해진 순서대로 이어지는 것으로 파악하였다. 계급투쟁은 단지 역사의 법칙을 시행하는 역할을 하였다. 러시아 같은 후진국들은 자본주의적 발전단계를 거치도록 운명지워져 있었다. 그런 식으로만 사회주의의 물질적 전제가 창출될 수 있다는 것이었다. 더욱이, 자본주의는 일단 수립이 되면 '자연과정의 가차없음'으로 자신의 전복을 낳게 된다. 마르크스와 엥겔스조차도 자본주의의 필연적인 경제적 붕괴라는 생각을 거부하긴 했지만 사회주의의 필연성에 대한 이러한 믿음은 공유하고 있었다. 자본주의는 많은 수의 노동자들을 단일한 생산단위들 속에 몰아넣음으로써 계급의식이 발전할 물질적 토대를 제공한다는 것이었다. 공통적으로 착취를 당하고 있는 그들의 경험은 그들로 하여금 고용주들에 대항하고 자신들의 이익을 지키기 위해서 한데 뭉치게 할 것이었다. 이러한 기본적인 계급전투와 그 과정에서 구성되는 조직들로부터 혁명적 '대자적 계급'으로서 자본주의 체제의 전복을 노릴 연합한 프롤레타리아트가 자라나올 것이었다. 엥겔스는 1886년에 다음과 같이 썼다.30) '큰 일은 노동자계급으로 하여금 계급으로서 움직이도록 하는 것이다. 이것이 일단 이루어지면 노동자계급은 곧 올바른 방향을 찾게 될 것이다.'31)

레닌의 진화주의와의 '실질적 결별'(알뛰세의 표현)은 세 명제를 포함

---

29) 레닌에 관해서는, G. Lukács, *Lenin*(London, 1970), T. Cliff, *Lenin*(4 vols, London, 1975~79), M. Liebman, *Leninism under Lenin*(London, 1975), 그리고 N. Harding, *Lenin's Political Thought*(2 vols., London, 1977, 1981) 참고.

30) Marx · Engels, *Selected Correspondence*, p. 376.

31) C. Harman, *Party and Class*(London, 1981)[크리스 하먼, 「당과 계급」, 존 몰리뉴, 『마르크스주의와 당』, 책갈피, 1993에 부록으로 실려 있다], H. Weber, *Marxisme et conscience de Classe*(Paris, 1976), 그리고 J. Molineux, *Marxism and the Party*(London, 1978)[존 몰리뉴, 『마르크스주의와 당』, 책갈피, 1993] 참조.

한다. 첫째, 계급투쟁에는 필연적인 결과가 없다. 역사발전에는 항상 대안적인 경로들이 있는 것이다. 둘째, 역사를 특정 방향으로 가게 하는 모순들은 순전히 경제적인 것만은 아니다. 이 모순들은 생산력들과 생산관계들에 의존할 뿐만 아니라 그것과 결부되어 있는 정치적·이데올로기적 관계들에도 의존한다. 셋째, 사회혁명의 조건들은 생산력 확대의 결과로 자동적으로 나오는 것이 아니라 혁명가들의 적극적이며 의식적이고 조직된 개입을 필요로 한다. 두 예가 레닌의 머리 속에서 작동하고 있는 이러한 명제들을 설명해 줄 것이다. 레닌은 짜르 체제의 전복은 부르주아 혁명으로서 자본주의가 자유롭게 발전할 수 있는 틀을 창출하는 데 국한될 것이라는 것을 믿는 정도까지는 정통이론(이 경우에는 플레하노프의 이론)에 동의하였다. 그러나 그는 자본주의적 발전으로 가는 데는 상이한 경로들이 있다는 것을 강조하였다. 러시아가 이미 가고 있는 경로는 산업 자본가들과 봉건 지주들의 동맹을 포함하였다. 그 가장 가능성이 높은 결과는 빌헬름 치하의 독일과 같은 준절대주의적 국가일 것이었다. 노농동맹에 의한 짜르 체제의 혁명적 전복과 거대 신분의 파괴를 포함하는 다른 경로는 봉건제의 잔재를 일소하고 자본주의의 급속한 발전을 허용할 것이었다. 프롤레타리아트는 이 상이한 유형의 부르주아 혁명 사이에서 중립적으로 남을 것이 아니라 사회주의로의 급속한 이행을 허용하는 두 번째 경로를 택하도록 하는 데 최선을 다해야 할 것이었다. 이는 노동자계급이 혁명적 과정에서 주도적인 역할을 담당해야 함을 뜻했다. 자유주의적 부르주아지는 정권과 서구 자본에 이미 크게 의존하고 있었기 때문이다. 레닌은, 러시아 사회민주주의는 자유주의자들에게 비판적 지지를 보내는 데 국한하고 역사가 그 필연적인 길을 가도록 놔두어야 한다고 믿은 플레하노프와 멘셰비키에 맞서서, 포이에르바하의 제11테제를 인용하면서 '혁명의 물질적 전제들을 깨닫고 있고 진보적 계급의 선두에 서 온 당들이 역사에서 담당할 수 있고 또 담당해야 하는 능동적이고 주도적이며 지도적인 역할을 무시'하고 있다고 그들을 비난하였다.[32]

이러한 논의와 밀접하게 연관된 것이 레닌이 『무엇을 할 것인가?』에서 '노동자계급은 자생적으로 사회주의로 이끌린다'는 것을 거부한 것이다.[33] 혁명적 의식이 경제적 상황의 압박에서 필연적으로 생기는 것이 아니라 마르크스주의 당의 개입에 의존한다는 믿음은 조직에 관한 레닌의 견해들의 초석을 제공하였다. 실로 레닌의 가장 중요한 이론적 업적은 조직 문제를 마르크스주의내의 중요한 논점으로 만든 것이다. 룩셈부르크와 뜨로츠키만 해도 계급의식의 형성을 유기적 과정으로 보고 혁명을 노동자계급의 계급투쟁 경험의 필연적인 결과로 보는 경향이 있었다. 레닌만이 조직 문제가 그리고 무엇보다도 프롤레타리아트의 내부에 깊게 심어진 경험있는 혁명적 당의 존재가 권력을 위한 싸움에 있어서 결정적이 될 것이라는 점을 파악하였다. 러시아와 독일의 혁명 경험은 그가 옳음을 입증하게 될 것이었다.

물론 레닌의 사상에는 중요한 틈새들이 있었다. 『무엇을 할 것인가?』는 대중투쟁이 노동자계급의 자기교육의 수단으로서 복무하는 방식을 무시하는 경향이 있다. 사회적 실천에의 개입이 의식변화에 있어서 맡는 역할에 대한 「포이에르바하에 관한 테제」에서의 강조를 상기시키는 일은 룩셈부르크에게 남겨져 있었다. 1905년 혁명이 지난 후에야 레닌은 혁명적 의식은 물질적 상황에 의해서 조건지워지는 대중과 당의 상호작용으로부터 나옴을 강조하게 되었다. 1907년에 그는 이렇게 썼다. '노동자계급은 …… 객관적인 경제적 이유로 인해서 자본주의 사회의 다른 어떤 계급보다 더 큰 조직능력을 가지고 있다. 이러한 조건이 없다면 전문적 혁명가들의 조직은 장난감이나 모험에 지나지 않게 될 것이며 단순한 게시판에 지나지 않게 될 것이다.'[34] 러시아 프롤레타리아트는 일단 짜르 체제를 전복하고 나면 자본주의의 경계내에 머물러 있을 수가 없을 것이며 스스로 권력을 획득하게 되고 사회주의적 조치들을 도입하게 될 것이라고 주장한 사람은 또한 뜨로츠키였다. 그러한 정권이 손속할 것인가 아닌가는 혁명이 선진 자본주의 국가들로 확대되느냐 아니냐

---

32) V. I. Lenin, *Collected Works*(Moscow, 1972), vol. 9, p. 44.
33) 같은 책, vol. 5, p. 368의 각주.
34) 같은 책, vol. 13, pp. 103~104.

에 달려 있게 될 것이었다. 비록 러시아에는 사회주의의 물질적 전제들이 존재하지 않지만 자본주의 세계경제의 창출로 인하여 세계적 규모로는 존재한다는 것이었다. 1917년 4월 러시아에 돌아온 레닌이 채택하게 되는 이 영구혁명론은 10월혁명과 그것이 창출한 국가의 그 이후의 운명에 의해서 확증되게 될 것이었다.

## 2. 루카치와 헤겔주의적 마르크스주의

'정통' 마르크스주의로부터의 혁명가들의 정치적·이론적 분립은 제2인터내셔널 전체가 전쟁을 지지하기로 결정을 한 1914년 8월에 정점에 달했다. 1차 대전 말에 있었던 마르크스주의 철학의 거대한 융성의 배후에 있는 가장 중요한 충동은 10월혁명과 제2인터내셔널의 붕괴가 역사적 유물론의 재정식화를 요구한다는 믿음이었다. 볼셰비키는 역사의 철의 법칙에 대한 의식, 행동, 조직의 승리를 나타냈는데, 젊은 그람시가 10월봉기를 환영하는 그의 유명한 글인 「『자본론』에 반(反)한 혁명」에서 끌어낸 교훈이 바로 그러하였다.35) 게오르그 루카치, 안토니오 그람시, 칼 코르쉬 등의 이름과 연관되는 거대한 '헤겔로의 회귀'가 일어난 것은 10월의 교훈을 새롭고 비진화주의적인 마르크스주의로 옮겨놓으려는 시도를 그 맥락으로 했다.

이 사상가들에게 가장 중요한 영향력은 사실상은 헤겔이라기보다는 (앞으로도 편의상 이들을 '헤겔주의적 마르크스주의자'라고 부르기는 하겠지만) 20세기에 들어설 무렵에 일어난 반(反)자연주의의 반란이었다. 이 움직임은 독일에서 가장 크게 일었는데, 이곳에서는 이 움직임이 19세기 중반의 몰레쇼트, 뷔히너, 그루페 등의 과학적 유물론에 대한 반응으로서 전개되었으며, 다양한 사상 조류들 —— 딜타이, 베버, 프레게와 훗설뿐

---

35) A. Gramsci, *Selections from the Political Writings 1910~1920*(London, 1977), pp. 34~37.

만 아니라 마르부르크와 하이델베르크에 있는 두 주요한 신칸트주의 학파들—을 포함하였다. 그러나 그것은 프랑스의 베르그송, 이탈리아의 크로체, 영국의 브래들리 등 다른 곳에서도 중요한 대표자들을 가지고 있었다.

이 철학자들의 (보편적이라고는 못하겠지만) 일반적인 경향은 관념론으로서, 물질 세계에 대한 주체의 우월성을 재주장하고 있으며, 모두에게 공통된 것은 자연과학의 방법들이 인간에 대한 연구로 확대될 수 있다는 믿음을 나타내는 자연주의를 거부하는 입장이다. (뒤의 4장을 참조하라.) 우리는 어떻게 그러한 믿음이 도덕과학을 확고한 경험적 기반 위에 올려놓으려는 계몽주의의 시도 속에 포함되어 있는지를 살펴본 바 있다. 이는 19세기 중반쯤에는 물질과 운동에만 현실성이 있다고 보는 환원적 물리주의를 의미하게 되었다.36) 자연주의에 대한 반란에 기본이 되는 것은 사회현상과 문화현상이 자연과학에 특징적인 보편적인 인과법칙들에 의해 설명될 수 있다는 것을 거부하는 것이다. 그 대신에 반자연주의자들은 사회현상과 문화현상은 독특하고 역사적으로 특수한 경험들로서 자연과학자들이 구성하는 추상적인 연역적 체계들내에 포함시키기가 어렵다고 여러 가지 형태로 주장하였다. 딜타이의 해석학적 이해라는 개념, 빈델반트의 개성기술적(個性記述的) 과학과 법칙정립적 과학 사이의 구분, 특수한 시공간적 맥락으로부터 추상한 사이비 개념들로 구성된 자연과학에 대한 크로체의 거부, 물리학자의 즉각적 현재의 반복이라는 개념에 베르그송이 유기적이고 불가역적으로 과거로부터 미래로 넘쳐 흘러가는 지속(durée)을 대위시킨 것이 그 형태들이다. 마찬가지로 선험적 주체는 사회경험을 구성하는 역할을 맡도록 복권되었다. 반자연주의자들은 사회와 문화의 영역에서는 인간이 자신이 창조한 것과 마주한다고 주장하는 경향이 있다. 주객의 동일성으로서의 지식이라는, 자연에 적용했을 때는 절망적으로 사변적일 뿐인 옛 헤겔의 모델은 여기서 그

---

36) F. Gregory, *Scientific Materialism in Nineteenth-Century Germany*(Dordrecht and Boston, 1977) 참조.

진정한 의미를 발견하였다. 마지막으로, 칸트는 이론적 이성과 실천적 이성, 오성과 의지, 자연과학과 윤리를 구분하고 이 대립항들 중 첫번째 것에만 인지의 가능성을 부여한 반면에 반자연주의자들은 이 두 영역을 혼합하고 의지에 우월성을 부여하는 경향이 있다. 그들은 결과적으로 과학이론들을 객관적으로 존재하는 현실의 반영으로 간주하기보다는 인간 정신의 자유로운 창조물로 보았는데 이 창조물은 진리성보다는 우아함, 단순함, 혹은 효용을 목적으로 구축된 것이었다. 이 점에서 반자연주의는 제임스, 퍼스, 듀이의 실용주의와 합류하며 뒤엠과 포엥까레의 관례주의(conventionalism)와 합류하는데, 이들의 경향 또한 과학이 객관적으로 옳음과 동시에 경험으로부터 도출된 것일 수 있다는 것을 거부하는 것이었다.

루카치, 코르쉬, 그람시의 헤겔주의적 마르크스주의는 바우어와 아들러의 오스트리아 마르크스주의처럼 본질적으로 역사적 유물론을 반자연주의적 노선에서 재해석한 것에 해당한다. 카우츠키주의는 역사를 보편적 인과법칙들에 의하여 지배되는 과정으로 간주하고 그리하여 운명론적 입장에서 혁명적 행동에 참여하기를 거부하는 것을 합법화함으로써 마르크스주의내에 자연주의를 끌어들인 것으로 타당하게 간주될 수 있을 것이다. 그러나 오스트리아의 이론가들이 '정통' 마르크스주의의 내용은 거의 그대로 놔두고 그것을 인식론적으로 재가공하는 데만 만족했던 반면에 헤겔주의자들은 마르크스주의를 개념적으로 재주조하려고 하였으며, 그럼으로써 볼셰비키와 제3인터내셔널의 혁명 전략을 정당화하려고 하였다. 반자연주의자들은 추상적인 정신적 능력에 우월성을 부여하였다. 헤겔주의적 마르크스주의자들은 그 대신에 주객 상호작용으로 파악된 사회적 실천을 중심에 놓았다. 헤겔주의자들은 이 개념을 그것을 통하여 세 가지 문제를 바라보고 또 그것을 푸는 렌즈처럼 사용하였다. 사고와 현실의 관계 특히 마르크스주의적 인식론의 정당화 문제 혹은 자신을 과학적 사회주의라고 부를 권리의 문제, 경제적 토대와 정치적·이데올로기적 상부구조의 관계, 이론과 실천의 관계가 이 세 가지 문제들이다. 이 세 가지 상당히 분리된 문제들의 혼합은 주체와 객체라는 범주들에 의하여, 사회 현실은 주객의 기본적 동일성 혹은 코르쉬의 표현 대로 '의식과 현실의 일치'37)에 의하여 특징지워진다는 믿음에 의하여 가능해졌다. 이것이 앞의 첫번째 문제에 적용되었을 때의 결과는 실용주의적 인식론이다. 이것은 그람시의 경우에 가장 명확히 드러난다. 크로체에 의하여 깊게 영향을 받은 그람시는 인간의 의식과 행동으로부터 독립된 현실의 존재를 부인하는 데까지 나아갔다. 과학적 이론들은 그것이 정식화되는 상황으로부터 독립하여서는 진리값을 갖지 않는다고 그는 주장하였다. 과학적 이론들은 특수한 계급들의 권력에의 열망을 명확하고 정합적으로 표현하는 데 복무한다는 것이다.38)

『철학 노트』에 나타난 레닌의 헤겔과의 만남은 상당히 기괴하게 보일 정도로 이 모든 것과 아주 어긋난다.39) 『유물론과 경험비판론』(1908)에서 보인 그의 첫 철학 영역에의 개입은, 사유는 독립적으로 존재하는 현실을 반영할 뿐이라는 리얼리즘적 명제를 옹호하는 데 바쳐졌다. 레닌은 『논리학』에 대한 독서로 인해서 이 리얼리즘을 거부하게 되지는 않았고, 오히려 『유물론과 경험비판론』에서 사고가 어떻게 현실을 반영하는가에 대한 설명으로 제시된 인과적 인식론에 강조를 덜 두거나 아니면 아마도 폐기하게 된 것 같다. 『철학 노트』에서 레닌은 지식의 개념적 성격을 강조하는 경향이 있다. 예를 들어 그는 '자연의 인간인식에서의 반영은 …… 바로 개념들, 법칙들, 범주들 등으로 구성된다'고 썼다.40) 이보다도, 레닌의 변증법에 대한 후기의 견해들은 주로 마르크스의 견해들과 유사한 정도로 인해서 관심을 끈다. 그는 현실의 어디에나 스며들어 그

---

37) K. Korsch, *Marxism and Philosophy*(London, 1970), p. 77[칼 코르쉬, 『마르크시즘과 철학』, 학민사, 1986].

38) 예를 들어, Gramsci, *Prison Notebooks*, pp. 367~368[그람시, 『옥중 수고』, 거름, 1993] 참조. B. Croce, *Logic as the Science of the Pure Concept*(London, 1917), p. 332의 '자연과학들은 행동을 지향하는 것이 아니라, 그 자체가 행동들이다'라는 대목과 비교해 보라.

39) L. Althusser, *Lenin and Philosophy and Other Essays*(London, 1971)[알뛰세, 『레닌과 철학』, 백의, 1991], 그리고 D. Lecourt, *Une crise et son enjeu*(Paris, 1973) 참조.

40) Lenin, 앞의 책, vol. 38, p. 182.

근본을 이루는 모순의 성격을 강조하였다. '대립물들의 통일(일치, 동일성, 동일 작용)은 조건적이고 일시적이며 상대적인 반면에 상호배타적인 대립물들의 투쟁은 발전과 운동이 절대적인 것처럼 절대적이다.'41) 이와 밀접하게 연관된 것이 이론적 추상에서 시작하여 현실을 개념적으로 재구성하는 것을 정당화하는 데 복무하는 현실의 복합성에 대한 강조——'자연에서든 사회에서든 "순순한" 현상이란 없으며 있을 수도 없다'42)——이다. 이 점은 물론『그룬트리세』서문에 나타난 마르크스의 방법론적 고찰들과 특히나 가깝다.

그러나 레닌의 저작들이 가진 철학적 흥미는 그 속에 설명된 어떤 인식론적 혹은 존재론적 교리에 있다기보다는 그 속에 드러난 사고의 구조, 그 속에서 작동하고 있는 방법에 있다. 레닌은 구체적인 것을 '다수의 규정들의 집중'(마르크스의 말)으로서 파악하는 데 있어서 그리고 특수한 상황의 특이한 특징을 그의 분석의 기반이 되는 일반적인 이론적 원리들을 놓치지 않고 인식하는 데 있어서 다른 어떤 마르크스주의자들도 능가할 수 없는 능력을 보여주었다. 레닌의 저작들은 뜨로츠키가 변증법적 개념들에 부여하는 풍부한 수액(樹液)을 소유하기에는 너무나 건조할지도 모르지만 그럼에도 불구하고 그 저작들은 마르크스가『그룬트리세』에서 옹호한 '추상적인 것에서 구체적인 것으로의 상승'이라는 방법이 작동하고 있음을 보여준다. 이 미덕은 이론적인 동시에 정치적인 것이었다. 레닌의 변증법은 정치권력의 탈취와 공산주의의 건설이라는 최종적 목표를 성취하려는 단호한 결의를 엄청난 전술적 유연성과 결합시킨 것이었다. 카우츠키와 독일 사회민주당은 단일한 의회 전술을 숭배하였다. 레닌은 프롤레타리아 혁명을 추구하는 데 있어서 다양한 서로 다른 전술들을 추구할 태세가 되어 있었다. 루카치가 '혁명적 현실정치'라고 적절하게 부른 이러한 태도는 자본주의적 생산관계들내에서의 노동자계급의 객관적 위치 —— 부르주아 사회를 창출하지만 그것에 도전하도록 추동되며 자본주의내에서의 투쟁과 자본주의에 맞서는 투쟁 모두에 계속적으로 참가하는 것 —— 를 반영하였다.43)

---

41) 같은 책, vol. 38, p. 360.
42) 같은 책, vol. 21, p. 236.

루카치의 『역사와 계급의식』(1923)에 설명된 바의 마르크스주의는 이와 대조적으로 프롤레타리아트를 부르주아 사회의 절대적 부정으로 파악한다는 점에서 유토피아적이고 메시아적이다. 헤겔주의적 마르크스주의의 대작(大作)이자 20세기에 가장 영향력 있는 철학적 저작들 중의 하나인 이 책은 루카치가 혁명가가 되기 전에 (특히 막스 베버의 하이델베르크 써클에 가담하고 있는 동안에) 이미 발전시켰던 반자연주의를 마르크스주의의 틀내에 복권시키려는 체계적인 시도에 해당한다.44) 마르크스주의자가 되기 이전의 그의 가장 중요한 저작인 『소설의 이론』(1916)에서 루카치는 그가 나중에 회고하면서 '낭만적 반자본주의라는 정치적으로뿐만 아니라 철학적으로도 불확실한 태도'라고 부른 것을 지지하였다.45) 여기서 그는 호머 시대 그리스의 '통합된 문명'이 가진 조화롭고 유기적인 총체성을 현대 사회에 있어서 개인과 공동체, 주체와 객체, '당위'와 '존재'를 나누는 '비극적' 분열에 대립시켰다. 1차 대전의 경험과 중구 및 동구를 뒤흔들고 끝났던 혁명의 파도는 베버, 마르크스, 딜타이, 짐멜, 베르그송 등의 지적인 영향 아래서 형성된 이 '낭만적 반자본주의'를 공산주의로 변화시켰다. 루카치는 1918년말에 새로 구성된 헝가리 공산당에 입당하였으며 1919년의 짧았던 헝가리 꼬뮌에서 두드러진 역할을 하였다. 그는 여생을 국제 공산주의 운동에 헌신하며 보냈다.

루카치의 초기 마르크스주의는 그의 '낭만적 반자본주의'에 크게 영향을 받아 형성되었다. 미셸 뢰비는 이렇게 쓴 바 있다.

---

43) Lukács, *Lenin*, ch. 6. 또한 Cliff, 앞의 책, vol. 1, ch. 14, 그리고 L. Trotsky, *The Third International after Lenin*(New York, 1970), p. 75 이하 참조.

44) G. Stedman-Jones, 'The Marxism of the early Lukács', *New Left Review*, no. 70, 1971년 11·12월호, I. Mészáros, *Lukács' Concept of Dialectic*(London, 1972), M. Löwy, *Georg Lukács — From Romanticism to Bolshevism*(London, 1979), 그리고 A. Arato·P. Breines, *The Young Lukács and the Origins of Western Marxism*(London, 1979) 참조.

45) G. Lukács, 1962년판 서문, *The Theory of the Novel*(London, 1978), p. 19[루카치, 『소설의 이론』, 심설당, 1985].

프롤레타리아트는 새로운 조화, 재발견된 총체성, 현실화된 보편자, 그리고 주체와 객체의, 윤리와 실천의, 개인과 집단의 재구성된 총체성을 담지하고 있다는 견해에 …… (그의) 열렬한 메시아주의(는) …… 이론적으로 기반을 두고 있다. 여기서 과거의 신화적 황금 시대에 대한 비극적 향수는 미래에 대한 열정적인 희망 — 역사의 메시아 계급으로서 프롤레타리아트가 혁명의 길을 통하여 세계의 구원을 확보하리라는 희망 — 으로 변화되고 있다.46)

비록 루카치는 이러한 메시아주의의 보다 극단적인 형태 — '좌파' 공산주의자들에게 전형적으로 나타나는 특징으로서 개량주의적 노동조합에서 활동하는 것이나 부르주아 선거에서 후보로 나서는 것을 고려하기를 거부하는 태도 — 를 벗어던지기는 하였지만 그가 『역사와 계급의식』을 쓸 때(혹은 다시 쓸 때)쯤에 이 책은 무엇보다도 노동자계급은 역사의 '주객 동일성'이라는 생각에 있어서 이 극단적 메시아주의의 흔적을 여전히 가지고 있었다.47)

예를 들어서 루카치가 카우츠키로부터 정통이라는 외투를 벗겨내려고 했던 방식을 살펴보자. 그는 '정통 마르크스주의는 이러저러한 명제에 대한 "신념"이나 "성스러운" 책에 대한 주석이 아니다. 정통은 그 반대로 전적으로 방법에 관련된 것이다'라고 썼다.48) 이 방법이란 것은 어디에 놓여 있는가? '마르크스주의와 부르주아 사상의 결정적인 차이를 구성하는 것은 역사 해석에 있어서 경제적 동기의 우월성이 아니라 총체성의 관점이다. …… 총체성 범주의 우월성은 과학에 있어서 혁명원리의 담지자이다.'49) 초기 마르크스주의자들 예를 들어 라브리올라는 사회구성체를 서로 연관이 없는 요인들의 집합들로 분해시키려는 시도들을 공격하면서 역사적 유물론의 출발점은 사회적 총체의 개념이라고 주장한

---

46) Löwy, *Lukács*, p. 165.
47) 같은 책, pp. 128~164. 뢰비는, 설득력 없게도, 『역사와 계급의식』이 '새로운 이론적 지평, 즉 1919~1920년의 공상적 경향을 폐지/극복하는 지평을 열었다'고 주장한다(p. 173).
48) G. Lukács, *History and Class Consciousness*(London, 1971), p. 1[루카치, 『역사와 계급의식』, 거름, 1986].
49) 같은 책, p. 27.

바 있다. 그러나 그들은 총체성에 위계구조를 부여하여 생산력의 발전수준이 생산관계를 결정하며 생산관계가 상부구조를 결정한다고 보는 경향이 있다. 반면에 루카치에게서는 사회는 총체적 주체의 창조물이기에 하나의 총체다.

> 현실은 하나의 총체로서만 이해되고 꿰뚫어질 수 있으며 그 자체가 총체인 주체에게만이 이렇게 꿰뚫는 일이 가능하다. 젊은 헤겔이 '진리는 실체(substance)로서뿐만 아니라 주체로서도 이해되어야 하고 표현되어야 한다'는 원리 위에 그의 철학을 세운 것은 공연한 것이 아니었다.50)

총체적 주체의 역할, '사회적·역사적 진화과정에서의 주객 동일성'의 역할은 프롤레타리아트만이 맡을 수 있는 것이었다.51)

루카치는 왜 이것이 그런지를 그의 사물화 이론을 통하여 설명하려고 하였다. 그는 서양 사회는 합리화로 가는 경향 — 최대의 산출을 이루기 위한 노동의 파편화, 개인적 충성심에 기반을 둔 봉건적 가치들이 형식적 규칙들이 이루는 '합리적·법적' 체계들에 자리를 내주는 것, 공공 및 사적 부문의 관료화, 주어진 목적을 이루는 가장 효과적인 수단의 발견을 지향하는 '도구적 합리성'의 광범한 확산 — 에 의해서 특징지워진다는 신념을 막스 베버로부터 이어 받았다.52) 그러나 베버는 대규모 조직에는 합리화가 내재하고 있고 따라서 '미래는 관료화에 속한다'고 믿었던 반면에53) 루카치는 이러한 경향은 자본주의에 특수한 것이며 상품의 물신주의에 대한 마르크스의 분석에 의하여 실명될 수 있다고 주장하였다.54) 자본주의의 특징은 사물화 현상 즉 인간들의 관계인 사회적 관계가 사물들간의 관계로 바뀌는 현상이었다. 이는 상품교환에 의하여 즉

---

50) 같은 책, p. 39.
51) 같은 책, p. 149.
52) M. Weber, *Economy and Society*(Berkeley, Los Angeles, and London, 1978) 참조.
53) 같은 책, p. 1401.
54) Marx, *Capital*(Harmondsworth, 1976), pp. 163~77.

122

인간이 자신의 생산물들이 시장에서 맺는 관계들에 의하여 지배되는 처지의 결과로서 현실로 작용한다. 동시에 양(量)은 질(質)을 몰아내고 사용가치의 풍부한 다양성은 추상적인 사회적 노동의 부분들로 환원된다. 사물화가 그 원천을 상품 물신주의에 두고 있다는 사실은 합리화의 아주 중요한 한 측면 즉 합리화가 특수한 목적을 추구하는 데 있어서 총체에 대한 파악을 희생하면서 기술적 성공을 촉진하는 방식을 설명해 준다고 루카치는 주장하였다. 여기에는 부르주아 사회의 무정부성, 호황과 불황을 불가피하게 수반하는 수요와 공급의 변동을 통하지 않고서는 기능하지 못하는 자본주의 경제의 무능성이 반영되고 있다고 한다.

현실을 총체로서 이해하지 못하는 무능력은 부르주아 사상의 특징이기도 하다고 루카치는 주장하였다. 고전적 철학자들은 산만한 사실들의 집합으로 파악되고 알 수 없는 물자체를 그 내적 구조로 하는 현실의 표면적 외관을 단순히 기록하거나, 아니면 총체성을 절대자로 바꾸어 신비화하였으며, 그럼으로써 이론을 실천으로부터 분리하고 사상을 **정신이** 세상을 거쳐가는 도정의 회고적 재구성으로 바꾸어 놓았다고 한다. 오직 프롤레타리아트만이 사회를 역사적으로 전개된 총체로서 이해할 수 있는데, 이는 사물화의 핵심이 노동자의 사물로의 변화, 노동력의 상품으로의 변화에 있기 때문이라는 것이다. 바꾸어 말하면 노동자계급은 부르주아 사회의 주객 동일체로서 인간적 지위를 박탈당한 절대적 객체인 동시에 총체를 구성하는 매개물들의 핵심이라는 것이다. 프롤레타리아트로 하여금 스스로를 의식하게 만드는 '역사적 유물론'은 또한 '**자본주의 사회의 자기지식**'이다.55) 왜냐하면 노동자들이 자본주의적 생산관계들내에서 중추적인 위치를 차지하고 있기 때문이다. 마르크스주의는 그 객관적이고도 과학적인 이론으로서의 지위를 '계급사회 그 자체를 폐지함이 없이는 스스로를 계급으로서 해방시킬 수 없는'56) 보편적 계급인 프롤레타리아트의 의식을 표명하는 데서 맡는 역할로부터 끌어낸다.

---

55) G. Lukács, 앞의 책, *History and Class Consciousness*, p. 299.
56) 같은 책, p. 70.

『역사와 계급의식』은 선험적 주체라는 개념을 마르크스주의내에 재도입하려는 가장 야심적인 시도에 해당한다. 오스트리아 마르크스주의자들은 '모든 사회화의 토대는 개인의 의식에서 발견될 수 있다'(아들러의 말)57)는 주장으로 만족했었다. 그러나 루카치는 집단적 주체인 프롤레타리아트에게 헤겔의 **절대이념**이 갖는 위치를 부여했다. 그가 나중에 말했듯이 『정신현상학』의 논리적·형이상학적 구성은 그 진정한 실현을 프롤레타리아트의 존재와 의식에서 발견했던 것처럼 보인다.'58) 『역사와 계급의식』이 준 지적인 충격은, 특히 거기에 담겨 있는 사물화와 계급의식에 대한 분석이 준 충격은 엄청났다. 1920년대 말쯤에 이 책은 하이데거의 『존재와 시간』, 만하임의 『이데올로기와 유토피아』와 더불어 독일에서 철학적 논의의 중앙무대를 차지하였다. 동시에 루카치는 『마르크스주의와 철학』(1923)에서 더 조야하기는 하지만 비슷한 견해를 나타냈던 칼 코르쉬와 함께 동료 공산주의자들에게서 '관념주의'라고 하여 잔인한 들볶임을 겪어야 했다. 그들은 심지어는 1924년 6월 코민테른 제5차 총회에서 지노비에프에 의하여 특별히 언급되고 비난받는 대상으로 선정되기도 하였다. '우리는 우리의 코민테른내에 그러한 이론적 수정주의를 허용할 수 없습니다'라고 지노비에프는 선언하였던 것이다.59)

그러나 루카치로 하여금 『역사와 계급의식』을 스스로 거부하도록 추동하였던 것은 (당시에 처음에는 '볼셰비키화'되고 나중에는 스딸린주의화되는 과정에 있던) 코민테른내에서의 이러한 제도적 압박이라기보다는 그 개념적 난점들에 대한 인식에 있다. 이 책의 매력은 불가능한 것을 노린다는 점, 루카치가 나중에 말했듯이 '헤겔을 헤겔식으로 능가하려는 시도'60)에 있었다. 즉 이 책에서 루카치가 절대적 주·객체라는 개념에 함축된 철저한 관념론을 거부하는 것과 그것에 굴복하는 것 사이에서 동요하는 듯이 보이는 방식에 그 매력이 있었던 것이다. 마르크스의

---

57) Bottomore·Goode, 앞의 책, p. 65.
58) G. Lukács, *History and Class Consciousness*, p. xxii.
59) Arato·Breins, 앞의 책, p. 203 이하 및 pp. 163~89 참조.
60) G. Lukács, *History and Class Consciousness*, p. xxiii.

1843년 '서문'에서처럼 『역사와 계급의식』에서도 프롤레타리아트는 철학적 범주로서 기능한다. 그러나 이 책의 옹호자들 중의 하나인 조제프 레바이(Jozsef Révai)가 당시에 물었듯이 노동자계급이 과연 절대적 주·객체의 역할을 맡을 그럴 듯한 후보자인가?[61] 자본주의적 생산관계들내에서 형성되고 재생산되었으며 직접적 생산자의 갈취라는 역사적 과정에 의하여 생겨난 계급인 프롤레타리아트는 분명히 부르주아 사회의 창조자인 동시에 그 창조물이기도 하지 않은가? 더욱이 가장 기본적인 경제적 갈등으로부터 권력의 장악에로 확대되는 계급투쟁은 프롤레타리아트측의 의식적 자각으로 즉 절대적 객체의 지위에서 절대적 주체의 지위로의 갑작스런 도약에 국한되는 것으로 축소된다. '의식은 대면하고 있는 사물에 대한 지식이 아니라 객체의 자기의식이며, 의식행위가 그 객체의 객체로서의 형식을 뒤집어엎기 때문이다.'[62] 여기서 주객 동일체의 개념이 가진 관념론적 함축이 가장 명확하게 드러난다. 사회적 관계들은 의식의 형식들로 축소되며, 자본주의를 전복하는 데 있어서 이데올로기 투쟁이 우월성을 부여받는다. 이 점은 청년 헤겔파와 크게 다를 것이 없다.

그러나 『역사와 계급의식』은 과도적인 저작이라는 점을 강조해야 할 것이다. 마지막 두 논문인 「로자 룩셈부르크의 『러시아혁명 비판』에 대한 비판적 고찰」과 「조직 문제의 방법론을 위하여」는 루카치의 작은 책 『레닌』(1924)과 합하여 하나의 통일체를 이룬다. 이 통일체는 그의 초기 마르크스주의가 가진 메시아주의로부터 확연히 벗어나서 레닌의 '혁명적 현실정치'를 받아들이게 된 것을 나타낸다. 그리하여 이 글들에서 발전된 혁명적 당의 개념은 이론과 실천 그리고 전위와 계급의 상호작용에 의하여 창출된 조직이라는 것으로서, 루카치의 초기 저작들에서 프롤레타리아트에게 '전가되는' 계급의식을 구현하는 유토피아적 분파에 가깝

---

61) J. Révai, 'Review of History and Class Consciousness' 참조. 이 글은 *Grunbergs Arkhiv*, XI(1925)에 처음 발표되었으며 *Theoretical Practice*, no. 1, 1971년 1월호에 영역(英譯)되어 있다.

62) G. Lukács, 앞의 책, *History and Class Consciousness*, p. 178.

다기보다는 레닌과 그람시의 당 개념에 가깝다. 아이러니컬하게도 레닌의 사상과 헤겔주의적 마르크스주의의 이러한 합류는 (그람시도 거의 같은 시기에 보르디가의 초좌익주의로부터 벗어나는 아주 유사한 여정을 거치고 있었다) 혁명가인 동시에 현실정치가가 되는 것이 불가능해진 때와 상당히 일치하여 일어났다. 볼셰비키 지도부가 러시아에서의 권력 획득의 본질적 보완물로 간주하였던 독일의 1923년 10월봉기는 소련의 비극을 예고하는 소극(笑劇)이었다. 레닌에 관한 루카치의 글은, 1924년 1월 레닌이 사망하고 그의 사상이, 오늘날까지 소련의 공식 이데올로기가 되어 온 '레닌주의'로 막 바뀌려는 바로 그 순간에 레닌에 대한 경의의 표시로 씌어졌다.[63] 레닌 숭배는 지배 관료계층의 권력을 합법화하는 데 복무하였는데, 이 관료계층이 볼셰비키적 세계혁명 전략을 포기하였다는 사실은 '일국 사회주의'론에서 분명하게 드러났다. 스딸린주의와 파시즘은 (때로는 의식적으로) 공모하여 공산주의 운동의 혁명적 부분을 근절하려고 하였다. 그 후 2년도 채 안되어 그람시는 무쏠리니의 감옥에 갇혔으며, 5년이 채 안되어 뜨로츠키는 해외로 도피하였고 루카치는 코민테른 기구와 타협하였다.

1920년대와 1930년대의 쌍둥이 사태 — 서구에서의 혁명의 좌절과 동구에서의 혁명의 타락 — 는 스딸린에게는 가장 굽힘이 없는 마르크스주의적 적대자였던 뜨로츠키의 사상에도 상처자국을 냈다. 그는 코민테른 3차 총회에 대하여 '자동적 진화에 대한 신념은 기회주의의 가장 중요하고노 두느러신 득징이다'라고 말한 비 있니.[64] 독일이 파시즘에 대한 그의 저작들은 노동사계급의 승리는 운명지워지는 것이 아니라 프롤레타리아드적 의식이니 조직과 같은 정치적·이데올로기적 조건들에 의존한다는 사실을 탁월하게 보여주고 있다. 그러나 고립과 패배는 뜨로츠키로 하여금 바로 그러한 '자동적 진화에 대한 신념'을 품도록 하였다.

---

63) V. Gerratana, 'Stalin, Lenin and "Leninism"', *New Left Review*, no. 103, 1977
년 5·6월호 참조.
64) L. Trotsky, *The First Five Years of the Communist International*(2 vols.,
New York, 1972), vol. 1, p. 211.

1938년에 제4인터내셔널을 출범시키면서 그는 이렇게 선언하였다.

> 대중의 방향 설정은 첫째로는 쇠퇴하는 자본주의의 객관적 조건들에 의하여 그
> 리고 둘째로는 옛 노동자 조직들의 배반적인 정치에 의하여 결정된다. 이러한 요
> 인들 중에서 첫째 것이 결정적이다. 역사의 법칙들이 관료기구보다 더 강한 것이
> 다.65)

뜨로츠키의 경우에 있어서 진화주의로의 이동은 기회주의라기보다는 주의주의였다. 세계혁명으로 가는 길을 막는 유일한 장애물은 스딸린주의와 사회민주주의의 '배반적인 정치'였던 것이다. 진화주의와 주의주의의 이러한 결합은 스딸린주의 자체에도 존재하는데, 스딸린주의는 생산력의 확대를 사회주의와 같은 것으로 보는 관점을 후진국들이 그 물질적 조건에 관계없이 사회주의를 건설할 수 있는 능력을 대단히 과대평가하는 태도와 결합시켰다. 모스크바 재판의 찬양으로 악명이 높은 『소련 공산당의 역사(b) - 단기 과정』(1938)의 일부로 처음 출판된 스딸린의 「변증법적 유물론과 역사적 유물론」에서 체계적으로 설명된 진화주의는 사회주의의 승리를 보장하였다. 주의주의는 전후의 '자연개조 대계획'이나 나라의 병폐에 책임이 있는 '태업'을 한 수백만 명의 사람들을 학살한 것과 같은 말도 안되는 일들을 합법화하였다. 그 대가는 숙청의 희생자들에 의해서만 치러진 것이 아니다. 궁극적 승리에 대한 신념은 독일 공산주의자들로 하여금 히틀러에 대항하는 통일전선을 위하여 싸울 것을 거부한 것을 정당화하는 것을 도왔다. 20세기에서 가장 어두웠던 순간인 1940년 여름에 뜨로츠키처럼, 의기양양한 독재자들의 희생물이 되었던 발터 벤야민의 말을 빌자면 '대세를 타고 있다는 생각만큼이나 독일 노동자계급을 타락시켰던 것은 없다.'66) 그 이후에는 지적으로 진지한 마르크스주의자라면 이러한 생각을 할 수가 없었다.

---

65) *Documents of the Fourth International : the Formative Years*(1933~1940)(New York, 1973), p. 182.

66) W. Benjamin, *Illuminations*(London, 1970), p. 260.

## 3. 헤겔에 대한 비판가들 : 아도르노와 알뛰세

페리 앤더슨이 강조한 바 있듯이, 서구 마르크스주의가 출현한 것은 바로 이러한 패배의 분위기 속에서였다. 1920년대의 불안정한 경제적·정치적 평형상태는 처음에는 1930년대의 끔찍한 패배들과 히틀러, 프랑크 및 대숙청에 자리를 내주었고, 그 다음에는 세계를 두 제국주의 블록으로 나눈 2차 세계대전에 길을 내주었다. 서구에서는 노동자계급이 자동차, 냉장고, 할부구입제 등에 정신이 팔려 체제 속으로 완전히 통합된 듯이 보였으며, 동구에서는 노동자계급이 비밀경찰과 적군의 확고한 강압 아래 놓여 있었다. 진지한 마르크스주의적 작업은 그 기원과 어조에 있어서 주로 학술적으로 되고 접근 방법에 있어서 철학적이 되었으며, 정치적·경제적 문제들보다는 문화적 문제들에 관심을 갖고 혁명의 전망에 대해서는 일반적으로 비관적이 되었다.[67] 이러한 패턴에 두드러진 예외가 되는 것들은 뜨로츠키의 보다 창조적인 후계자들이며, 다른 한편 특수한 분야들에서의 마르크스주의적 작업은 일정한 진전을 보았다. (이는 영어권의 경제학과 역사학에 해당된다.)

철학적으로 보아서 서구 마르크스주의는 그 선배들의 사상과의 근본적인 단절을 나타낸다. 그때까지 마르크스주의자들은 자신들을 계몽주의의 지적인 후계자들로서 간주했었다. 꽁도르세에게 있어서와 마찬가지로 마르크스에게도 역사는 진보하는 것이었다. 사태의 흐름 밑에는 자신의 운명을 통제하는 인간의 능력의 성장이라는 알 수 있는 패턴이 있는 것이었다. 마르크스와 계몽주의 철학자들의 차이점은 역사적 유물론이 진보를 인간 정신의 진보로 설명하는 것이 아니라 생산력들과 생산관계들의 특수한 결합의 결과라고 설명한다는 것이다. 마르크스에게 있어서 진보는 착취관계의 틀내에서 일어나고 계급투쟁에 의하여 추동되는 본질적으로 모순적인 것이었다. 마르크스는 프롤레타리아 혁명을 기대하였는데, '그때만이 인간의 진보는 죽은 자의 해골로만 음료를 마시려는 저

---

67) P. Anderson, *Considerations on Western Marxism*(London, 1976) 참조.

끔찍한 이교도의 우상을 닮기를 그칠 것이었다.'68) 이러한 복합적 진보
개념은 카우츠키 및 제2인터내셔널의 다른 마르크스주의자들에 의하여
생산력의 불가항력적 확대로 바뀌었는데, 사회구조는 이 생산력의 확대
에 불가피하게 맞추어야만 하는 것이었다. 마르크스가 서술하는 나선형
으로 나아가는 역사, 폭력과 착취를 통하여 일어나는 진보는 막연히 미
래를 향하여 뻗어가는 직선의 모습으로 단순화되었다.

　　벤야민이 앞절의 말미에서 거론한 그의 「역사철학에 관한 테제들」
(1940)에서 이의를 제기한 것은 바로 이러한 인류의 '동질적인 빈 시간
을 거쳐가는 진보'라는 속류화된 개념에 대해서였다. 그가 그리는 역사
상은 바로 진보라는 개념 자체에 대한 거부를 함축하는 듯했다.

　　'안젤루스 노부스'(Angelus Novus)라는 이름의 클레의 그림은 그가 정신 없이 생
　　각하고 있던 무언가로부터 막 주의를 돌리려는 참인 것처럼 보이는 천사를 보여
　　주고 있다. 그의 눈은 응시하고 있고 그의 입은 열려 있으며 그의 날개는 펼쳐져
　　있다. 이것이 우리가 역사의 천사를 그리는 방식이다. 그의 얼굴은 과거를 향해
　　져 있다. 우리가 일련의 사건들을 인식하는 곳에서 그는 재난에 재난을 덧쌓아서
　　그의 발 앞에 던지는 단 하나의 파국을 본다. 천사는 머물러서 죽은 자를 일깨우
　　고 부서진 것들을 다시 합하여 온전하게 만들고 싶어한다. 그러나 낙원으로부터
　　폭풍이 불어오고 있다. 폭풍이 너무나도 격렬하게 그의 날개에 불어쳐서 천사는
　　더 이상 날개를 접을 수가 없다. 폭풍은 불가항력적으로 천사를 그가 등을 돌리
　　고 있는 미래로 몰고 간다. 한편 그의 앞에는 파편더미가 높이 쌓여만 간다. 이
　　폭풍이 바로 우리가 진보라고 부르는 것이다.69)

　　「역사철학에 관한 테제들」은 프랑크푸르트 학파의 두 주도적인 구성
원들인 막스 호르크하이머와 테오도르 아도르노에게 깊은 영향을 미쳤
다. 1923년에 창립된 프랑크푸르트 사회연구소는 1930년대에 호르크하이

---

68) Marx · Engels, *Selected Works*, vol. 1, p. 499.
69) Benjamin, *Illuminations*, p. 263, pp. 259~260. 클레의 그림은 벤야민이 가장 높
　　게 평가하는 소장품 중의 하나였다. G. Scholem, 'Walter Benjamin and his
　　Angel', *On Jews and Judaism in Crisis*(New York, 1976) 참조.

머의 지도 아래서 대체적으로 루카치적인 틀내에서 작업을 하였다. 즉 사물화 이론이 부르주아 사상과 문화에 대한 그들의 비판적 분석의 방법론을 제공하였던 것이다. 그러나 아도르노와 호르크하이머는 모두 역사의 절대적 주객 동일체라는 개념을 거부하였다. 아도르노는 1931년에 이렇게 쓴 바 있다. '오늘날 철학을 전문 직업으로 택하는 사람은 누구나 이전의 철학적 기획들이 그 시초에 가지고 있었던 환상을 우선 거부하여야 한다. 즉 사상의 힘이 현실의 총체성을 파악할 수 있다는 환상을.'70) 동시에 프랑크푸르트 학파의 이론가들은 이론을 계급적 세계관의 표현에 지나지 않는 것으로 보는 것을 거부하고 이론적 담론은 그 사회적 생산조건들로 환원될 수 없다고 주장하였다.71) 상대주의에 대한 이러한 거부가 어떻게 정당화되든지간에 그 결과로 나타난 것은 청년 헤겔파를 상기시키는 이론과 실천의 일정한 괴리이다. '이 사회에서는 프롤레타리아트의 상황조차도 지식의 정확성을 보장해 주지 못하며' (그가 마르크스주의를 개명한 것인) '비판이론은 사회적 불의의 폐지에 대한 관심말고는 어떤 특수한 영향력을 가지고 있지 못하다'고 그는 1936년에 썼다.72)

'비판이론'의 프롤레타리아트로부터의 분리는 2차 대전과 망명지 미국에서의 소비주의에 대한 경험에 의하여 완성되었다. (이와는 대조적으로 벤야민은 이상하고도 신비적인 방식으로 끝까지 혁명가로 남아서 죽기 바로 전까지도 '투쟁하는 피역압계급은 그 자체가 역사적 지식의 저장고이다'리고 썼다.)73) 호르크하이머와 아도르노에 의하여 1947년에 출판된 『계

---

70) T. W. Adorno, 'The Actuality of Philosophy', *Telos*, no. 31, 1977년 봄호, p. 120. 또한 M. Horkheimer, *Critical Theory*(New York, 1972), pp. 210~111 참조.
71) 예를 들어, M. Horkheimer, 'On the Problem of Truth', in A. Arato · E. Gebhardt(편), *The Frankfurt School Reader*(Oxford, 1978) 참조. 프랑크푸르트 학파에 대한 전체적인 논의로는, M. Jay, *The Dialectical Imagination*(London, 1973)[마틴 제이, 『변증법적 상상력』, 돌베개, 1979], 그리고 D. Held, *Introduciton to Critical Theory*(London, 1980) 참조.
72) Horkheimer, *Critical Theory*, pp. 213~214.
73) Benjamin, *Illuminations*, p. 262.

130

몽의 변증법』과 『이성의 쇠잔』은 계몽주의 전통 전체와의 결별을 나타냈다. 자연에 대한 인간의 통제를 증가시키려는 서양 문명의 시도는 인간의 인간에 대한 지배와 불가분하게 엮여 있었다. 자본주의 사회 중심에서 일어나는 균열은 더 이상 계급 사이의 균열이 아니라 인간을 자연과 어긋나게 하는 보다 깊은 균열이라고 한다. 사물화에 대한 루카치의 분석은 탈역사화되었으며 현대 사회에 특징적인 합리화는 마르크스보다는 베버에 가까운 용어로 설명되었다. '사물화는 조직된 사회와 도구사용의 시초에까지 소급될 수 있는 과정이다.'74) 서양 사상의 가장 기본적인 충동인 계몽주의로 향하는 충동은 인간과 자연을 지배하려는 충동과 불가분하게 결합되어 있다고 호르크하이머와 아도르노는 주장하였다. 계몽주의는 그것이 초월적이고 마법적인 것을 탈신화화하고 세속적이고 합리적인 것으로 용해시키려고 하는 한에서는 미지의 것과 이질적인 것에 대한 신화적 두려움을 반영하며, 마법에서 찬양되는 자연의 질적 다양성을 동질적이고 양적인 것으로 환원시키는 것 — 실증주의가 현실적인 것을 측정가능한 것으로 환원시킴으로써 극한으로까지 끌고 간 과정 — 이다. 그리하여 계몽주의는 교환원리(barter primciple)에 의하여 지배되는 즉 유용노동의 추상적인 사회적 노동으로의 환원 혹은 인간간의 관계의 사물들간의 관계로의 환원에 의하여 지배되는 사회를 반영하는 것이다. 그러한 사회에서 이성은 도구적이 되며 '계산과 계획의 기관(器官)이 된다. 이성은 목적에 대해 중립적이다. 이성의 본령은 조정(調整)이다.'75) 독일 관념론에 있어서 선험적 주체가 가진 능동적으로 현실을 구성하는 역할은 서양 문명의 자연파괴에 걸치레로 씌운 철학적 광택인데, 그리하여 '자연의 모든 힘은 주체의 추상적인 힘에 대한 무분별한 저항에 지나지 않은 것으로 축소되었다.'76) 혹은 아도르노가 나중에 기억할 만한 경구로 표현한 대로 '체제는 배(腹)가 정신으로 된 것이며, 분노는 모든 관념론의 표시이다.'77) 이념의 전능성은 자연을 정복하고 파

---

74) M. Horkheimer, *Ecilpse of Reason*(New York, 1947), p. 41.
75) M. Horkheimer · T. W. Adorno, *Dialectic of Enlightenment*(London, 1973), p. 88.
76) 같은 책, p. 90.

괴하려는 충동을 반영한다는 것이다.

따라서 계몽주의 비판은 또한 헤겔적 관념론에 대한 비판이기도 하다. 실로 서구 마르크스주의의 철학적으로 가장 흥미로운 대표자들은 아무리 차이가 있더라도 헤겔적 변증법이라면 어떤 형태의 것이든 거부한다는 점에서는 일치하고 있다. 이 시점에서 차이의 개념이 마르크스주의 철학에서 중요한 역할을 맡게 되었다. 현실은 내적으로 이질적이라고 주장되었다. 현실을 동질적 총체 즉 어떤 단일한 통일적 원리의 표현으로 환원하려는 모든 시도는 거부되어야 한다는 것이다. 고전적인 경험론자들에 의하여 이미 역설된 바 있는 이러한 테마는 지난 세기와 금세기에 몇몇 아주 상이한 철학자들 — 니체, 하이데거, 들뢰즈, 데리다 — 에 의하여 채택되어져 왔다.78) 마르크스주의내에서 이 주제는 갈바노 델라 볼페와 루시오 콜레티에 의하여 가장 명시적으로 제시되어져 왔다.79) 이것이 함축하는 바에 대한 가장 흥미로운 탐구는 아도르노와 알뛰세의 것이었다. 이러한 접근은 명백히 초기 루카치의 사상과의 결별을 포함하였다. 초기의 루카치에게는 '총체성의 범주의 우월성이 과학에 있어서 혁명원리의 담지자'였던 것이다. 마틴 제이가 시사하였듯이 '아도르노와 알뛰세가 다같이 뜻하는 바는 『역사와 계급의식』에 의하여 도입된 문제틀의 소진이다. 양자는 모두 보다 각성되어 있고 환상에서 벗어나 있는 시대의 마르크스주의를 대표한다.'80)

이 논점은 루카치의 후기 견해를 아도르노의 견해와 비교함으로써 설

---

77) T. W. Adorno, *Negative Dialectics*, p. 23.

78) 특히 G. Deleuze, *Différence et répétition*(Paris, 1969) 참조.

79) G. Della Volpe, *Logic as a Positive Science*(London, 1980), 그리고 Colletti, *Marxism and Hegel*[루시오 콜레티, 『마르크스주의와 헤겔』, 인간사랑, 1988] 참조. 볼페의 *Rousseau et Marx*(Paris, 1974)에 대한 로버트 파리(Robert Paris)의 서문은 매우 유익하다. J. Fraser의 *Introduction to the Thought of Galvano Della Volpe*(London, 1977)의 제목은 오해의 소지가 있는데, 왜냐하면, 그것은 그 책이 설명한다고 하는 볼페의 저작들보다도 더 어려운 편이기 때문이다.

80) M. Jay, 'The Concept of Totality in Lukács and Adorno', *Telos*, no. 32, 1977 년 여름호, p. 136.

명할 수 있다. 루카치에 의한 레닌의 사상과 헤겔주의적 마르크스주의의 종합은 『레닌』에서는 '혁명의 현재성'에 그 전제를 두고 있었다. 이는 혁명의 임박성을 가리키는지 아니면 단순히 제국주의 시기에 내재해 있는 사회격동의 일반적 가능성을 가리키는지가 모호한 개념이다. 1920년대의 자본주의의 안정화는 루카치로 하여금 서양에서의 혁명의 희망을 버리게 하고 '일국 사회주의'의 교리를 받아들이도록 하였다. 그의 나머지 정치 경력은 그가 청년기에 꿈꾸었던 조화로운 총체로부터 건질 수 있었던 것 즉 스딸린주의와 부르주아 문화의 화해를 지속적으로 옹호하는 일에 바쳐졌다.81)

철학적으로 루카치는 헤겔 좌파에서 헤겔 우파로 전향하였다. 파리 『수고』의 영향 아래서 그는 주객 동일체의 개념을 거부하였으며 그 대신에 『청년 헤겔』(1948)과 유고작 『사회적 존재의 존재론』에서 노동과정에서 일어나는 인간과 자연의 상호작용에 변증법의 뿌리를 두려고 하였다. 역사적 유물론의 특유성을 나타내는 생산관계라는 개념은 루카치의 후기 저작들에는 대체적으로 나오지 않는다. 그 대신에 우리는 헤겔의 **이성의 간지**를 모델로 한, 역사에 대한 고고한 파악을 본다. 이에 따르면 역사의 진보는 사람들이 비록 그 내적인 의미를 모르긴 하지만 여하간에 행하게 되는 자기추구를 통하여 그리고 겉으로 보기에 비합리적인 행동들을 통하여 확보된다고 한다. 이는 다른 어떤 현상보다도 스딸린주의에 대한 손쉬운 설명이다. 사상의 과제는 이 과정을 반영하는 것이며 헤겔이 '현재의 교차점에 있는 장미'라고 부른 것 즉 무정부적인 세계를 관통하는 실마리를 추적하는 것이다. 현실이 혼돈적이고 비합리적으로 그려져 있는 조이스나 카프카의 작품들처럼 이 과제를 거부하는 문학은 (루카치는 예술을 지식의 한 형식으로 간주한다) 미적으로 가치가 없는 퇴폐일 뿐이라고 한다. 헤겔에게처럼 후기의 루카치에게도 '이성적인 것이 현실적인 것이고 현실적인 것이 이성적인 것이다.'

---

81) Löwy, *Lukács*, pp. 193~204, Arato · Breines, 앞의 책, p. 190 이하, 그리고 F. Feher, 'Lukács in Weimar', *Telos*, no. 39, 1979년 봄호 참조.

이러한 '현실과의 화해'는 아도르노에게는 파문 대상이었다. 그는, 상품 물신주의에 의해 지배되는 세계를 루카치가 지지하는 '사회주의 리얼리즘'보다도 더 정확하게 반영하고 이러한 세계에 전적으로 통합되기를 거부하는 주체로부터 나오는 파편화, 차이, 불협화음을 강조한다는 바로 그 이유로 예술에서의 모더니즘을 옹호하였다. 아도르노는 '화해는 이루어졌으며, 사회는 모든 것이 잘되고 있고 개인은 자기 자신으로 돌아가 이 세계에서 마음 편하게 있다'는 루카치의 전제를 비난하였다. '그러나 균열과 적대는 존속하고 있으며 동구 진영에서 쓰는 말처럼 이 적대가 "극복"되었다고 주장하는 것은 순전한 거짓말이다.'82)

아도르노는 헤겔적 신정론(원래적 형태와 마르크스주의적 형태 모두)에 대하여 즉 차이의 말소와 자기동일적 총체 속에서의 모순의 화해에 대하여 목숨을 건 전쟁을 선포하였다. 철학의 과제는 괴테의 메피스토펠레스처럼 이성의 기만적 조화를 부인하고 부정하고 부수는 것이라고 그는 믿었는데, 이는 역사의 충실한 하인인 루카치로 하여금 ' "심연이라는 대(大)호텔"에 묵고 있다'83)는 이유로 아도르노를 비난하도록 만들었다. 아도르노는 자신을 다양성과 차이의 옹호자로 보았다.

> 역사의 이 시점에서 진정으로 철학적인 관심을 끄는 문제는 헤겔이 전통과 야합하여 무관심을 표명했던 바로 그 문제들이다. 이 문제들은 비개념성, 개인성, 개별성들인데 이들은 플라톤 이래로 일시적이고 중요하지 않은 것으로서 무시되었던 것들이며 헤겔이 '게으른 실존'이라고 불렀던 것들이다.84)

차이의 복권은 윤리적·정치적 함의를 가지고 있다. 아도르노는 절대자를 상품 물신주의에 종속된 사회의 철학적 상관물로 간주하였다. 헤겔이 구체적 개별자를 개념 중의 개념(즉 이념)의 발현형태인 개별성이라는 개념으로 환원시킨 것은 상품교환에 함축된 전체주의 — 질적인 것

---

82) E. Bloch 외, *Aesthetics and Politics*(London, 1977), p. 176.
83) Lukács, *Theory*, p. 22[루카치, 『소설의 이론』, 심설당, 1985].
84) T. W. Adorno, *Negative Dialectics*, p. 8.

과 개인적인 것을 단지 추상적인 사회적 노동의 양으로 환원시키는 것
— 의 징후라고 그는 믿었다. '진리는 전체다'라고 보았던 헤겔에 반대
하여 아도르노는 '전체는 허위다'라고 확언하였다.[85] 초월적 주체 혹은
절대적 주객 동일체가 아니라 개별적 주체만이 상품 물신주의에 의해
지배되는 세계에서 어떤 피난처를 제공한다는 것이다.

그러나 헤겔에 대한 아도르노의 태도는 매도적 거부의 태도가 아니
다. 아마도 다른 어느 철학자보다도 그가 헤겔을 속으로부터 안다는 생
각이 가장 잘 들게 해 주며 헤겔의 체계의 강점과 약점을 모두 가장 자
세하게 이해하고 있다는 생각이 들게 할 것이다. 그는 특히, 개별자들을
그것이 포함되는 보편적 개념들에 대하여 외적인 관계를 갖는 것으로
간주하는 칸트의 포섭적 판단에 대한 헤겔의 비판에 깊은 감명을 받았
다. 아도르노는 구체적 보편자라는 개념, 개별자와 개념의 내재적 통일
성이라는 개념을, 헤겔이 이 개별자를 다시 개념 속으로 용해시켰다는
것을 알면서도, 계속해서 지식의 모델로 보았다. 그로부터 나오는 딜레
마는『미니마 모랄리아』(1951)의 다음 대목에서 잘 표현되고 있다.

> 지식은 개별자의 고립성이 사라질 정도까지 그 개별자에 집착함으로써만 그 지
> 평을 넓힐 수 있다. 물론 이는 일반자와의 관계를 전제하는데, 그것은 포섭관계
> 는 아니고 오히려 그 역에 해당한다. 변증법적 매개는 보다 추상적인 것에 대한
> 호소가 아니라 구체적인 것이 자기 속에서 용해되는 과정이다. …… 그러나 이
> 제는 주객의 동일성 — 이것을 궁극적으로 전제함으로써 헤겔은 관찰과 해석의
> 서로 적대되는 요구들을 은폐할 수 있었다 — 을 믿는 것이 더 이상 가능하지
> 않게 된 까닭에, (사상의) 그러한 도덕성에 순응하는 것이 훨씬 더 어렵게 되지
> 않았는가?[86]

이러한 딜레마 — 사물의 특수성을 사상 속에서 파악하려는 헤겔의
목표를, 사물을 헤겔처럼 이념의 자기실현의 계기들로 환원하지 않고 어
떻게 달성하느냐 하는 것 — 가 아도르노의『부정의 변증법』(1966)의 주

---

85) T. W. Adorno, *Minima Moralia*(London, 1977), p. 176.
86) 같은 책, p. 74.

제이다. 그가 제시하는 해결책은 그의 스승인 발터 벤야민의 영향을 강하게 받고 있다. 벤야민은 마르크스주의로 개종하기 이전인 1920년대 중반에 극히 독창적인 차이의 철학을 발전시킨 바 있다.[87] 벤야민에게 있어서 현실은, 마이클 로즌(Michael Rosen)의 말을 빌면, '깨어진 항아리의 조각들처럼 각각이 전적으로 고유하면서도 필연적으로 서로 고립된 것은 아닌 식으로 관계맺고 있는 파편들로 이루어진 세계'이다.[88] 이러한 생각은 존재를 이념의 발현으로 보거나 주체에 의하여 구성되는 것으로 보는, 존재에 위계구조를 부여하는 입장과 전적으로 양립불가능했다. '영원한 것은 이념 같다기보다는 드레스의 레이스를 다듬는 것과 같다'고 벤야민은 『단상들』(Passgenarbeit) 혹은 아르카데스 프로젝트라고 불리는, 보들레르의 파리를 다룬 그의 미완성 대작에서 쓴 바 있다.[89] 그러나 고유하고 파편적인 것에 대한 강조는 벤야민으로 하여금 회의주의나 경험주의로 이르게 하지는 않고 독특한 '부정적 신학'으로 이르게 하였다. 마르크스주의자가 되기 이전의 글인 '언어 그 자체와 인간의 언어'에서 그는 서로 소통을 하는 사물들이 이루는 공명(共鳴)하는 우주를 묘사하였다. 인간의 언어는 물리적 대상들과의 이러한 소통의 발전된 형태라는 것이다.

사물들의 언어를 인간의 언어로 옮기는 것은 소리가 없는 것을 소리가 있는 것으로 옮기는 것이다. 이뿐만 아니라 그것은 또한 이름이 없는 것을 이름으로 옮기는 것이기도 하다. …… 그러나 이러한 번역의 객관성은 신에 의해서 보증된다. 신이 사물을 창조하였기 때문이다. 신도 사물이 창조된 이후에 최종적으로

---

87) 아도르노와 벤야민간의 관계에 대해서는, M. Rosen, 'The Rationality of Hegel's Dialectic and its Criticisms'(D. Phil, *Thesis*, University of Oxford, 1980), ch. 7, 그리고 S. Buck-Morss, *The Origins of Negative Dialectics*(Hassocks, 1977) 참조. 또한 T. Eagleton, *Walter Benjamin, Or Towards A Revolutionary Criticism*(London, 1981) 참조.
88) 1978년 3월 IUC Dubrovnik의 'Marxismus und Phänomenologie' 과정에 제출된 논문인 M. Rosen, 'Walter Benjamin and the Tradition', p. 8.
89) T. W. Adorno, *Prisms*(London, 1967), p. 231에서 재인용.

이름을 부여하였듯이, 사물들 속에 있는 창조의 단어는 인식하는 이름(cognizing name)의 맹아이다.[90]

이름 속에서 단어와 사물은 하나가 된다는, 유태적 신비주의를 위하여 도출해 낸 이러한 생각은 그가 마르크스주의자가 된 이후에도 그에게 사상의 모델을 제공하였다. 사물들간의 '자연적 상응은 인간의 모방 능력을 자극하고 일깨우는 것으로 볼 때에만' 즉 '어떤 다른 것처럼 되고 행동하라는 예전 시대의 강력한 강제의 밑바탕'인, '유사성을 보는 힘'을 자극하고 일깨우는 것으로 볼 때에만 '그 진정한 중요성을 부여받는다'고 그는 1931년에 썼다.[91] 그러나 사상은 사물들의 이미지 즉 그 시각적인 복사물을 제공한다는 의미에서 모방적인 것은 아니었다. 또한 사상은 사물들을 개념들 아래 포섭하거나 분류하거나 **이념**으로 용해시키는 것도 아니었다. 오히려 사상은 경험세계로부터 끌어낸 요소들의 종합배열(constellation) 혹은 종합배치(configuration)를 구축함으로써 사물들에 직접적으로 접근하려고 하는데, 여기서 이 요소들은 그 구조를 통하여 사물들간의 상응성을 드러내도록 재정렬된다. 사상은 세계를 거울처럼 비춤으로써가 아니라 세계에 참여함으로써, 그 구조를 공유함으로써 진리에 도달하는 것이다. 따라서 사상은 환원불가능한 다양성을 가지는데 이는 현실 자체가 다양한 이질적인 요소들로 구성된 까닭이다.[92]

『부정의 변증법』은 1931년 프랑크푸르트 대학의 취임 강연인 '철학의 현재성'에서 이미 아도르노가 지지를 하였던 이 차이의 철학을 헤겔주의적 마르크스주의의 틀로 옮기려고 하는 방식으로 인하여 주목할 만한 책이다. 그는 벤야민의 뒤를 이어서 '사상은 사물의 이미지가 아니'며 '오히려 사물 자체를 노린다'고 썼다.[93] 아도르노는, 부정의 부정을 차이

---

90) Benjamin, *One-Way Street*, pp. 117~118.

91) 같은 책, p. 160.

92) W. Benjamin, 'Epistemo-Critical Prologue', *The Origins of German Tragic Drama*(London, 1977), pp. 27~56. S. Buck-Morss, 'Walter Benjamin — Revolutionary Writer(I)', *New Left Review*, no. 128, 1981년 7·8월호에 있는, 이 이론의 마르크스주의판(版)에 대한 논의 참조.

를 동일성으로 환원하는 '반변증법적 원리'의 승리라고 하여 거부하면서 다음과 같이 주장하였다. '전체를 통일시켜 주는 계기는 부정의 부정 없이도 존속하며, 또한 지고의 원리로 간주된 추상[즉 개별과 보편의 연관을 밝히지 않고 개별자를 보편자 아래 포함시키는 포섭적 판단]에 몸을 맡기지 않고도 존속한다. …… 그 대신에 개념들은 종합배열 속으로 들어간다. 종합배열은 개념의 특수한 측면 즉 분류 작업에 있어서는 무관심의 대상이거나 짐이 되는 그러한 측면을 비추어 준다.'[94] 바로 언어가 이러한 방식으로 작용한다. '언어가 일종의 재현이 되는 한에서 언어는 그 개념들을 정의하지 못할 것이다. 언어는 개념들을 사물을 중심으로 하는 어떤 관계 속에 넣는데, 언어는 이 관계에 의하여 개념들에 객관성을 부여한다.'[95] 사상은 개념들이 정렬하여 이루는 종합배치가 특수한 사물들의 내적 구조를 재생산하는 한에서 단어와 사물의 통일체인 이름이라는 지위를 얻는다. '인식의 대상 주위에 모여듦으로써 개념들은 잠재적으로 사물의 내부를 규정짓는다.'[96] '친화성 없이는 진리가 없다. …… 의식은 그 타자적 존재(otherness)를 닮은 바로 그만큼 그 타자적 존재에 대하여 안다.'[97]

벤야민의 이름의 형이상학에 대한 아도르노의 추종은 결코 전적인 것은 아니다. 그는 벤야민과 하이데거에 반대하여 지식은 순전한 본질에 대한 직접적 직관 이상의 것을 포함한다고 주장하였다. 지식은 또한 반성의 계기를 포함하며, 상품 물신주의가 스며들어 있는 사회적 총체에 득징적인 배새들을 개념화하는 짓을 포힘한다. 여기시, 자본주의 사회의 서로 나른 측번들을 노동릭의 상품으로의 전환의 표현으로—비록 긴접적이고 매개된 형태의 표현이긴 하지만—보는 루카치의 사물화론에 그가 빚지고 있음은 명백하다. 그는 『단상들』에서의 벤야민의 방법인

---

93) T. W. Adorno, *Negative Dialectics*, p. 205.
94) 같은 책, pp. 158, 162.
95) 같은 책, p. 162.
96) 같은 곳.
97) 같은 책, p. 270.

‘변증법적 이미지들’의 집합 혹은 종합배열을 비판하였는데, 여기서 이 이미지들은 경제적 현상과 문화적 현상간의 직접적 상응을 드러내는 것이었다. 그는 나중에 벤야민에 대하여 이렇게 썼다. ‘그의 미시학적이고 파편적인 방법은 …… 마르크스에게서처럼 헤겔에게서도 총체성을 산출해 내는 것인 보편적 매개라는 생각을 결코 전적으로 통합해 들이지 않았다.’[98] 아도르노는 그리하여 총체성의 개념을 받아들이긴 하였으나 절대적 주객체라는 의미에서 받아들인 것이 아니었다. 그는 상품 물신주의가 현실의 질적인 다양성을 추상적인 사회적 노동이라는 단일하고 동질적인 차원으로 환원하면서 총체성을 **창출**하는 까닭에 그 개념을 받아들였다. ‘모든 존재의 개념적 매개라는 이론에 있어서조차도 헤겔은 현실적인 차원에서 무언가 결정적인 것을 머리 속에 그렸다. …… 교환행위는 교환될 생산물들을 그 상응물인 추상적인 어떤 것으로 환원하는 것을 함축한다.’[99] 구체적이고 다양한 현실을 **절대자**의 표현으로 환원하는 것은 현실 자체에서 일어나고 있는 추상과정 즉 상품교환에 내재하고 있는, 구체적인 유용노동의 추상적인 사회적 노동으로의 전환과정을 반영한다. 따라서 비판이론은 현실을 이해하고 탈신비화하는 역할을 다하려면 추상의 계기, 반영의 계기를 보존하여야 하며 총체성의 개념이 해체되도록 놓아 두어서는 안될 것이었다.

그러나 사상을 모방적인 것으로 보는 벤야민의 견해를 아도르노가 채택한 것은, 헤겔주의적 마르크스주의에 특징적이며 예를 들면 자연변증법에 대한 거부에 표현되어 있는 반자연주의로부터 벗어나는 것이다. 철학은 인간과 자연의 화해를 허용한다는 점에서 미적 경험에 비견할 만하다는 호르크하이머, 아도르노, 마르쿠제의 견해는 벤야민에게로 소급될 수 있으며 그를 넘어서 칸트, 쉴러, 괴테, 쉘링을 포함하는 철학 전통

---

98) Adorno, *Prisms*, p. 236. 아도르노-벤야민 논쟁에 관한 주요 문헌들은 Bloch 외, 앞의 책, pp. 100~141에 있는 페리 앤더슨의 서문과 함께 수록되어 있다. 또한 W. Benjamin, *Charles Baudelaire*(London, 1973) 참조.

99) T. W. Adorno, ‘Sociology and Emprical Research’, in Adorno 외, *The Positivist Dispute in German Socialogy*(London, 1976), p. 80.

전체로 소급될 수 있다. (벤야민의『독일 비극의 기원』은 '만일 과학으로부터 어떤 온전성을 끌어내려면 반드시 과학을 예술처럼 생각해야 한다'는 괴테의 말을 인용하면서 시작된다.)[100] 벤야민과 아도르노의 영향은 호르크하이머의 다음 대목에서도 명백히 드러난다.

> 철학은 언어로 하여금 그 진정한 모방적 기능 즉 자연의 경향들을 거울처럼 반영하는 임무를 완수하도록 허용함으로써 인간으로 하여금 자신의 공포를 진정시키도록 돕는다. 철학은 언어를 통하여 감정(passion)을 반영하고 그리하여 감정을 경험과 기억으로 전환시킨다는 점에서 예술과 같다. 만일 자연에게 정신의 영역에서 자기 자신을 모사할 기회가 주어진다면 자연은 그 자신의 상을 명상함으로써 어떤 고요함을 얻는다.[101]

인간을 자연의 일부로 생각하는 이러한 생각은 벤야민의 철학과 완전히 맞아떨어지는데, 벤야민은 존재의 풍성함과 다양성을 강조하고 총체성의 개념을 허용하기를 거부했다는 점에서 단호하게 반(反)헤겔주의자로 남아 있었다. 그의 철학이 루카치가 지은 자연과학과 사회과학 사이의 날카로운 구분과 양립할 수 있는가는 덜 명백하다. 그의 철학은 인간을 자연과 불가분하게 통일된 것으로 보는 낭만주의적 자연철학이나 자연주의적 유물론과 더 잘 부합될 것이었다. (특징적이게도 벤야민은 양자 모두에 끌렸으며 그 외에도 초현실주의에 끌렸다.)[102] 그러나 프랑크푸르트 학파는 자연과학과 사회과학의 관계를 보는 시각에서 완전한 정통 루카치주의자들로서 자연과 사회과학의 방법론적 통일성을 받아들이는 사람들을 '실증주의자들'이라고 비난한다.[103] 따라서 프랑크푸르트 마르

---

100) Benjamin, *Origins*, p. 27에서 재인용. 또한 H. Marcuse, *Eros and Civilization* (London, 1972)[마르쿠제, 『에로스와 문명』, 나남, 1989], chs. 5, 8, 9 참조.

101) Horkheimer, *Eclipse*, p. 179.

102) W. Benjamin, 'Surrealism', in *One-Way Street*, p. 236, 특히 '포그트와 부하린 류의 형이상학적인 유물론'을 변호하는 대목 참조.

103) Adorno 외, 앞의 책 여기저기, 또한 Horkheimer, 'Traditional and Critical Theory', Horkheimer, *Critical Theory* 참조.

140

크스주의를 보다 통상적인 신칸트주의적 방향으로 발전시키려고 하였던
위르겐 하버마스가 '초기의 마르크스와 마르크스주의 전통내에 있는 사
변적 두뇌들—— 발터 벤야민, 에른스트 블로흐, 허버트 마르쿠제, 테오도
르 아도르노—— 이 자연의 부활이라는 것이 나타내는 이러한 신비주의
의 유산에 얼마나 많이 끌렸는지에 관계없이 …… 자연의 부활'이라는
개념을 거부한 것은 놀랄 일이 아니다.104)

아도르노가 헤겔주의적 마르크스주의를 안에서부터 해체하였던 반면
에 루이 알뛰세는 밖에서부터 그것을 공격하였다. 그는 프랑크푸르트 마
르크스주의의 경우와는 아주 다른 정치적 맥락에서 즉 프랑스 공산당내
에서 그리고 독일 철학 전통의 반자연주의에 대체적으로 생소한 지적인
영향들—— 스피노자의 『윤리학』, 소쉬르의 구조언어학, 라깡의 프로이트
재해석, 바쉴라르의 과학철학—— 아래서 헤겔주의적 마르크스주의를 공
격하였다.105) 그리하여 1965년에 모두 처음 출판된 그의 가장 유명한 두
책인 『마르크스를 위하여』와 『자본론을 읽는다』는 마르크스주의의 과학
적 성격에 강조를 둠으로 인하여 주목에 값한다. '탈레스가 과학적 지식
을 위해 수학의 "대륙"을 열어젖히고 갈릴레오가 과학적 지식을 위하여
물리적 자연의 "대륙"을 열어젖혔듯이 마르크스는 과학적 지식을 위하
여 역사의 새로운 대륙을 "열어젖혔다." '106) 또한 알뛰세는 마르크스를
인간주의적 사상가로 보는 널리 퍼진 재해석—— 자유주의적 입장과 사
회민주주의적 입장의 논평가들이 지지하는 견해이며 또한 특히 1956년
흐루시쵸프의 스딸린 격하 이후에 공산당들이 채택한 견해—— 을 공격

---

104) J. Habermas, *Knowledge and Human Interest*(London, 1972), pp. 32~33[하버
마스, 『인식과 관심』, 고려원, 1983].
105) 나는 *Althusser's Marxism*(London, 1976)[캘리니코스, 『알뛰세의 마르크스주의』,
녹두, 1992]와 *Is There a Future for Marxism?*(London, 1982)[캘리니코스, 『마르
크시즘의 미래는 있는가』, 열음사, 1987]에서 알뛰세에 대해 상세히 논의한 적이
있다. 또한 *Dialectiques*, no. 15~16, 1976년 가을 알뛰세 특집호 참조.
106) L. Althusser, *For Marx*(London, 1969), p.14[알뛰세, 『마르크스를 위하여』, 백의,
1990].

함으로써 지성계에 파문을 던졌다. 알뛰세는 이러한 견해에 반대하며, 마르크스의 사상은 파리『수고』를 성숙기의 과학적 저작들로부터 분리시키는 '인식론적 단절'로 인하여 갈라져 있다고 주장하였다.

이 논점을 입증하기 위하여 알뛰세는 마르크스주의 변증법과 헤겔의 변증법 사이에는 근본적인 차이가 있음을 보여주어야 했다. 유명한 글인 「모순과 중첩결정」(1962)에서 처음 개진된 그의 헤겔 비판은 주객 동일체를 거부했을 뿐만 아니라 (프랑크푸르트 학파가 소지하였던) 사회적 총체를 개념화하는 헤겔의 방법까지도 거부하였기에 아도르노의 헤겔 비판보다 더 철저한 것이었다. 알뛰세의 주장에 의하면, 헤겔의 변증법은 '표현적' 총체성의 개념을 포함하는데, 이는 '각 부분이 "총체적 부분들"로서 각각 여타의 부분들을 표현하고 각각 그것들을 담고 있는 사회적 총체성을 표현하는 총체성이다. 왜냐하면 각 부분은 그 속에 총체성 자체의 본질을 직접적 표현형태로 담고 있기 때문이다.'107) 이렇게 전체는 어떤 핵심, 어떤 기본 원리를 소유하고 있는 것으로 생각되는데, 각 부분들은 이 전체를 반영하는 것들일 뿐이다. 예를 들어서 (프랑크푸르트 마르크스주의자들이 변경된 형태로 소지하고 있는) 루카치의 사물화론의 경우에 총체의 서로 다른 측면들은 노동력의 상품으로의 전환이라는 기본적 모순의 구조를 복사할 뿐이다. 여기서 합리화와 물신주의는 자본과 노동의 관계내에 있는 핵심으로부터 사회구성체의 전체에 전달된다. 그 결과는 사회생활의 다양성을 경제의 단순한 부대현상으로 환원하는 것이라고 알뛰세는 주장한다. 그의 '역설적인' 결론은, 헤겔주의적 마르크스주의(혹은 알뛰세가 다소 혼란스럽게 사용하는 경향이 있는 명칭으로는 '역사주의')는 진화주의적 마르크스주의와 마찬가지로 환원주의적이며 문화적·정치적 현상을 무시한다는 것이다. 진화주의적 마르크스주의는 생산력에 우위를 부여하고 헤겔주의적 마르크스주의는 노동력의 상품으로의 전환에 우위를 부여하는데 어느 경우든 이데올로기적이고 정치적인 관

---

107) L. Althusser, *Reading Capital*(London, 1970), p. 96[알뛰세, 『자본론을 읽는다』, 두레, 1991].

계들은 경제의 부대현상이 되고 있다는 것이다.

아도르노와 델라 볼프처럼 알뛰세는 다양성과 차이를 근원적인 것으로 보았다. '마르크스주의는 …… 헤겔적 모델의 이론적 전제 즉 본래적인 단순한 통일이라는 전제를 …… 거부한다. …… 더 이상 본래적인 단순한 통일이란 없으며 …… 그 대신에 항상 미리 주어져 있는 구조화된 복합적 총체가 있을 뿐이다.'108) 혹은 알뛰세의 협동자인 에띠엔느 발리바르가 말한 바대로 '심급들의 다수성(多數性)이 모든 사회구조의 본질적 속성일 수밖에 없다.'109) 어떻게 '심급들의 다수성'이 결합하여 '복합적인 구조화된 통일'을 이루는가 하는 문제는 일단 알뛰세가 헤겔의 '표현적 총체성'의 개념을 거부하고 나면 명백하게 결정적인 것이 된다. 알뛰세를 비판하는 사람들은 그가 사회를 상호간의 내적인 연관이 없는 서로 무관한 요소들의 총합으로 분해하고 있다고 그를 비난하였다. 그의 답변은 '복합적 총체는 지배 속에서 접합되는 구조의 통일성을 가지고 있다고 주장'하는 것이었다.110) 바꾸어 말하면 모든 사회구성체는 '지배 속의 구조' 즉 사회적 실천들 사이에 등급이 있어서 그중의 하나가 지배적인 역할을 하는 그러한 특수한 구조에 의해 구성된다는 것이다. 예컨대 봉건제에서는 정치적 심급이 지배적이었으며, 자본주의에서는 경제적 심급이 지배적이다. 그러나 경제는 항상 최종 심급에서의 결정력을 갖는다. 총체의 어느 측면이 지배적인지는 생산관계들의 성격에 달려 있기 때문이다. 경제적 관계들의 인과성은 간접적이어서 지배 속의 구조를 구성하는 사회적 실천들의 복합체를 통하여서만 작동한다. 헤겔주의적 마르크스주의와 진화주의적 마르크스주의 양자에서와는 반대로 이데올로기적이고 정치적인 관계들은 부대현상이 아니라 사회적 총체를 구성하는 것이 된다. '경제적 변증법은 결코 순수한 상태로 작동하는 것이 아니다. …… 처음부터 끝까지 "최종 심급"의 고독한 시간은 오지 않는다.'111)

---

108) L. Althusser, 앞의 책, *For Marx*, pp. 198~9.
109) L. Althusser, 앞의 책, *Reading Capital*, p. 207.
110) L. Althusser, *For Marx*, p. 202.
111) 같은 책, p. 113.

혁명적 봉기는 카우츠키식으로 '자연적 필연성'의 산물이 아니라 경제적 요인들뿐만 아니라 상부구조도 포함하는 모순들의 '중첩결정된' 축적의 산물이라는 것이다.

사회적 총체에 대한 이러한 설명은 알뛰세로 하여금 상부구조는 경제적 토대로부터 '상대적으로 자율적'이라고 주장하도록 하였으며, 벤야민의 「역사철학에 관한 테제들」을 상기시키는 용어로 '지속적이고 동질적인 시간'112)이라는 개념을 비판하도록 하였다.113) 사회적 총체의 서로 다른 수준들 사이에 존재하는 탈구(dislocations)에 대한 그러한 강조는 다른 무엇보다도 정치적인 이유에서 알뛰세에게 매력적이었다. 스딸린주의를 비판하는 프랑스 공산당의 일원으로서 그는 소련의 생산관계들을 사회주의적인 것으로 보면서도 '스딸린 현상'은 부르주아 이데올로기의 존속이라고 정치적이고 이데올로기적인 용어로 거칠게 설명할 수 있기를 원했다.114) 동시에 그의 견해로는 진화주의적 마르크스주의와 헤겔주의적 마르크스주의에 공히 특징적인 환원주의에 대한 그의 비판은 당의 통제로부터의 이론적 작업의 독립성을 주장할 흠없는 마르크스주의적 근거를 제공하였는데, 이는 첫 냉전이 고조되었을 때 즈다노프주의와 과학에서의 '계급구분선'(class line) 문제를 경험한 이후에 공산주의 지식인들에게는 제법 중요한 문제였다.115)

실로 '이론적 실천'은 알뛰세의 체계내에서 중심적인 위치를 차지하였다. 그는 사회적 실천의 네 심급들 혹은 유형들——즉 경제, 정치, 이데올로기, 이론——을 계급사회에 특징적인 것으로서 뽑아냈다. 이것들은 모두 『자본론』 1권에서 마르크스가 한 노동과정에 대한 다음과 같은 분

---

112) L. Althusser, *Reading Capital*, p. 99.
113) 알뛰세의 '차별적 시간성'(differential temporality) 개념에 대한 비판적 논의로는, P. Anderson, *Arguments within English Marxism*(London, 1980), pp. 73~77 참조.
114) L. Althusser, *For Marx*, pp. 115~116 참조.
115) D. Caute, *Communism and the French Intellectuals 1914~1960*(London, 1964), 그리고 Lecourt, *A Proletarian Science?* 참조.

144

석에서 도출한 실천이라는 일반적인 개념 아래 포섭되었다. '실천이라는 말로 나는 특정의 주어진 원료가 특정의 생산물로 변형되는 과정, 특정의 ("생산")수단을 사용하는 특정의 인간노동에 의하여 이루어지는 변형과정을 뜻하고자 한다.'116) 헤겔주의적 마르크스주의자들 또한 사회적 실천에 커다란 강조를 두었었다. 그러나 그들에게는 사회적 실천이 주객의 동일성을 의미하였으며 사회적 총체의 표현적 통일성을 의미하였다. 그러나 알뛰세에게는 현실의 이질적 다양성은, 각 실천은 본질적으로 구분되는 요소들을 결합한다는 의미에서 그리고 동시에 사회구성체는 항상 실천의 다양성을 포함한다는 의미에서 '항상 미리 주어져 있다.' 이러한 실천개념은 헤겔주의적 마르크스주의에 (그리고 반자연주의 일반에) 기본이 되는, 사회는 주체의 창조물이라는 생각에 대한 근본적인 도전에 해당한다.117) 이러한 실천모델은 이론적 실천에 적용했을 때는 주어진 담론의 생산수단 혹은 문제틀 ── '주어진 대답들을 통어하는 질문들의 체계'118) ── 이 현실('진정한 객체')에 작용하는 것이 아니라 '사유객체'(thought-object)에 즉 그 영역에서 이미 존재하고 있는 이론들과 개념들에 작용한다는 주장을 포함한다. 과학이 '사유내에서' 자기 자신의 내적인 규범들에 따라 작동한다는 이러한 견해는 ── '이론적 실천은 실로 자기가 자기의 기준이며 그 생산물의 질을 타당하게 만드는 확연한 조약서를 자기 내부에 가지고 있다'119) ── 가스똥 바쉴라르의 영향을 크게 받았는데, 과학은 경험으로부터의 일반화에 의해서가 아니라 경험과의 단절을 통하여 구성된다는 명제도 그러하였다. 알뛰세는 경험을 이데올로기와 동일시하였는데, 그는 마르크스처럼 이데올로기를 모순적이고

---

116) L. Althusser, *For Marx*, p. 166.
117) 이러한 실천개념을 미학이론에 확장시킨 예로는, P. Macherey, *A Theory of Literature Production*(London, Henley, and Boston, 1978)과 T. Eagleton, *Literature and Ideology*(London, 1976)[테리 이글턴, 『비평과 이데올로기』, 열린책들, 1987] 참조.
118) L. Althusser, *For Marx*, p. 67, 각주 30.
119) L. Althusser, *Reading Capital*, p. 59

착취적인 현실의 반영으로 본 것이 아니라 '인간과 세계간의 몸으로 겪는 관계'로 보았으며 공산주의를 포함한 '제(諸) 사회의 역사적 삶에 필수적인 구조'[120]로 보았다.[121]

알뛰세는 역사적 유물론에 대한 그의 재해석을 '마르크스로의 회귀'라고 불렀는데, 여기서 그가 말하는 것은 파리『수고』의 이데올로기적이고 휴머니즘적인 마르크스가 아니라『자본론』의 과학적이고 유물론적인 마르크스였다. 이 '회귀'에 있어서 중요하게 걸려 있는 것은 마르크스주의의 중심에 계급투쟁의 개념을 되돌려 놓으려는 시도였다. 이것이 '역사는 주체 없는 과정이다'라는 그의 선언이 가지고 있는 의의다.[122] 아도르노처럼 알뛰세는 헤겔의 신정론을 세속화하려는 시도, 역사를 어떤 미리 주어진 목표의 실현이나 주체의 발현으로 (그것이 초월적 주체든 집단적 주체든) 간주하려는 시도를 모두 거부하였다. 그러나 아도르노가 상품 물신주의에 의해 완전히 종속되지 않은 유일한 공간으로 본 개인적인 것에서 피난처를 찾은 반면에, 알뛰세는 사회생활을 규정하는 객관적이고 적대적인 구조들인 생산관계에 대한『자본론』에서의 강조를 복구하려고 하였다. 그래서 그는 사회적 관계들을 간주관적(間主觀的) 관계들로 보거나 의식의 형식들로 보는 휴머니즘적 해석들을 공격하였던 것이다. (우리는 그러한 해석의 예를 1절에서 다룬 오스트리아 마르크스주의자들의 경우에서 본 바 있다.) '생산의 사회적 관계들은 결코 단순한 인간간의 관계들로 …… 간주관성으로 …… 환원될 수 없다. 마르크스에게는 생산의 사회적 관계들은 인간만을 무대 위에 올려놓은 것이 아니라 생산과정의 행위자들과 그 물질적 조건들도 특별히 "결합"되어 있는 형태로 무대 위에 올려놓는다.'[123] 특히 그의 후기 저작들에서 알뛰세는 '역사'의 주체는 이념이나 인간이 아니고 심지어는 프롤레타리아트도 아니며 바

---

120) L. Althusser, *For Marx*, pp. 233, 232.

121) D. Lecourt, *Marxism and Epistemology*(London, 1976)와 *Bachelard — ou, le jour et la nuit*(Paris, 1974) 참조.

122) Althusser, *Politics and History*(London, 1972), pp. 77~78.

123) L. Althusser, *Reading Capital*, p. 174.

로 계급투쟁임을 강조하였는데, 여기서 **계급투쟁**의 성격은 지배적 생산관계에 달려 있지만 그 결과는 미리 결정될 수 없는 것이다.

그러나 비목적론적 유형의 마르크스주의를 발전시키려는 이러한 시도는 생산관계를 불변의 구조로 변형시킴으로써 영원한 것으로 만드는 결과를 낳는 용어들로 개념화되었다. 예컨대 알뛰세는 주체를 이데올로기에 의해서 생성되는 필연적인 환상으로 간주하였는데, 이데올로기는 개인들에게 그 고유함과 자율성에 대한 거짓된 신념을 줌으로써 그 개인들을 현상태에 매어 놓는 것을 돕는다는 것이다.124) 아도르노와 초기의 루카치라면 물신주의에 의하여 지배되는 사회의 독특한 특징으로 간주하였을 것인, 이름없는 구조들에 의한 개인들의 지배를 알뛰세는 모든 사회구성체의 불변적 특징이라고 선언하였다. 이데올로기는 더 이상 계급투쟁의 장소도 아니고 그 결과도 아니라 사회적 접합의 요인이었으며 사회생활의 시멘트였다. '(대중적 표상들의 체계인) 이데올로기는 만일 인간이 그 현존조건들의 요구에 부응하도록 형성되고 변형되고 준비를 갖추도록 하려면 어느 사회에서든 필수불가결하다.'125) 역사를 닫힌 체계로 보는 이러한 견해는 알뛰세의 '구조적 인과성'이라는 개념에서 가장 분명하게 드러나는 경향 즉 사회구성체에 그 자신의 이데올로기적·정치적 현존조건을 생성할 능력을 부여하고 따라서 영원히 자신을 재생산할 능력을 부여하는 경향에 의하여 강화되었다. 모순들은 자립적인 구조들의 결과로 파악되었는데, 이는 사회변화의 가능성 자체를 배제하는 것을 함축하는 접근법이다.126)

---

124) Althusser, 'Ideology and the Ideological State Apparatuses', in *Lenin and Philosophy*[알뛰세, 『레닌과 철학』, 백의, 1991] 참조.

125) L. Althusser, *For Marx*, p. 235. J. Rancière, 'On the Theory of Ideology', *Radical Philosophy*, no. 7, 1974년 봄호와 P. Hirst, 'Althusser and the Theory of Ideology', *On Law and Ideology*(London, 1979) 참조.

126) E. Balibar, 'Sur le dialectique historique', *Pensée*, no. 170, 1973년 8월호, B. Hindess·P. Hirst, *Precapitalist Modes of Production*(London, 1975), pp. 272~278, 그리고 Callinicos, *Future*, pp. 129~134[캘리니코스, 『마르크시즘의 미래는 있는가』, 열음사, 1987] 참조.

알뛰세가 후기 저작들에서 풀려고 하였던 (비록 대체적으로 실패로 끝났지만) 이러한 난점들 너머에는 알뛰세가 아도르노와 공유하였던, 이론을 계급투쟁으로부터 떼어 놓으려는 경향이 있다. '이론적 실천의 이론'인 마르크스주의 철학에는 마르크스주의의 과학성을 보증하는 화려한 역할이 부여되었다. 이는 마르크스주의 철학이 '이론적 실천의 본질을 그리고 그것을 통하여 실천 일반의 본질을 또다시 그것을 통하여 사물 일반의 변형과 "발전"의 본질을'127) 표현하는 능력을 가지고 있기 때문이라는 것이었다.128) 이론과 실천의 통일성이라는 점은 아무 문제가 안 되었다. 이론 자체도 하나의 실천, 이론적 실천이기 때문이었다. 마르크스주의는 노동자계급과의 본질적인 연관이 없는 닫혀진 체계가 되었다. 이론과 실천을 통일시키려는 시도에 대한 아도르노의 거부는 보다 명시적이다. '무한히 지체된 실천은 자기만족적인 사변을 문책하는 법정이 더 이상 되지 못한다. 그것은 단순히 집행담당자가 실질적인 변화가 요구할 비판적 사유라면 무엇이든지 쓸데없다고 하며 질식시키기 위해 사용하는 핑계일 뿐이다.'129) 알뛰세는 비록 아도르노보다 훨씬 더 정통적인 마르크스주의자이지만 기본적으로 그에 동의하였다. 출판된 지 10년 후에 『마르크스를 위하여』와 『자본론을 읽는다』를 회고하면서 알뛰세는 그가 하려고 했던 것은 '이론의 상대적 자율성을 정당화하고 그리하여 마르크스주의 이론이 전술적 결의의 노예로 간주되지 않을 권리를 정당화하는 것'일 뿐이었다고 설명하였다.130) 알뛰세와 아도르노 모두 실천을 스딸린수의와 동일시하였으며 따라서 이론을 그에 의한 약탈로부터 보호하려고 하였다. 프랑스 공산당의 비판적이기는 하지만 충성스러운 일원인 알뛰세와 정치를 실질적으로 회피하는 아도르노 각각이 가진 정치적 입장에는 스딸린주의에 대안이 되는 혁명적 실천이 없다는 생각이

---

127) L. Althusser, *For Marx*, p. 169.
128) Callinicos, *Althusser's Marxism*, ch. 3[캘리니코스, 『알튀세의 마르크스주의』, 녹두, 1992] 참조.
129) T. W. Adornom, *Negative Dialectics*, p. 3.
130) Althusser, *Essays in Self-Criticism*(London, 1976), p. 169.

공히 함축되어 있었다. 1843~44년에 처음 이루어졌으며 그 다음에 루카치에 의하여 체계적으로 발전된, 마르크스주의와 노동자계급의 동일시는 더 이상 유효하지 않았던 것이다.

반헤겔주의적 마르크스주의의 대차대조표가 전적으로 부정적이라는 결론이 나오는 것은 아니다. 그 반대로 아도르노와 알뛰세 이후에는 마르크스주의를 단지 헤겔적 변증법의 '전도'라고 해석하는 것을 진지하게 받아들이기가 어려워졌다. 엥겔스와 루카치가 변증법적 유물론의 초석이라고 높여 세웠던 부정의 부정이 가진 기능은 **존재**에 담겨 있는 차이라는 질병을 치유하는 것이었고, **개념**의 본질적으로 정신적인 통일을 회복하는 것이었으며, 유한한 물질 세계를 무한한 **절대자**로 용해시키는 것이었다. 이 부정의 부정이라는 범주와 헤겔의 논리학이 가진 여타의 개념적 도구들은 유물론과 전적으로 양립불가능하다. 아도르노와 알뛰세에게 와서 차이의 개념, 물질 세계의 환원될 수 없는 이질적 다양성이라는 개념이 마르크스주의 안에 자리를 잡았다. 그러나 이러한 성취는 파괴를 동반한 성취이다. 그들의 이론적 체계내에 있는 모순점들은 ── 몇몇은 이미 논의한 바 있다 ── 아도르노나 알뛰세에 대한 완전한 동의를 불가능하게 만든다. 이 책의 나머지 부분은 진화주의의 파산과 헤겔주의의 전복이 이루어진 상황에서 마르크스주의가 어떻게 정합적인 유물론 철학으로서 간주될 수 있는가와 관련된 몇 가지 점들을 탐구하는 데 바쳐질 것이다.

# 제4장
# 유물론과 반자연주의

# 제4장
# 유물론과 반자연주의

## 1. 자연주의와 반자연주의

우리는 이제 역사가 경과하면서 마르크스주의가 어떤 의미에서 철학으로 되돌아왔는가를 이해하기에 더 좋은 위치에 있다. 마르크스주의 이론가들이 어떤 특수한 경우에 철학자들이 자신들 고유의 영역이라고 생각할 문제들을 붙잡고 씨름하게 된다고 말하는 것 — 레닌의『유물론과 경험비판론』이 그러한 경우다 — 만으로는 문제가 다 설명되지 않는다. 마르크스주의와 철학과의 연관은 더 깊은 곳에 있다. 이론적 담론과 정치적 실천으로서의 마르크스주의의 발전은 보다 넓은 형이상학적 이론에 호소함으로써 즉 경험적 확증이나 반박에 잘 맞지 않는 일단의 명제들에 호소함으로써 역사적 유물론을 정당화하려는 일련의 시도들에 의하여 특징지워진다. 가장 중요한 사례들은 엥겔스, 카우츠키, 스딸린 식의 '변증법적 유물론', 루카치에 의한 초월적 수체의 마르크스주의로의 재도입, 알뛰세의 '이론적 실천의 이론'이다. 이 모두는 데카르트 이래 철학의 전통적 역할인 과학을 근거지우는 역할을 복구하는 것에 해당한다.

이러한 발전은 과학철학이 취한 방향과 반대 방향이라는 점을 주목하면 흥미롭다. 과학철학에서는 부분적으로는 우리가 다음 장에서 언급할 이유로 인해서 근본적인 존재론 즉 제1원리, 개념적 분석, 혹은 다른 선험적 수단들에 의하여 현실의 본질적 구조를 설명하는 이론을 정식화하

152

려는 시도들이 더 이상 존중할 만한 것으로 간주되지 않았다. 존재하는 것을 우리에게 말해 주고 그럼으로써 우리에게 근본적인 존재론을 제공해 주는 것은 물리학과 그밖의 자연과학들이다. 철학자들은 기껏해야 서로 다른 실체들이 공통적으로 가지고 있는 것을 확증하려고 하거나 그것들을 가능한 한 적은 수의 종류로 환원함으로써 경제성을 꾀하려고 할 뿐이다. 바꾸어 말하면 철학에 출발점을 마련해 주는 것은 자연과학들이며 서로 다른 철학적 설명들의 성공 여부는 이 과학들의 역사나 현황과 부합하는 정도에 의해 결정된다.[1] 그러나 마르크스주의에 대하여는 그 반대가 사실인 것처럼 보인다. 사회구성체의 과학으로서 역사적 유물론의 타당성은 진화주의든 헤겔주의든 알뛰세주의든 그것의 토대를 이루는 철학에 의존하고 있는 것이다.

과학철학 분야와 마르크스주의의 이러한 대조는 사회과학의 일반적인 지위가 논의되는 깊고 탁한 물 속으로 우리를 빠뜨린다. 반자연주의적 전통에 속하는 마르크스주의자들(루카치 및 다른 헤겔주의자들, 그리고 다른 면이 있기도 한 경우로는 프랑크푸르트 학파)을 포함하는 많은 철학자들과 사회과학자들은 자연과학에 대한 철학의 관계와 사회과학에 대한 철학의 관계가 다른 것은 인간과 자연에 대한 연구의 근본적인 차이로부터 나온다고 믿는다.[2] 그러나 내 생각으로는 이것은 잘못된 것이며 마르크스도 이렇게 생각하지 않았다.[3] 이 장에서 나는 마르크스의 견해를 설명하고 옹호할 것이다. 그러면서 나는 마르크스주의가 유물론인 이유를 해명하려고 할 것이다. 앤드류 콜리어는 유용하게도 세 가지 종류

---

1) W. V. O. Quine, 'On What There Is', *From a Logical Point of View*(New York, 1963)[콰인, 『논리적 관점에서』, 서광사, 1993], 그리고 *Ontological Relativity and Other Essays*(New York and London, 1969) 참조.
2) 이러한 주장의 대표적인 예로서는, L. Goldmann, *The Human Sciences and Philosophy*(London, 1969) 참조.
3) 인간과 자연의 관계에 대한 마르크스의 견해들에 대한 훌륭한 논의로는 V. Gerratana, 'Marx and Darwin', *New Left Review*, no. 82, 1973년 11·12월호 참조.

의 유물론——존재론적, 인식론적, 설명적 유물론——을 구분하고 있
다.4) 이 장에서는 인간과 자연의 관계, 인간과학과 자연과학의 관계에
관여하는 첫번째 것을 다룰 것이다. 5장은 철학자들에게는 리얼리즘이라
는 이름으로 보다 널리 알려져 있는 두 번째 것을 다룰 것이다. 마르크
스주의 역사과학의 토대인 설명적 유물론은 이 장의 마지막 절에서 조
금 검토되게 될 것이다. 나는 그것을 다른 곳에서 자세하게 논의한 적이
있다.5)

내가 여기서 옹호하고자 하는 것은 자연주의다. 그 성격은 자연주의
에 포함되는 후보들의 몇 가지 명제들을 살펴보면 명확해질 것이다. 일
단 다음 셋을 살펴보는 데서 시작하자.

(1) 인간은 우선적으로 물리적이고 생물학적인 존재로서 자연에 의존하는
자연의 일부다.

(2) 이론적 담론들을 정식화하고 평가하는 것과 연관된 방법론적인 원리
들은 자연과학에서나 사회과학에서나 동일하다.

(3) 자연과학의 개념들과 명제들은 사회과학에게 따라야 할 모범을 제시
한다.

인간을 자연적 존재로 다루는 첫번째 명제는 아마도 그것을 받아들여
도 무난하기 때문인지 셋 중에서 문제의 소지가 가장 없는 것이다. 유물
론자라면 누구도 그것을 거부하기 어려울 것이며, 그것의 승인이 실로
유물론을 구성하는 것의 일부라고 말할 수 있을 것이다. 그러나 그것을
받아들인다고 해서 곧 유물론자가 되는 것은 아니다. 쉘링과 포이에르바
하는 인간의 이성이 단지 자연의 핵심에 있는 맹목적 원리를 명백히 드
러나게 할 뿐이라고 믿었다. 인간의 역사는 자연의 자기표현의 역사라는

---

4) A. Collier, 'Materialism and Explanation in the Human Science', in J. Mepham·
   D.-H. Ruben(편), *Issues in Marxist Philosophy*(3 vols., Brighton, 1979), vol. 2.
5) A. Callinicos, *Is There a Future for Marxism?*(London, 1982), chs. 5~7[알렉스
   캘리니코스, 『마르크시즘의 미래는 있는가』, 열음사, 1987].

것이었다. 그러나 쉘링은 낭만적 자연관을 가지고 있었으며, 반면에 포
이에르바하는 특히 후기에는 기계론적 유물론으로 기울어졌다. 어쨌든
마르크스는 분명히 명제 (1)을 받아들였다. 그는 1844년 『수고』에서 '역
사 자체는 자연사의 즉 자연이 인간으로 발전하는 과정의 현실적인 일부
다'라고 썼다.[6] 자연을 정신의 자기소외로 보는 헤겔의 견해에 근본적으
로 대립되는 이러한 자연관은[7] 마르크스가 포이에르바하와 결별한 이후
에도 그의 저작들에 계속되고 있다. 예컨대 「고타강령 비판」에서 마르크
스는 '노동이 모든 부와 문화의 원천'이라는 라쌀레적 견해가 '노동에 초
자연적인 창조력을 잘못 부여'하였다는 이유로 공격하였다. '노동은 모든
부의 원천이 아니다. 자연이 노동과 마찬가지로 사용가치의 원천인데 (물
질적 부는 바로 사용가치로 구성된다!) 노동은 자연의 한 힘인 노동력의
발현일 뿐이다.'[8]

노동을 인간과 자연간의 상호협력적 과정으로 보는, 『자본론』의 여러
대목들에 의하여 지지되는 그러한 견해는 여러 가지 이유에서 중요하다.
첫째, 앞 장에서 알뛰세를 논의하면서 보았듯이 이 견해는 주체가 사회
현실을 구성한다는 생각과 양립불가능하다. 오히려 이 견해는 사회적 관
계들의 이질적 다양성을 부각시킨다. 사용가치를 생산하기 위해서는 서
로 구분이 되는 이질적 요소들(노동, 원료, 생산수단)의 결합이 사회적 관
계내에 포함되기 때문이다. 노동과정이 바로 역사의 '주체'이고 그 노동
과정의 조직이 항상 이루어지는 역사적으로 특수한 사회적 관계들이 바
로 역사의 '주체'인 것이다.

둘째, 노동과정이 본질적으로 자연과 인간의 상호협력적 관계를 포함
한다는 생각은, 마르크스주의의 갈래들 중에서 서양 사상의 주된 흐름들
중의 하나에 맞추어 자연을 단순한 수동적인 원료, 환경에 대한 인간의

---

6) Marx · Engels, *Collected Works*, vol. 3, pp. 303~304.

7) 따라서 앨런 우드가 『수고』에 나타난 인간과 자연의 관계에 대한 마르크스의 견
해를 헤겔과 '유사하다'고 한 것은 큰 잘못이다. A. W. Wood, *Karl Marx*(London,
Henley, and Boston, 1981), p. 170 참조.

8) Marx · Engels, *Selected Works*, vol. 3, p. 13.

확대되는 통제라는 제분기에 넣어질 곡식, 혹은 정복되고 지배될 대상으로 보는 갈래에 가해진 프랑크푸르트 학파와 (더 최근의 것으로) 세바스치아노 팀파나로의 공격을 원조해 준다. 호르크하이머와 아도르노는, 인간도 자연의 일부이며 환경을 개조하는 인간의 능력은 자연적 존재가 가진 능력이고, 이러한 진실을 인식하기를 거부하는 것은 자연으로부터의 끔찍한 복수 즉 생태학적 재난과 인간들내에 억눌려 있는 자연적 충동들의 폭발적이고 비합리적인 방출을 불러일으킬 것이라고 역설한 것은 기억할 만하다.9) 여기에서 제기되고 있는, 지난 10년간 '생태정치'의 출현과 함께 절박해진 문제들을 여기에서 다루기에는 너무 복잡하다. 이 문제들은 마르크스주의내에서는 벤야민에 의해서 처음 제기되었다. 호르크하이머와 아도르노는 나중에 자연정복과 자연파괴의 충동의 원천을 자본주의적 생산관계들이 아니라 기술(테크놀로지)에 두는 위험한 실수에 빠졌었는 데 반해, 벤야민은 인간의 자연에 대한 지배라는 생각을 존경할 만큼 균형있게 거부하여서 ('교육을 목적으로 어른이 아이들을 통제해야 한다고 주장하는, 회초리 휘두르는 선생의 이야기를 누가 믿을 것인가?') 그러한 실수를 범하지 않았다.10)

마지막으로 명제 (1)에 대하여는 그것이 생산관계와 생산력의 설명적 우선성이라는 역사적 유물론의 기본적 명제를 함축하지 않음을 주목하자. 따라서 팀파나로가 '(경제적) 구조와 상부구조 사이의 관계에 대한 연구에 있어서 우리가 만나는 (모두는 아니지만) 많은 난점들은 …… 사회적 인간에게도 일정한 생물학적 자료가 존속함을 고려함으로써 극복될 수 있다'고 썼을 때 그는 명백히 잘못을 범한 것이다.11) '(인간) 주체의 물리적 성격과 …… 전통적으로 "정신적"인 것으로 간주되는 인간의

---

9) M. Horkheimer · T. W. Adorno, *Dialectic of Enlightenment*(London, 1973)와 M. Horkheimer, *Eclipse of Reason*(New York, 1947) 참조.

10) W. Benjamin, *One-Way Street and Other Writings*(London, 1979), pp. 103~104.

11) S. Timpanaro, *On Materilaism*(London, 1976), p. 65. 콜리어(Collier)도 유사한 노선을 취한다.

활동의 물리적 성격'을 인정한다는 팀파나로적 의미에서 유물론자가 되면서12) 동시에 사회를 심리주의적 그리고/혹은 개인주의적 관점에서 보는 것이 완전히 가능하다. 실로 이렇게 양자를 겸하는 것이 홉스에서 행동주의에 이르는, 부르주아 사회사상의 한 경향의 특징이다. 인간의 환원불가능한 물리적·생물적 토대에 대한 강조는 헤겔주의적 마르크스주의 혹은 탈구조주의의 지나친 관념성에 대한 유용한 교정이 될 수 있다. 그러나 명제 (1)이 역사적 유물론을 낳으려면 다른 전제들이 덧붙여져야 한다.13)

## 2. 사회적인 것의 환원 불가능성

자연주의와 반자연주의의 진정한 논쟁이 시작되는 것은 바로 두 번째 문제 즉 과학들의 방법론적 통일성의 문제이다. 불행하게도 이 문제에 대한 마르크스주의내에서의 진지한 논쟁은 헤겔주의적 마르크스주의자들과 프랑크푸르트 학파에 통용되고 있는 수학과 자연과학에 대한 극히 조야하고도 부정확한 이해에 의하여 대체적으로 손상을 입었다. 예를 들어 '과학'을 고립된 사실들의 자의적인 집적으로 보는 설명은 자연과학의 내용과 방법에 대한 무지를 반영하며 동시에 경험주의적 과학철학을 기꺼이 액면 그대로 받아들이는 태도를 반영한다. 이와 유사하게 갈릴레오 이후의 물리학이 가진 양화(量化)하는 방법을 현대 사회의 합리화하고 사물화하는 경향들의 반영이라고 비판하는 것은, 17세기 과학혁명에 특징적인 자연의 수리화가 현대 물리학의 발전을 상품 물신주의의 발현으로 보는 조야한 환원주의를 무색케 하면서, 물리적 세계의 내적 구조의 탐구를 처음으로 허용한 방식에 대한 기본적인 몰이해를 포함하고

---

12) 같은 책, p. 80.

13) 팀파나로에 대한 탁월한 두 논의로는 R. Williams, 'Problems of Materialism', in *Problems in Materialism and Culture*(London, 1980)와 K. Soper, 'Marxism, Materialism and Biology', in *Mepham and Ruben*, vol. 2 참조.

있다. 바쉴라르, 부르트, 깡길랭, 까바이예스, 파이어아벤트, 푸꼬, 야콥, 코리에, 쿤, 라카토스, 포퍼, 자하르 등의 과학철학자들과 과학사가들의 작업은 경험주의자들과 반자연주의자들에게 의해서 공히 받아들여지는 과학관을 부수고 개념을 정교하게 다듬는 것이 경험적 연구에 선행한다는 과학관을 대신 세웠다. 루카치와 프랑크푸르트 학파에 있어서 자연과학에 대한 논의는 19세기에서 20세기로 넘어갈 무렵에 독일 철학자들 사이에 공통적이었던 태도를 반영한다. 씨드니 후크는 1920년대 말에 독일을 방문하고 나서 이렇게 보고하였다.

신칸트주의자들과 마하의 실증주의적 추종자들을 제외한 모든 학파는 현대 물리과학의 방법이나 결과에 놀라울 정도로 무관심했다. 독일은 원자물리학에서 일어난 가장 혁명적인 발전의 본거지였다. 그러나 플랑크, 하이젠베르크, 슈뢰딩거 등의 작업은 독일의 철학자들 대부분에게서보다 영국과 미국의 철학계에서 보다 큰 흥분을 불러 일으켰다. …… 독일 철학자의 과학에 대한 태도가 항상 무관심한 것은 아니다. 그것은 종종 공공연한 적대성의 문제가 된다.14)

독일 철학과 자연과학 사이의 이러한 분리에 징후가 되는 것은, 이러한 전통에서 길러진 두 중요한 마르크스주의 철학자들인 루카치와 아도르노가 미학이론에 대해서는 엄청나게 많은 양의 글을 쓰면서도 물리학에서의 발전은 무시하였다는 것이다.

반자연주의를 독일 지식인층의 몰락의 징후라고 무시해 버리거나15) 과학과 테크놀로지에 대한 비합리적 낭만적 거부라고 간단히 무시해 버리고 싶은 생각이 들기 쉽다.16) 그러나 이는 성급한 것이 될 것이다. 바

---

14) S. Hook, 'A Personal Impression of Contemporary German Philosophy', *Journal of Philosophy*, XXVII : 6, 1930년 3월호, p. 147.

15) F. Ringer, *The Decline of the German Mandarins*(Cambridge, Mass., 1969) 참조.

16) L. Colletti, *Marxism and Hegel*(London, 1973)[루시오 콜레티, 『마르크스주의와 헤겔』, 인간사랑, 1988] 참조. A. MacIntyre, *Marcuse*(London, 1970), ch. 7에 들어 있는, 논리학과 자연과학에 대한 프랑크푸르트 학파 마르크스주의의 몰이해에

158

자연주의에도 합리적 핵심은 있다. 이는 그 반과학주의에 있는 것이 아니고 과학들의 방법론적 통일성에 있는 것도 아니다. 그것은 명제, (3) 즉 과학이 사회적 행동을 설명하는 모델을 제공한다는 명제에 대한 적대성에 있다. 이 문제는 반자연주의자들(그리고 많은 자연주의자들)이 명제 (2)가 명제 (3)을 함축하거나 그와 동일하다고 믿고 있기 때문에 불명료해진다. 그러나 두 명제는 뚜렷이 다르다. 명제 (2)는 사회과학과 자연과학이 동일한 유형의 탐구이며 그 안에서 정식화된 이론들은 동일한 기준을 만족시켜야 한다는 믿음으로 이어질 뿐이다. 우리는 이 주장을 이 절에서 나중에 다시 설명할 것이다. 그러나 여기서 마르크스가 자신은 자연과학자들과 아주 동일한 일 ─ 즉 사물의 표피를 뚫고 들어가 현실의 내적 구조를 밝히는 것 ─ 에 종사하고 있는 것으로 보았다는 것을 『자본론』에서 충분히 명백하게 밝혀 놓았다는 것을 주목할 필요는 있다. 예를 들어서 그는 '천체의 겉으로 드러나는 운동은 감각적으로는 인식되지 않는 그 진정한 운동을 알고 있는 사람에게만 이해될 수 있듯이 경쟁에 대한 과학적 분석은 자본의 내적인 본성이 파악된 경우에만 가능하다'고 썼다.17)

마르크스가 옹호한 의미에서의 과학들의 방법론적 통일성은 사회적 행위를 설명하는 데 사용되는 개념이나 명제들이 자연과학을 구성하는 것들과 같아야 한다거나 그것을 모범으로 해야 한다고 요구하는 것은 아니다. 왜 이런지를 보다 명확히 보기 위해서 때때로 자연주의와 동일시되는 명제들을 둘 더 살펴보기로 하자.

(4) 인간행위에 대한 유일한 완전하고 만족스런 설명은 사회과학을 자연과학으로 환원하는 데 있다.

(5) 사회적 행위는 인간 본성에 내재하는 어떤 성향들의 발현으로 설명되어야 한다.

---

대한 통렬한 비판 참조.
17) Marx, *Capital*(Harmondsworth, 1976), p. 433.

명제 (5)는 이 장의 마지막 절에서 더욱 상세하게 논의될 것이다. 명제 (5)는, 인간의 성향을 거론하는 것은 이 성향들을 궁극적으로 물리적인 용어로 환원하기 이전에 사회적 행위를 잠정적으로 설명해 준다는 전제 위에서 명제 (4)와 어긋나지 않게 연관되는 것으로 될 수 있다. 역사적으로는 명제 (3)과 (5)가 더 중요하게 연관된다. 우리는 18세기에 뉴턴 물리학의 승리가 어떻게 계몽주의에 인간의 행동을 설명하는 모델을 제공하였는가를 보았다. 그 결과로 도덕과학 즉 정신적인 존재로서의 인간에 대한 연구에 물리학의 방법들을 확대하게 되었는데, 이는 행위의 다양성 밑에 놓여 있는 정신의 지속적 특징들을 밝혀 내는 것을 포함하는, 인간 본성에 대한 심리학적 설명을 낳게 되었다. '감정(passion)의 생산과 작용에도 운동법칙, 광학, 유체정력학(流體靜力學), 혹은 자연철학의 다른 부분들에서처럼 정확한 논구가 가능한 어떤 규칙적인 메커니즘이 있다는 것을 보여준다면 나의 목적에는 충분하다'고 흄은 썼다.[18] 흄의 친구인 아담 스미스는 이 방법을 정치경제학에 적용하여, 분업의 발전을 '인간 본성에 있는 어떤 성향 …… 즉 물건을 거래하고 교환하고 교역하는 성향 …… 의 느리고 점진적이긴 하지만 필연적인 결과'로 설명하였다.[19]

마르크스가 막상 그러한 성향들을 어떻게 다루었는가를 논의하기 전에, 인간과학의 물리학으로의 환원에 대한 요구를 담은 명제 (4)를 논해야만 하겠다. 때때로 물리주의(physicalism)라고 알려진 이 명제는 조금 달라진 형태로 현재 정신을 연구하는 분석적 철학에서 벌어지고 있는 논쟁의 재료가 되고 있다. 이 논쟁은 정신(mind, 혹은 'spirit')과 두뇌(물리적 대상)가 동일한가 아닌가와 같은 문제들에 많이 관여하고 있는데, 만일 양자가 같다면 물리주의는 타당하며 인간과학은 신경생리학으로 환원될 수 있을 것이었다. 나는 여기서 정신과 두뇌의 동일성 문제를 살

---

18) Hume, *Dissertation on the Passions.* E. C. Mossner, *The Life of David Hume* (Oxford, 1970), p. 71, 각주 1에서 재인용.
19) Adam Smith, *An Inquiry into the Nature and Causes of the Wealth of Nations*(Harmondsworth, 1973), p. 117.

펴보지는 않고 인간의 행위가 어떻게 설명될 수 있는가에 대한 하나의 주장이라는 점에서 명제 (4)에 주의를 집중할 것이다. 이 명제를 콰인이 자기 나름으로 설명한 것을 예로 들어보자. '심리학에 대한 인과론적 설명은 생리학에서 찾아져야 하고 생리학에 대한 인과관계적 설명은 생물학에서 찾아져야 하며, 생물학에 대한 것은 화학에서 그리고 화학에 대한 것은 물리학에서 찾아져야 한다.'[20] 우선 이 주장은 인간과학은 그것이 정신적 과학으로 파악되는 한에서, 그리하여 개별적 정신의 작용이 이 분야에서 기본적인 것으로 간주되는 한에서 물리학으로 환원되어야 한다는 주장에 해당하는 것임이 주목되어야 할 것이다. 내가 지난 절의 마지막 부분에서 지적하였듯이 그러한 전제는 아주 흔한 것이다. 그것은 인간적인 것을 정신적인 것과 동일시하는 데카르트적 사고에 의해서 가능해졌다. 마르크스는 물리주의자였는가? 파리 『수고』에는 이를 시사하는 듯한 대목이 있다. '인간에 대한 과학이 자연과학을 그 자신 안으로 통합시킬 것이듯이 자연과학은 곧 인간에 대한 과학을 자신 안으로 통합시킬 것이다.'[21] 이 문장의 전반부는 마르크스에게 물리주의라는 이름을 붙이기 어렵게 만든다. 과학들의 통합은 다른 모든 과학의 물리학으로의 환원보다는 물리학 자체의 변형을 포함함을 시사하는 듯이 보이기 때문이다. 아도르노가 되풀이하고 있는, 통합과학에 대한 마르크스의 바램은 인간이 자신의 노동을 통하여 자신의 본성을 실현할 뿐만 아니라 또한 자연을 인간화할 것이라는 믿음에 기반을 두고 있다. 이는 유토피아적 희망일지는 모르나 물리주의와는 관계가 거의 없다. 또한 마르크스가 『자본론』에서 '경제적 사회구성체의 발전은 자연사의 한 과정으로 보아야 한다'[22]고 썼을 때의 맥락으로 보아 그가 역사를 물리적 법칙으로 설명할 수 있다는 말을 한 것이 아니라 역사는 개별 행위자들의 의식이나 의지와는 독립되어 작동하는 객관적인 것이라고 말한 것이 분명하다.

---

20) W. V. O. Quine, 'Facts of the Matter', in R. W. Shahan · C. Swoyer(편), *Essays in the Philosophy of W. V. Quine*(Hassocks, 1979), p. 169.
21) Marx · Engels, *Collected Works*, vol. 3, p. 304.
22) Marx, *Capital*(Harmondsworth, 1976), p. 92.

마르크스주의와 물리주의가 양립할 수 없다고 믿게 되는 데에는 어쨌든 두 가지 타당한 이유가 있다. 첫째, 마르크스는 인간을 다른 자연 세계와 구분하는 것은 무한하게 다양한 방식으로 자연환경에 반응하고 자연환경을 바꿀 수 있는 인간의 능력에 있다고 주장하였다. 이러한 자연과 인간의 신진대사를 토대로 하여 이 지구 위에는 어떤 구조들이 생겨나는데 이 구조들은 그 복잡성이나 내적으로 생성되는 변화의 가능성으로 인하여 인간에게 고유한 것이다. 많은 자연적 종(種)들 중에 하나인 인간이 소유한 능력 덕분에만 가능한 이 과정은 일단 시작되면 인간의 파멸(그렇게 먼 미래가 아닐지도 모른다)이 오기 전까지는 불가역적인 것이며, 노동과정내에서의 인간과 자연의 상호작용과 연관되어 있는 역사적으로 발전하는 사회적 관계들의 고유한 법칙들에 의해 지배된다. 이 법칙들은 물리적 세계에서 작용하는 법칙들을 전제로 하기는 하지만 그것으로 환원될 수 있는 것은 아니다. 인간의 역사는 인간들이 그 생산력들의 발전 덕분에 자연적 환경으로부터의 일정한 자율성을 얻는 과정이며 이러한 발전 그리고 이와 연관된 과학적 지식의 발전 덕분에 이 환경에 대한 일정한 정도의 통제를 향유할 수 있는 과정인 것이다. 이러한 주장이 만일 타당하더라도 그 자체로 물리주의가 틀렸다는 것을 증명하지는 않음에 주목하자. 오히려 이 주장은 만일 마르크스주의가 옳다면 물리주의는 틀렸다는 것을 확증한다. 마르크스주의의 진위를 확증하는 것은 별개의 경험적인 문제인 것이다. 어쨌든 마르크스는 '자연과학의 추상적 유물론, 역사적 과정을 배제하는 유물론'[23]을 공격하였을 때 이러한 수장을 염두에 두고 있있다.

물리주의를 거부하는 두 번째 이유는 다음과 같다. 2장에서 보았듯이 마르크스는 재정향적 활동에 참가할 수 있는 인간의 능력 즉 고정되고 제한된 과제들을 수행하는 데 그치지 않고 질적으로 새로운 목적을 설정할 수 있는 능력은 자신의 활동에 대하여 반성할 수 있는 능력과 그리고 실로 자신의 반성에 대하여도 반성할 수 있는 능력과 불가분하게

---

23) Marx, *Capital*(Harmondsworth, 1976), p. 494, 각주 4.

연관되어 있다고 믿었다. 만일 우리가 마르크스가 분명히 그랬듯이 언어와 사유가 마찬가지로 불가분하다는 것을 받아들인다면 ('언어는 의식만큼 오래되었다. 언어는 바로 다른 사람에 대하여서도 존재하는 실천적이며 현실적인 의식이다'라고 마르크스는 썼다)24) 몇 가지 결론들이 뒤따르게 된다. 특히 인간의 행위를 설명하는 데 해석의 차원이 들어서게 된다. 바꾸어 말하면 개인들이 내는 음성들 혹은 종이 위에 낸 표시들에 특정의 의미를 부여하는 차원이 들어서게 되는 것이다. 현대의 분석철학자들 특히 도널드 데이비드슨은 해석이 원칙적으로 고도로 복잡한 과정임을 보여준 바 있다. 우리가 다음 장들에서 볼 것이지만, 개인이 말한 문장에 의미를 할당하는 것은 그 개인이 신념을 가지고 있음을 전제하는 것과 결합되어 있다. 더욱이, 다른 문장들이나 신념들에 준거하지 않고서는 그리고 해석대상자의 합리성에 관한 고려를 도입하지 않고서는 어떤 문장에 올바른 의미를 부여하거나 올바른 신념을 할당하는 데 성공하지 못할 것이다. 모든 정신적 사건이 물리적 측면을 가지고 있으며 (가령 두뇌의 상태 같은 것) 그래서 자연과학에 의해서 설명되는 부분이 있기는 하지만, 정신적인 사건 자체로서의 그것은 자연과학에 의해서 설명될 수 없다고 데이비드슨은 주장한다. 정신적 사건은 해석대상자에게 할당되는 다른 많은 신념들의 복합체에 의존하며 또한 그 해석대상자가 다음에서 상세하게 설명될 의미에서 합리적이라는 가정에 의존하기 때문이다.25)

물리주의를 거부하는 데 이유가 되는 두 번째 주장은 앞문으로 내보낸 반자연주의를 뒷문으로 다시 불러들이는 것 같이 보일지도 모른다. 바로 그렇게 명제 (4)를 비판하는 주장이 적어도 헤르더 이후로 명제 (2) 즉 과학들의 방법론적 통일성의 거부를 정당화하기 위하여 사용되어 왔기 때문이다. 딜타이에서 가다머에 이르는 반자연주의자들은 해석의 역할이 의미하는 것은, 인간의 행위를 이해하는 것은 타원을 설명하는

---

24) Marx · Engels, *Collected Works*, vol. 5, p. 44.
25) D. Davidson, *Essays on Actions and Events*(Oxford, 1980), 11, 12, 13번째 글들 참조.

것보다는 책을 읽는 것과 같다는 사실이라고 주장해 왔다.26) 모든 사회 탐구에 있어서 해석이 불가피한 것은 사실이다. 알뛰세주의 혹은 탈구조주의에 속하는 반인간주의자들(anti-humanists)에게 이 말은 듣기 싫을지 모르지만, 사회적 실천에 대한 어떠한 설명도 인간의 신념이나 의도에 대한 준거를 불가피하게 만든다. 감옥이나 공장에 대하여 우리가 다른 무슨 말을 하고 싶건간에 그것은 인간들의 의도적 행위들에 그 존재가 달려 있는 제도임이 분명한 것이다. '인간행동의 해석적 이해에 관계하는 과학'이라는 막스 베버의 사회학관이 가진 합리적 핵심은 이러하다.27)

마르크스는 인간행동의 의도적 성격을 잘 알고 있었다. 그는 파리 『수고』에서 이렇게 썼다. '인간은 자신의 삶의 활동 그 자체를 그의 의지와 의식의 대상으로 만든다. 의식적 삶의 활동은 인간을 동물적 삶의 활동과 직접적으로 구분한다.'28) 그러나 그는 베버가 옹호한 (그러나 아마도 후기의 그의 주요한 저작에서 일관되게 추구하지는 않은) 그 다음 단계 즉 행동을 유발하는 의도, 신념, 욕망 등을 사회탐구에 있어서 설명도구(explanans)이자 동시에 피설명물(explanandum)로 보는 단계를 취하기를 거부했다. 베버가 옹호한 그러한 접근법에 따르면 의도적 행동으로 밝혀진 어떤 물리적 운동은 그 다음에는 그것의 원인이 되는 특정의 신념들이나 욕망들을 상세히 밝힘으로써 설명될 수 있다. (나는 이 장 전체를 통하여 인간의 행동은 어떤 원인에 의해 유발된다는 것을 논증 없이 가정하고자 한다.) 마르크스는 이와는 달리 의도적 활동을 액면 그대로 받아들이기를 거부했다. 이는 필연성의 설명은 사물의 표피를 꿰뚫고 내적 본질로 파고 들어감에 의해서 이루어진다고 보는 그의 견해—'만일 사물의 현상과 본질이 일치한다면 모든 과학은 불필요할 것이다'29)— 때

---

26) H.-G. Gadamer, *Truth and Method*(London, 1975) 참조.

27) M. Weber, *Economy and Society*(Berkeley, Los Angeles, and London, 1978), p. 4. W. G. Runciman, *A Critique Max Weber's Philosophy of Social Science*(Cambridge, 1972) 참조.

28) Marx · Engels, *Collected Works*, vol. 3, p. 276.

164

문이기도 하며 또한 개별 행위자가 자본주의적 생산양식을 인식하는 방식과 그 생산양식의 실질적인 작용 사이에는 구조적인 불일치가 있다고 그가 믿기 때문이기도 하다. '표면에서 보이는 경제적 관계들의 궁극적인 패턴 즉 그 관계들의 실존 속에 나타나고 그 결과로 이 관계들의 담지자들과 행위자들이 이 관계들을 파악하는 데 동원하는 생각들 속에 나타나는 궁극적인 패턴은 그 내적이고 은폐된 본질적인 패턴과 그에 상응하는 파악과는 아주 다르며 심지어는 정반대이기도 하다.'30) 역사적 유물론은 이렇듯 개인들의 의식적인 행위 밑에 숨어 있는 구조들을 밝혀 내는 것에 관계한다.

마르크스에 반대하여 인간행동의 의도적 성격이 과학들의 방법론적 통일성을 해친다는 주장들의 예로 분석철학과 해석학 전통을 잇는 철학자인 찰스 테일러(Charles Talyor)의 저작들에 나타난 견해를 살펴보자. 그의 주장들 중의 하나는 처리하기가 비교적 쉬운 것으로서, 사회과학에 있어서 이론과 '원시적인' 경험적 자료 사이에는 뚜렷한 구분이 없다는 것이다.31) 이는 실로 옳다. 그러나 다음 장에서 보겠지만, 자연과학들에 대해서도 똑같은 말을 할 수 있다. 모든 이론적 담론들은 그것을 지탱하는 경험적 증거들에 의하여 아래로부터 결정된다. 테일러 같은 세련된 철학자가 자연과학에 대한 논리경험론적 설명을 받아들인다는 것은 놀라운 일이다. 그는 더욱 최근에는 '인간에 대한 과학에 있어서는 인간이 믿고 욕망하는 바, 인간이 좋아하고 싫어하는 바가 설명에 있어서 본질적인 것으로 나타나는 한에서는 필수불가결한 역할을 한다'고 주장하기를 보다 좋아하였다.32) 해석은 해석대상자의 '선호사항들'(혹은 '선호사항들에 대한 서술', desirability-characterizations)에 대한 파악을 포함하는데, 이 선호사항들은 신념, 욕망, 좋아함, 싫어함에 대한 판단들을 표현한다.

---

29) Marx, *Capital*(Moscow, 1971), p. 817.
30) 같은 책, p. 209.
31) C. Taylor, 'Interpretation and the Sciences of Man', *Review of Metaphysics*, 25호(1971), pp. 24~29 참조.
32) Taylor, 'Understanding in Human Science', 같은 잡지 34호(1980), pp. 33~34.

선호사항들은 무엇을 욕망하는 것이 옳은가를 우리에게 말해 준다는 의미에서, 즉 '욕망에 대해 규범적'이라는 의미에서 '불가분하게' 그리고 '강하게 평가적'이라고 한다.33) 그런 다음에 테일러는 평가적 담론에 관하여 리얼리즘적 설명을 제시할 준비가 되어 있는가 아닌가에 따른 딜레마를 사회과학자들이 안고 있다고 한다. 여기서 리얼리즘은 다음 장의 명제 (1)의 의미로 이해된 바의 것이다. 예컨대 평가적 리얼리즘은 가치부여는 '그것을 확증하거나 반박하는 적절한 증거가 얻어지지 않는 때조차도 참이거나 아니면 거짓일 수 있다'라고 주장한다.34) 만일 우리가 이 학설을 거부한다면 우리는 설명대상자의 선호사항들을 교정불가능한 것으로 간주해야 한다. 이에 따르면 순장(殉葬)과 노예제는 우리의 관점에서는 바람직하지 않긴 하지만 해당 사회의 구성원들의 입장에서는 그렇지 않은, 단순한 또 하나의 다른 '삶의 형식들'로 판명될 것이다. 바꾸어 말하면 우리는 피터 윈치(Peter Winch)의 『사회과학의 이념』(*Idea of a Social Science*)에 대하여 테일러가 '거의 정신을 마비시키는 상대주의'라고 부른 것과 함께 하게 될 것이다.35) 반면에 만일 우리가 평가적 리얼리즘을 받아들여서 해석대상자의 선호사항들 중의 일부를 거짓된 것으로 간주할 준비가 되어 있다면 우리는 사회과학들이 가치로부터 자유롭다는 생각을 버려야만 할 것이다. 바로 이것이 테일러가 추천하는 바이다.

이러한 테일러의 주장은 설득력이 있으나 마르크스주의에 대한 도전은 못된다. 사회과학의 **가치자유성**(Wertfreiheit)을 옹호하는 것은 마르크스주의의 교서(敎書)의 일부가 아니다. 오히려 그러한 생각을 거부하는

---

33) Taylor, 'Understanding and Explanation in the Geisteswissenschaften', in S. H. Holtzmann · C. M. Leich(편), *Wittgenstein : to Follow a Rule*(London, Boston, and Henley, 1981), p. 193.
34) P. Pettit, 'Evaluative "Realism" and Interpretation', 같은 책, p. 212. 또한 J. McDowell, 'Non-Cognitivism and Rule-Following', 같은 책, 그리고 M. Platts, *Ways of Meaning*(London, Henley, and Boston, 1979), ch. X 참조.
35) Taylor, 'Understanding and Explanation', p. 205.

것이 자본주의 사회와 그것을 떠받치는 이데올로기에 대한 비판을 제공하라는 마르크스주의의 요구 안에 내재하고 있다. '유력한 평가에 관련해서는 사실이 문제가 된다'고 하는 평가적 리얼리즘은, 가치 부여는 합리적 비판과 논쟁에 맞지 않는 환원불가능한 주체적 선택의 문제라는 신칸트주의적 교리에 대한 광범한 도전의 일부로서, (오스트리아 마르크스주의를 제외하고는) 줄곧 사실과 가치 사이에 간극이 없음을 주장해 온 마르크스주의를 지지하는 쪽이다. 지금 문제가 되고 있는 경우에 있어서 테일러는 행위자들의 신념과 욕망을 액면 그대로 받아들이기를 거부하는 마르크스와 전적으로 일치하는 입장에서 다음과 같이 쓰고 있다. '우리는 우리의 이론이 설명해야 하는 피설명물을 밝혀 내기 위하여 행위자들이 자기설명과 선호사항들의 설명에 동원하는 언어들을 속속들이 알아야 한다. …… 그러나 이렇게 주장한다고 해서 행위자들의 언어가 우리의 설명도구의 일부가 되어야 한다고 암시하는 것은 아니다. 다만 그것이 피설명물에 기본적인 요소라는 것뿐이다.'36)

과학들의 방법론적 통일성에 대한 최근의 반론은 데이비드슨의 추종자들인 그래엄 맥도날드(Graham McDonald)와 필립 페티트(Philip Pettit)에 의해 제기되었다.37) 그들의 출발점은 인간행동을 설명하는 것은 행위자들에게 두 가지 의미에서 합리성을 부여하는 것에 의존한다는 전제이다. 첫째는 인간의 행동은 신념들과 욕망들이 이루는 일정한 패턴으로부터 나온 이해가능한 결과물이라는 점(행동상의 합리성, behavioural rationality)이며, 둘째는 인간은 이러한 패턴내의 모순적 요소들 혹은 이 패턴에 대한 대안물에 반응한다는 점(태도상의 합리성, attitudinal rationality)이다. 이러한 전제는 그들이 '정통적 인간행위자관'이라고 부른 것의 핵심을 이루고 있는데, 이에 따르면 '어떤 행위를 의도의 차원에서 설명하는 것은 다른 종류의 설명이 이를 전제한다는 의미에서 기본적'이

---

36) 같은 책, pp. 200, 197~198. 위의 각주 34)에 인용된 책들에 덧붙여, A. MacIntyre, *After Virtue*(London, 1981)와 B. Williams, *Moral Luck*(Cambridge, 1981) 참조.

37) G. Macdonald · P. Pettit, *Semantics and Social Science*(London, Henley, and Boston, 1981).

라고 한다.38) 이러한 생각은 예컨대 뉴턴 물리학이 아리스토텔레스의 물리학을 대치한 것과 같이 그렇게 수정되거나 대치될 수 없다고 한다. 사회과학자들의 과제는 기존의 것보다 더 타당한 일반적 가설들의 정식화에 있는 것이 아니라 '정통적 인간행위자관'에 포함된 이 '의심할 바 없는 설명적 원리들'을 특수한 경우들에 적용하는 것에 있다고 한다.39)

이 주장의 강점은 그 전제에 놓여 있다. 사회탐구에 있어서 행위자들은 행동적으로나 태도적으로 합리적인 것으로 간주되어야 함은 분명히 사실이다. 그러나 사회탐구가 이러한 원리의 적용으로 환원될 수 있는지 아닌지는 의문이다. 이러한 결론을 거부하는 이유는 사회적 행동이 행위자들의 의도적 활동들을 넘어서는 그리고 그 활동들을 실로 체계적으로 구속하는 규칙들 — 베버의 '집단체'(collectivities), 뒤르깽의 '사회적 사실들', 마르크스의 '사회적 관계들' — 의 존재에 의하여 특징지워지기 때문이다. 사회적인 것의 특수성, 그것의 보다 '근본적인' 수준으로의 환원불가능성은 바로 이러한 규칙들의 존재에서 나온다. 그러나 '정통적 인간행위자관'은 이 규칙들을 사회탐구에 주변적인 것으로 간주한다. 이러한 태도를 장려하는 요소들은 정통적 사회과학과 마르크스주의에 공히 끼친 기능주의의 해로운 영향에 의하여 제공되어 왔는지도 모른다.40) 기능주의적 혹은 목적론적 설명은 현상을 그 결과의 관점에서 설명한다. 예컨대 인간의 행동은 사회의 재생산에의 기여라는 관점으로 설명되는 것이다. (알뛰세의 이데올로기론이 좋은 예이다.) 넓은 의미의 기능주의적 설명 일반에는 피설명물이 자신에게 할당된 효력을 발휘하도록 허용하는 메커니즘에 대한 상세한 설명이 결여되어 있다는 점에서, 그리고 기능주의 자체는 사회구조를 자족적인 것으로 간주하는 경향이 있다는 점

---

38) 같은 책, p. 65.

39) 같은 책, pp. 94~100.

40) 기능주의적 마르크스주의는 G. A. Cohen, *Karl Marx's Theory of History*(Oxford, 1978), 그리고 Wood의 저작에서 발견된다. 기능주의에 대한 뛰어난 비판으로는 J. Elstor, *Logic and Society*(London, 1978)와 A. Giddens, *Central Problems of Social Theory*(London, 1979)가 있다.

에서, 양자를 거부할 충분한 이유들이 있다. 그렇다고 해서 맥도날드와 페티트처럼 그 반대 극단으로 가서 방법론적 개인주의를 받아들여야 한다는 결론이 나오는 것은 아니다. 왜냐하면 사회적 규칙들을 개인의 행동들이 낳은 의도되지 않은 결과들로 보는 이 입장은 (헤겔의 이성의 간지의 세속화된 형태) 이 규칙들이 개인들의 선택에 선행하고 또 그 선택을 구조짓는 방식을 주목하지 못하기 때문이다.

앤써니 기든스는 사회구조를 행동의 '인지되지 않은 조건들이며 예상되지 않은 결과들'로 간주함으로써 즉 '실천의 재생산의 매체이자 결과'로 간주함으로써 기능주의와 개인주의의 중간 길을 제시한다.[41] 이러한 정식화는 마르크스의 유명한 진술——'인간은 자기 자신의 역사를 만들지만 자기들이 원하는 대로 만드는 것은 아니다. 인간은 자기가 선택한 상황에서 역사를 만드는 것이 아니라 직접적으로 마주치는, 과거로부터 물려져 주어진 상황에서 만든다'[42]——에 가깝다. 이러한 설명의 약점은 사회적 관계들과 개별 행위자들을 서로 외적인 것으로 간주하는 것처럼 보인다는 점이다. 이로부터 두 가지 문제가 발생한다. 첫째, 인간행위자들이 어느 만큼 사회적 관계들에 의해서 그리고 그 내에서 구성되어서 그로부터 분리될 수가 있는 것으로 간주될 수 없느냐의 문제가 있다. 둘째로, 그리고 더욱 요점에 해당하는 것으로, 마르크스는 생산관계들이 사회적 행동을 생성하는 것으로 간주하는 경향이 있다. '개인들은 여기서 경제적 범주들의 인격화인 한에서만, 특정 계급관계들과 이해관계들의 담지자들로서만 다루어진다'[43]고 그는 『자본론』의 서두에 쓴 바 있다. 이는 다음과 같이 다듬어 볼 수 있다. 어떤 행위자에게 어떤 방향의 행위가 가능하느냐는 그 행위자가 생산관계내에서 차지하는 위치에 달려 있게 된다. 행위자는 이 위치를 자유롭게 선택하거나 거부할 수 없으며 그 위치에 동반되는 선택들에 대해서도 마찬가지다. 저항 심지어는

---

41) Giddens, *Central Problems*와 *New Rules of Sociological Method*(London, 1976). 또한 R. Bhaskar, *The Possibility of Naturalism*(Brighton, 1979) 참조.
42) Marx · Engels, *Selected Works*, vol. 1. p. 398.
43) Marx, *Capital*(Harmondsworth, 1976), p. 92.

기존 질서의 거부도 생산관계들에 의해서 구조화된다. 개인들은 가능한 대안들을 최대한으로 이용할 수 있을 뿐이다. 이는 인간행위의 설명에는 행동적 합리성 및 태도적 합리성을 행위자에게 부여하는 것 이상이 포함됨을 시사한다. 주어진 상황에서 무엇을 하는 것이 합리적인가는 사회적 맥락의 성격에 결정적으로 달려 있게 될 것이다. 이 사회적 맥락과 행위자의 신념 및 욕망의 연결은 행위자의 이해관계에 의하여 제공되며, 이 이해관계는 생산관계들내에서 행위자가 차지하는 위치에 따라 달라질 것이다. 즉 동일한 계급에 속하는 사람은 동일한 이해관계를 가지게 되는 것이다. 여기서 '이해관계'는 기든스의 견해에 따라 다음과 같이 이해될 수 있다. '갑이 일정한 방향의 행동, 사건 혹은 사태에 이해관계를 가지고 있다고 말하는 것은 그 행동, 사건, 사태의 방향이 그 행위자의 욕구를 성취할 가능성을 높여 준다고 말하는 것이다.'44) 이해관계를 어떤 행위자의 계급적 입장에 기반을 두어 그 행위자에게 할당하는 것은 그 행위자의 행동을 알 수 있게 만드는 과정의 본질적 구성 부분이다.

합리성에 이렇게 일단 맥락이 부여되고 나면, 행동의 틀을 제공하는 사회적 규칙성들에 관한 일반화들을 정식화하려 하지 말아야 할 충분한 이유가 없는 듯이 보인다. 마르크스주의는 보다 경험적인 탐구로 나아가는 첫번째 단계로서 서로 다른 **종류**의 사회적 규칙성들을 생산양식들로서 개념화함으로써 그렇게 하려고 한다. 이러한 연구의 과정에서 정식화되는 법칙들은 단일한 결과를 포함하는 결정론적인 방정식이 아니라 경

---

44) Giddens, *Central Problems*, p. 189. 또한 S. Lukes, *Power*(London, 1974)의 '이해관계들'에 대한 논의 참조. 괴란 써본(Göran Therborn)은 '이해관계에 의한 동기 유발'이라는 개념을 **규범적 개념**이라는 이유로 마르크스주의에서 몰아내고자 한다 *The Ideology of Power and the Power of Ideology*(London, 1980), pp. 4~5. 그러나 첫째로 우리는 사회과학이 확고부동하게 가치평가적임을 보았으며, 둘째로 객관적인 생산관계들과 의식적인 행동을 결합시키는 고리로서의 이해관계라는 개념말고 그것에 대안이 되는 유일한 것은 일종의 기능주의가 되는 것처럼 보일 터인데, 써본이 '모든 이데올로기에 의한 인간의 형성'을 '종속의 과정인 동시에 자격 부여의 과정'으로 간주하였을 때 그는 바로 이 기능주의에 빠지고 있다. 같은 책, p. 17.

향의 진술, 경향에 관한 법칙들의 진술이다. 왜 이러한 일반화들과 신고 전주의 경제학이나 파슨(Parson)의 사회학과 같은 다른 연구 프로그램들 내에서 정식화된 것들이 자연과학에 있어서 가설들의 진위를 결정하는 바로 그 기준들에 의하여 방법론적으로 평가되어서는 안된다는 것인가? 사회이론들을 검증하기 위하여 인공적으로 실험조건을 만들 수는 없기 때문에 이 이론들의 진위를 경험적으로 검증하는 것은 자연과학적 이론 들에서보다 더 제한적이고 근사적이기는 하지만, 그렇다고 해서 그 작업 이 전적으로 배제되는 것은 아니다. 사실상 마르크스주의와 반자연주의 간의 논쟁은 주체에게 부여되는 위치라는 철학적 문제를 둘러싸고 벌어 진다. 왜냐하면 주체가 사회적 삶에 마치 자신의 창조물에 관계하듯이 관계한다면 사회이론을 자기지식으로 파악하는 것, 개별적 행위들을 유 발하는 믿음과 욕망들을 분명히 밝혀 주는 것으로 파악하는 것, 즉 주체 적인 것의 주체적인 것에 의한 설명으로 파악하는 것이 전적으로 타당 하기 때문이다. 반면에 마르크스처럼 역사를 '주체 없는 과정'으로 파악 한다면 사회탐구는 사회적 관계가 인간의 의식을 넘어서고 또 그것을 형성하는 방식들에 초점을 맞추게 될 것이다. 내 견해로는 이 수준에서 는 논쟁이 해결불가능하다. 사회는 개인들의 행동의 결과일 뿐이라는 형 이상학적인 주장을 —— 그것이 경험적으로 얼토당토 않음에도 불구하고— —반박할 방법은 없다. 우리가 해결을 바랄 수 있는 것은 각 명제들을 구현하는 연구 프로그램들을 비교하는 것을 통해서뿐이다.


## 3. 인간 본성과 생산력

이제 명제 (5) 즉 사회적 행동의 설명은 주어진 행동들이 구현하는 인 간 본성의 지속적인 특징들을 상세히 밝히는 데 있다는 주장이 남았다. 마르크스가 포이에르바하와 결별한 데에는 이 명제를 일반적 방법론적 원리로 받아들이기를 거부한 것이 포함된다. '나의 분석 방법은 인간으로부터 출발하지 않고 경제적으로 주어진 사회 시기로부터 출발한다'고 그는 썼다.45) 명제 (5)에 대한 마르크스의 반대는 그의 정치경제학 비판에 의해 강화되었는데, 여기서 그는, 자본주의적 생산관계들의 특수한 성향들을 인간 본성의 보편적 특징들로 간주하며 (스미스의 '거래하고 교환하고 교역하는 성향'이 좋은 예이다) 그럼으로써 일시적이고 착취적인 생산양식의 특징들을 자연적이고 불변적인 것으로 보는 경향을 밝혀 냈다. 물론 마르크스가 명제 (5)를 옳게 보는 면도 있다. 인간을 자신의 노동에 의하여 구성되는 능동적이고 생산적인 존재로 보는 그의 인간관이 역사적 유물론의 기저에 자리잡고 있는 것이다. 그러나 2장에서 보았듯이 1845~46년에 마르크스는 이 개념이 세속화된 형태의 헤겔의 변증법의 도움을 받아 직접적으로 설명적인 역할을 수행한다고 보는 견해를 버렸다. 결과적으로 이러한 인간관은 뒷전으로 물러났다. 나는 역사적 유물론 내에서 '인간 본성의 지속적인 사실들'에 보다 높은 위치를 부여하려는 코헨의 최근의 시도에 대해 고찰함으로써 이 문제를 해명하려 할 것이다.46)

코헨은 『정치경제학 비판을 위하여』의 1859년 서문에 설명되어 있으며 제2인터내셔널의 '정통적' 마르크스주의자들에 의하여 넓게 받아들여지고 있는 형태의 역사적 유물론을 옹호하는 데 관심을 가지고 있다. 여기서 생산력들의 발전은 역사변화를 설명하는 데 있어서 독립 변수이다. 생산관계들은 그 생산력 발전을 증진시키는 능력에 따라 선택되며, 다시 이데올로기적 정치적 관계들이 생산관계들의 존속을 유리하게 하거나 방해하는 정도에 따라 생겼다 사라졌다 한다는 것이다. 이 접근법에는 여러 난점들이 있다. 이 글에서 집중하고자 하는 난점은, 사회변화를 야

---

45) K. Marx, 'Marginal Notes on Adolph Wagner's Lehrbuch der politischen Ökonomie', *Theoretical Practice*, no. 5, 1972년 봄호, p. 52.

46) Cohen, p. 151. Callinicos, *Future*, pp. 144~145[캘리니코스, 『마르크시즘의 미래는 있는가』, 열음사, 1987]와 A. Levine · E. Wright, 'Rationality and Class Struggle', *New Left Review*, no. 123, 1980년 9 · 10월호 참조. 나는 코헨의 마르크스의 재구축에 대하여 마이크 로즌이 발제한 글에서 많은 도움을 받았다.

기하는 것이 인간의 생산력들의 확대라고 한다면 왜 '생산력들은 역사를 통해서 발전하는 경향이 있는' 것인가라는 문제를 중심으로 한다.47) 이 '발전 테제'를 정당화하기 위하여 코헨은 초역사적인 '합리성 원리' — 긴박한 욕구를 만족시킬 줄 아는 합리적 존재는 그 욕구의 충족을 위한 수단을 획득하고 활용하는 성향이 있다는 원리 — 를 들먹인다. 즉 인간이 '다소 합리적'이고, 물자가 희소한 상황이며, 인간이 '인간으로 하여금 자신의 상황을 향상시키도록 할 수 있는 종류의 그리고 그러한 정도의 지성을 소유'하고 있다면, 인간은 생산력들을 확대할 것이라는 것이다. 왜냐하면 '안 그렇게 한다면 비합리적일 것이기 때문이다.'48)

이 합리성 원리가 코헨이 바라는 만큼의 설명적 역할을 맡지는 못한다는 것을 보여주기는 그렇게 어렵지 않다. 특정 생산양식이나 사회구성체의 분석은 코헨이 말하는 조건이 충족되었더라도 생산자들 중 누구도 생산력들을 확대하려는 경향을 가지고 있지 않음을 드러내 줄 수 있을 것이기 때문이다. 예를 들어 봉건 영주는, 지주로서의 자신의 위치에 포함되어 있으며 억압수단의 계급적 독점에 의해 뒷받침되는 경제적 힘 덕분에 그리고 직접생산자가 아직 생산수단의 일부에 대하여 행사하는 일정한 정도의 통제 덕분에, 생산자들로 하여금 산출량을 늘리게 장려함으로써보다는 농민들의 지대를 늘림으로써 즉 고정된 생산물의 보다 큰 지분을 차지함으로써 자신과 자신의 가족 및 수행원들의 증가된 욕구를 충족시킬 것이다. 마찬가지로 영주에 의한 자의적이고 점증하는 강탈(exactions)은 농민들로부터 노동의 산출량을 늘리려는 동기를 박탈할 것이다. 실로 모든 증거는 유럽의 중세 시대의 경제적 성장은 노동생산성의 증가라기보다는 인구 압박에 비례하는 경작되는 땅의 총량의 증가를 포함하는 외연적인 것임을 시사한다. 심지어 이러한 성장의 시기들에 뒤이어 인구와 산출량의 급격한 저하가 일어나기도 하였는데, 이는 영주에 의한 토지소유의 독점과 농민생산에 의하여 지배되는 노동과정이 구

---

47) Cohen, p. 134.
48) 같은 책, pp. 152~153.

성하는 생산관계들 사이의 구조적 모순을 시사하는 것이다.[49] 코헨은
바로 이러한 경우들 즉 생산관계들이 생산력들을 특정 한도 이상으로
확대되는 것을 막으며 그러면서도 해당 생산양식이 수세기에 걸친 일련
의 위기들에서도 살아남을 수 있었던 경우들을 고려하지 않는다. 그는
생산력들의 급격한 하락의 예를 하나 주목하기는 하는데 (즉 서로마 제
국의 몰락) 그 이유는 예의 '발전 테제'가 속하는 '역사이론'과는 관계가
없는 '역사적 병리학'의 예로 들기 위해서일 뿐이다.[50]

　나의 주장의 목적은 생산력들이 전반적으로 발전함을 부정하는 것이
아니라 생산력 확대의 서로 다른 형태와 속도는 생산관계들에서 시작함
으로써만 그리고 생산력들이 아니라 생산관계들을 독립변수로 간주함으
로써만 설명될 수 있음을 시사하는 것이다. 이러한 접근법이『자본론』에
서의 마르크스의 절차에 훨씬 가깝다.『자본론』에서는 자본주의의 확대
경향은 그리고 늘 생산력들을 혁신하는 경향은 개별 자본들의 경쟁의
압력에 의하여 설명되는데, 경쟁은 회사들로 하여금 기술혁신에 착수하
도록 함으로써 노동비용을 줄이고 경쟁자들을 물리치도록 강제한다.[51]
이 설명은 저절로 코헨식의 마르크스주의를 무력화시키는 것은 아니다.
그가 지적하고 있듯이 '경제적 구조들(생산관계들)이 생산력들을 발전시
킨다는 것이 엄연한 사실이라고 해서 생산력들의 우선성이 손상을 입는
것은 아니다. 생산력들이 그 발전을 촉진할 능력에 따라서 구조들을 선
택하기 때문이다.'[52] 이것이 옳기는 하지만 다른 한편, 내가 주장하려고
하였듯이, 생산력 확대의 성격과 정도를 설명하는 것이 생산관계라면 코
헨의 발전 테제와 합리성 원리는 불필요하게 보인다. 또한 코헨의 다른
주된 주장인 우선성 테제——'한 사회의 생산관계들의 성격은 생산력들
의 발전단계에 의하여 설명된다'[53]—— 도 그다지 강화된 것 같지 않다.

---

49) G. Bois, *Crise du féodalisme*(Paris, 1976) 참조.
50) Cohen, p. 156.
51) Marx, *Capital*(Harmondsworth, 1976), pp. 433~6, *Capital*(Moscow, 1971), ch. XV.
52) 같은 책, p. 162.
53) 같은 책, p. 134.

특정 시기에 생산관계들이 가능하게 하는 정도와 형태로 생산력들이 확대된다면 우선성 테제가 어떤 의미에서 설명력을 가지는지가 분명하지 않게 되기 때문이다. 반면에 어떤 위기 국면에서 생산력들이 기존의 생산관계들을 타고 넘어서 생산력들의 계속적인 확대를 증진할 새로운 생산관계들이 생기도록 한다면, 그리고 이것이 '생산력들이 구조를 선택한다'와 같은 구절에 의해 머리 속에 떠올려지는 이미지라면 우리는 순전한 카우츠키주의로 되돌아가 있는 것이며 이에 따르면 사회혁명은 일어나게 마련인 것이다. 실로 생산력들이 하락하는 비정상적인·경우를 '역사적 병리학'에 귀속시키는 것은 제2인터내셔널의 마르크스주의가 가진 것과 같은 유기적 역사관을 시사한다. 이런 식이라면 역사의 진보는 필연적이 되며, 사회투쟁에 내재하는 대안들에 대한 인식, '서로 싸우는 계급 모두의 파멸'의 가능성에 대한 인식은 마르크스주의에서 말소된다. 코헨의 주장이 아무리 우아하고 명료한 것이든간에, 그 결과는 역사적 유물론의 현격한 속류화이다.

그렇다고 해서 코헨이 '인간 본성의 지속적인 사실들'이 역사적 유물론에서 행하는 역할의 문제를 제기한 것이 잘못이라는 결론이 나오지는 않는다. 그러한 사실들이 있음에는 의문의 여지가 없다. 예를 들어 인간의 언어사용 능력은 아무래도 유전인자적으로 결정되며 생래적인 것이다. 그렇다고 해서, 팀파나로가 때때로 인간행동의 생물학적 결정 요인들에 대하여 논하면서 시사하였듯이, 언어가 초역사적인 인자라는 것은 아니다. 추상의 서로 다른 수준을 인식하여, 언어학이나 철학적 의미론이 구축하는 언어능력에 대한 이론적 모델과 특정 사회구성체내에서의 담론의 기능에 대한 연구를 구분해야 한다는 것이다. 6장에서 보게 되겠지만, 마르크스주의는 전자의 영역에서보다 후자의 영역에서 기여할 것이 훨씬 더 많다.

제 5 장

# 유물론과 리얼리즘

# 제5장
# 유물론과 리얼리즘

## 1. 리얼리즘과 마르크스주의

이 장의 목적도 앞의 장과 마찬가지로 마르크스주의가 어떤 의미에서 유물론인가를 밝히는 것이다. 우리는 그 의미 중의 하나가 '존재론적 유물론'이라고도 불리고 자연주의라고도 불리는 4장 1절의 명제 (2) 즉 과학들의 방법론적 통일성임을 살펴보았다. 우리는 또한 마르크스가 사회과학과 자연과학이 공히 사물의 표면적 외관을 꿰뚫고 저 밑에 있는 보다 근본적인 현실로 파고 들어간다고 생각하였음을 보았다. 이 장에서 우리는 이러한 과학관을 다룰 것이다. 마르크스의 자연주의와 긴밀하게 연관되어 있는 것이 그의 '인식론적 유물론' 혹은 리얼리즘[1]이기 때문이다. '이념적인 것은 물질적인 세계가 인간의 정신 속에 반영되고 사유의 형태로 옮겨진 것에 다름 아니다'[2]라고 그는 썼다. 레닌이 유물론의 본질이라고 보았던 것은 이 세계의 구조에 대한 특수한 이론이라기보다는 마르크스에서와 마찬가지로 사유가 그로부터 독립적으로 존재하는 세계를 반영한다는 견해였다. '물질은 사유로부터 독립하여 존재하면서도 감각에 의하여 인간에게 주어지고 감각에 의하여 복사되고 찍혀지고 반영

---

1) 'realism'은 보통 철학에서는 '실재론'으로 번역이 되나, 실재론은 관념론의 한 형태를 말하므로 이 책에서 유물론의 한 요소를 말하는 'realism'과는 관계가 없다. 따라서 여기서는 '리얼리즘'으로 옮겼다. [역자주]
2) Marx, *Capital*(Harmondsworth, 1976), p. 102.

178

되는 객관적 현실을 나타내는 철학 범주이다.'3) 이렇게 이해된 바의 유
물론은 언어나 과학을 다루는 현대의 분석철학자들이 많이 논의하는 리
얼리즘의 인식론적 교리에 해당한다. 세 가지 요소가 이 교리를 구성하
는 듯하다.

(1) 문장들은 인간 지식의 상태로 인하여가 아니라 세계의 상태로 인하여
참이거나 거짓이다.
(2) 사유는 세계를 구성한다기보다는 반영한다.
(3) 사물의 관찰가능한 행태를 설명한다고 가정되는 관찰불가능한 실체들
은 사유로부터 독립하여 존재한다.

이 명제들 각각은 그 정당성의 근거를 가지고 있다. 명제 (1)은 고전
적인 상응진리론이다. 이 이론에 따르면 진리는 현실과 사유의 상응이
다. 이 맥락에서 이 명제가 갖는 중요성은 진리의 객관성에 대한 강조에
있다. 즉 어떤 문장은 거의 자명할 정도로 과학의 기존의 기준들에 의하
여 굳건히 확증되었으면서도 거짓인 것으로 판명될 수 있는 것이다.4)
명제 (2)는 명제 (1)의 본질적 보완물이다. 헤겔처럼, 진리를 어떤 문장
의 진위에 대한 주관적 확신과는 독립된 객관적인 것으로 보면서도 절
대적 이념이라는 형태로 나타나는 사유가 문장의 진위를 가능케 하는 현
실을 구성한다고 보는 경우도 있기 때문이다. 명제 (2)의 의미에서의 리
얼리즘은 데이비드-힐렐 루벤이 '독립성 주장'(Independence Claim)이라
고 부른 것 — '모든 사유로부터 본질적으로 독립된, 정신의 모든 해석
활동으로부터 독립된 사물들이 존재한다'5) — 을 포함한다. 명제 (3)은


3) Lenin, *Materialism and Empirio-Criticism*(Moscow, 1947), p. 116[레닌, 『유물론과
　　경험비판론』, 돌베개, 1989].
4) H. Putnam, *Meaning and the Moral Sciences*(London, Henley, and Boston, 1978),
　　pp. 34~35 참조. 현재의 도덕철학과 언어철학에서 쟁점이 되고 있는 것은 이러
　　한 의미의 리얼리즘이다.
5) D.-H. Ruben, *Marxism and Materialism*(Hassocks, 1977), p. 19.

도구주의의 거부에 해당한다. 도구주의란 과학이 관찰가능한 현상(전자, 생산관계)을 설명하기 위하여 구축하는 이론적 실체들은 알려진 사실들을 경제적으로 요약하도록 해 주거나 새로운 사실들의 발견을 쉽게 해 주는 그러면서도 이 실체들의 존재를 믿도록 하지는 않는 그러한 이기(利器)이며 유용한 허구라는 견해를 말한다. 이렇게 이해된 바의 리얼리즘은 세계를 다양하게 층이 진 것으로 보며 그리하여 인간과 사물의 관찰가능한 행동은 그 행동이 구현하고 있는 숨겨진 구조들의 맥락 속에 놓여지지 않으면 이해될 수 없다고 본다.

내 생각으로 마르크스는 이 세 명제 모두를 받아들일 것이다. 나는 이미 앞에서 마르크스가 명제 (2) 즉, 현실의 반영으로서의 사유를 승인하는 대목을 인용한 바 있다. 다른 한편 명제 (3) 즉, 본질과 현상의 대조는 『자본론』에서 그의 작업에 중심적인 중요성을 갖는다. 나는 마르크스의 저작들에서 명제 (1) 즉, 진리의 객관성에 대한 명시적인 언급이 이루어지는 것은 본 적이 없다. 그러나 이 명제는 진리에의 무한한 접근과정으로서의 과학이라는 엥겔스와 레닌의 설명 속에 함축되고 있다.6) 이것에 마르크스가 동의하리라는 것에는 의심의 여지가 거의 없다. (우리는 이 장의 마지막 절에서 이 문제에 대하여 더 말할 것이다.) 마르크스의 리얼리즘과 1840년대의 저작들 예를 들면 포이에르바하에 관한 제2테제 사이에는 모순이 있는 듯이 보일 것이다. 이 테제의 내용은 다음과 같다. '인간의 사유에 객관적인 진리가 부여될 수 있는가 아닌가의 문제는 이론의 문제가 아니라 실천적인 문제이다. …… 사유의 현실성 혹은 비현실성에 대한 논쟁은 순전히 학술적인 문제이다.'7) 씨드니 후크는 이 대목이 어떤 이론의 진리는 그 실제적 효율성에 있다는 실용주의적 학설에 해당하는 것으로 보았고 레세크 콜라코프스키(Leszek Kolakowski)는 마르크스의 초기 저작에 의존하여 마르크스를 초월적 관념론자로 바

---

6) Lenin, 앞의 책, pp. 122, 250과 엥겔스, *Anti-Düring*(Moscow, 1969)[엥겔스, 『반듀링론』, 새길, 1987], p. 103 이하 참조.

7) Marx · Engels, *Collected Works*, vol. 5, p. 3.

꾸어 놓았는데,8) 초월적 관념론자에게는 인간이 자기 자신의 창조물인 세계를 알려고 하는 것으로 보인다. 그러나 이 테제들은 적절한 맥락에 놓고 보아야 할 것이다. 여기서 마르크스는 인간의 정신이 외부 현실의 운동을 수동적으로 기록한다고 보는 포이에르바하의 견해에 대항하고 있는 것이다. 마르크스는 세계는 그리고 무엇보다도 사회는 그것에 반응하고 또 그것을 바꾸는 과정의 일부로서만 이해가 가능함을 강조하고 싶었던 것이다. 우리는 이것을 받아들이면서도, 일정한 구분을 짓는 일이 남아 있음을 주장할 수 있다. '실제적 효율성'은 마르크스에게는 보통 실용주의 전통에서 이해되고 있는 것보다 넓은 어떤 것을 의미했다. 그것은 국제적 노동자계급에 의한 정치권력의 획득과 유지에 해당한다. 그러나 사회혁명의 가능성은 자본주의적 생산양식에 내재되어 있는, 경제적·사회적 위기로 향하는 경향에 의존한다. 그러한 경향은 실제 위기들에서의 발현과는 관계없이 확증가능하다. 왜냐하면 그러한 경향은 자본주의의 구조적 특징에서 도출되기 때문이다.『자본론』의 목적은 이 경향들 즉 '현대 사회의 경제적 운동법칙'9)을 발견하는 것이었다. 현존 자본주의에 대한 올바른 이론을 갖는 것은 사회주의자들로 하여금 자본주의의 미래의 발전을 예상하고 몰락을 촉진시킬 수 있게 한다. 그러나 여기에는 그 실제적 효율성과 상관없이 이론의 진위를 가려내는 어떤 수단이 필요로 된다. 씨드니 후크처럼 마르크스의 분석의 올바름이 사회주의의 승리와 함께 궁극적으로 확증되리라고 믿지만 않는다면 말이다.10) 이렇게 믿는 경우에는 마르크스주의를 다른 연구 프로그램보다 선호할 합리적인 근거가 없어지게 된다. '마르크스주의는 옳기 때문에 전능하다'라고 레닌이 썼듯이,11) 마르크스주의의 실제적 효율성은 그 자체가 진

---

8) S. Hook, *From Hegel to Marx*(London, 1936), p. 284, 그리고 L. Kolakowski, 'Karl Marx and the Classical Definition of Truth', *Marxism and Beyond* (London, 1971).

9) Marx, *Capital*(Harmondsworth, 1976), p. 92.

10) S. Hook, *Towards an Understanding of Karl Marx*(London, 1971), p. 95.

11) Lenin, *Selected Works*(Moscow, 1968), p. 20. 또한 Ruben, 앞의 책, p. 76 이하,

리인 것이 아니라 진리에 의존하는 것이다. 이렇게 이해되면『자본론』의 리얼리즘과 「포이에르바하에 관한 테제」 사이에는 모순이 없는 것이다.

## 2. 리얼리즘과 본질주의

영어권에서의 최근 철학 논의에서는 피에르 쟈꼽(Pierre Jacob)이 '리얼리즘의 부흥'이라고 부른 것[12] 특히 지난 절에서 다룬 명제들 중에서 세 번째 것에 의해 표현되는 것의 부흥이 일어났다. 내가 본질주의라고 부를 이러한 종류의 리얼리즘에서는 세계가 어떤 힘들과 경향들로 구성되는 내재적 성질들을 소유하고 있는 개별자들로 이루어진 것으로 파악된다. 관찰가능한 현실은 이 성질들과 그 상호작용의 발현으로 파악된다. 이러한 견해의 원천은 두 가지가 있다. 영국 마르크스주의자들에게 일정한 영향력을 미친 첫번째 것은[13] 인과관계에 대한 흄의 분석의 비판을 포함한다. 분석철학자들에게 아주 널리 받아들여지고 있는 이 학설에 따르면 과학의 전형적인 인과법칙은 사건 갑은 항상 사건 을을 수반한다는 사실을 진술할 따름이다. 이 학설에서는 갑이 을을 야기하였다는 진술과 상식적으로 결부되는 종류의 필연적 관계가 갑과 을 사이에 있다는 생각이 분해되고 만다. 인과법칙은 사건들의 흐름 사이에 일정한 규칙들이 존재함을 주장한다. 인과관계를 이렇게 보는 관점이 관찰가능한 것만이 존재한다고 보는 경험주의와 연관이 있음은 분명하다 할 것이다. 이는 흄의 귀납 문제에 비추어 보면 결함을 갖는다. 사건 갑이 항상 사건 을을 수반한다고 주장하는 일반화가 갑이 을을 뒤따르는 현상에 대한 분명히 유한할 수밖에 없는 수의 관찰들로부터 어떻게 타당하

---

pp. 193~197, 그리고 Allen W. Wood, *Karl Marx*(London, Henley, and Boston), pp. 256~279 참조.

12) P. Jacob, *L'Empirism logique*(Paris, 1980), pp. 256~279 참조.

13) J. Mepham · D.-H. Ruben(편), *Issues in Marxist Philosophy*(3 vols., Brighton, 1979), vol. 1 참조.

게 추론될 수 있는가? 이러한 접근법을 비판하는 이들 특히 롬 하레(Rom Harré)와 로이 바스커(Roy Bhaskar)는, 일단 우리가 그러한 항상적인 사건들의 결합을 강력한 개별자들(powerful particulars)이 갖는 본질적 성질의 발로라고 본다면 그러한 난점들이 사라진다고 주장한다. 과학의 과제는 이러한 성질들이 무엇인가를 확증하는 것이라고 한다. 엑스(X)라는 종류의 개별자의 성질에 관한 어떤 잘 확증된 가설이 일정한 조건에서는 그러한 개별자가 사건 갑과 을의 결합이 일어나게 하리라는 것을 예상한다면, 사건 을은 이러한 상황에서는 필연적으로 사건 갑을 뒤따르게 마련인 것이다. 만일 적절한 조건에서 갑에 뒤이어 을이 일어나지 않았다면 우리는 상황이 잘못 기술되었거나 엑스라는 종류의 개별자들에 관한 가설이 틀렸다고 생각해야 하는 것이다. 그러나 가설이 틀렸음이 증명되지 않았다면 우리는 해당 종류의 개별자들의 본질적 구조로부터 흘러나오는 자연적 필연성에 의하여 갑과 을이 내재적으로 연결되어 있다고 말할 수 있는 것이다.14)

본질주의를 지원하는 두 번째 것은 인과적 명칭론(the causal theory of names)이다. 이것도 역시 기존의 이론에 대한 비판 즉 고유명사와 자연적 종류의 단어(natural kind of words)들에 대한 표준적 분석을 비판하는 것을 그 출발점으로 한다. 프레게, 럿셀, 비트겐슈타인, 스트로슨, 썰, 더미트와 같은 다양한 분석철학자들은 다른 면에서는 차이가 나더라도, 가령 '아리스토텔레스'와 같은 고유명사의 의미는 일단의 특정한 서술항목들 —— 예를 들면 '알렉산더의 스승', 『니코마코스 윤리학』의 저자', 등 —— 의 결합 혹은 그로부터의 선별에 의해 주어진다는 점에 대해서는 모두 동의할 것이다. 싸울 크립키, 힐러리 퍼트넘, 그리고 키스 도널른은, 우리가 어떤 사람에게 해당된다고 생각하는 특정의 서술항목들이 사실은 틀리더라도 우리가 그 사람을 지시하는 데 고유명사를 성공적으로 사용할 수 있는 경우를 보여줌으로써 이러한 학설에 도전을 해 왔다. 우

---

14) R. Harré · E. Madden, *Causal Powers*(Oxford, 1975)와 R. Bhaskar, *A Realist Theory of Science*(Hassocks, 1978) 참조.

리의 목적에 가장 중요한 것은 그들이 이러한 비판을 자연적 종류의 단어들——예를 들면 '물', '금', '호랑이'——로 즉 본질주의적 과학관에서 보자면 이론적 탐구가 발견하기를 목표로 하는 내적 구조를 지닌 실체들을 나타내는 표현들로 확대시켜 왔다는 사실이다. 인과적 명칭론에 따르면 고유명사처럼 자연적 종류의 단어들도 처음에는 그 의미가 일단의 서술항목들의 형태로 명시됨에 의해서가 아니라 그 지시대상을 고정시킴으로써 효용을 획득한다. 이 '시초의 세례'는 화자가 특정 종류의 동물들에게 명칭을 부여하는 것이 분명한 상황에서는 그 동물을 가리키며 '호랑이'라고 말하는 단순한 형태를 띨 수도 있다. 그 용어의 지시대상은 일단 그런 식으로 고정되고 나면 차후에 과학자들이 그러한 종류에 속하는 개별자들의 내적 구조에 대하여 더 많은 것을 발견하게 됨에 따라 변할 수 있다. 예컨대 그 겉으로 드러나는 속성들 때문에 한때 금으로 간주될 수 있었던 '바보의 황금' 즉 황철광은 금과는 다른 분자구조를 가지고 있음이 입증되게 되었던 것이다.15)

　퍼트넘은 과학이론들은 '같은 표준으로 잴 수 없다'는 즉 동일한 현실을 가리키지 않는다는 파이어아벤트와 쿤의 견해를 반박하는 데 이 인과적 명칭론을 사용해 왔다. 개별적 개념들의 의미는 전체 이론의 의미에 의존하는 까닭에 그 개념들의 의미는 이론과 함께 변하며 따라서 과학의 역사에 있어서 연속성이란 있을 수 없고 다만 세계를 보는 각각 다른 시각을 제시하며 그 어떤 것도 다른 것보다 객관적으로 낫다고 할 수 없는 '패러다임들'의 연속이 있을 뿐이라는 것이 파이어아벤트와 쿤의 견해이다.16) 퍼트넘은 인과적 명칭론 덕분에 '의미는 머리에 있는 것

---

15) S. Kripke, 'Naming and Necessity'와 K. Donnellan, 'Proper Names and Identifying Descriptions', in D. Davidson·G. Harman(편), *The Semantics of Natural Languages*(Dordrecht and Boston, 1972), H. Putnam, *Mind, Language and Reality*(Cambridge, 1975)[힐러리 퍼트넘, 『이성·진리·역사』, 민음사, 1988], 그리고 S. P. Schwartz(편), *Naming, Necessity and Natural Kinds*(Ithaca and London, 1979) 참조.
16) Jacob, 앞의 책, p. 226 이하 참조.

184

이 아니다'라고 대꾸할 수 있게 된 듯하다. 자연적 종류의 용어를 정확하게 사용하는 것은 이론적 맥락에 의하여 결정되는 것이 아니라, 첫째로는 세계의 일부분을 같은 용어 밑에 들어오는 개별자들의 모범적 경우로 뽑아냄으로써 지시대상을 고정시키는 어떤 '개시사건'(introducing event)에 의존하며 둘째로는 그가 '언어분업'이라고 부른 것에 의존한다는 것이다. (언어분업론에 따르면 지식의 진보는 일반적인 언어 사용자들이 자연적 종류에 속하는 어떤 대상이 실질적으로 그것이 속한 종류의 개별자들이 갖는 내적 구조를 소유하고 있느냐 아니냐를 결정하는 데 있어서 전문가들의 판단에 종종 의존할 수 있음을 의미한다.) '한 용어의 외연은 개별 화자가 머리 속에 가지고 있는 개념에 의하여 고정되는 것이 아니라 …… 모범으로 사용되는 개별적 사물들의 실질적 성질에 의존하며, 이 실질적 성질은 일반적으로 화자에게 충분하게 알려져 있지 않다.'17)

그런데 불행하게도 인과력(causal powers)에 대한 본질론적 분석과 인과적 명칭론에는 공통적 약점이 있다. 즉 양자는 과학적 가설들의 확증에 대한 만족스러운 리얼리즘적 설명을 전제로 하는 것이다. 예컨대 일정한 인과적 법칙에 의하여 항상적인 결합이 예보되는 사건들은 이 법칙이 옳다는 전제 위에서만 필연적으로 연관된다고 주장할 수 있는 것이다. 그러나 인과력에 대한 하레와 바스커의 설명은 이 전제가 충족되어 있는지 아닌지를 결정하는 기준들을 제공하고 있지 않다. 또한 자연적 종류의 용어의 외연을 고정시키는 것은 그러한 종류의 개별자들의 내적 구조에 관한 가설들의 진위를 확증하는 어떤 독립적인 수단을 전제로 한다. 인과적 명칭론은, 자연적 종류의 단어들의 지시대상을 결정하는 데 인과론적 설명이 옳다는 조건에서라면 기여하게 되는 서로 경쟁하는 가설들 중에서 어떤 하나를 선택하는 합리적이고 객관적인 방법은 없다는 쿤과 파이어아벤트 등의 주장을 반박하고 있는 것은 아니다. 리차드 로티가 말했듯이 '우리가 지시하는 것에 대한 최고의 이론은 사물 일반에 대한 최고의 이론으로부터 떨어진 논란의 여지가 없는 낙진

---

17) H. Putnam, 'Meaning and Reference', in Schwartz(편) 앞의 책, p. 132.

일 따름이다.'18) 무엇이 우리의 '최고의 이론'인지를 정하는 어떤 방법을 구하지 못한다면 본질주의는 그 자체로는 관념론의 역습에 상처를 입게 된다.

## 3. 리얼리즘과 재현

우리가 지금까지 논의해 오던 바의 리얼리즘은 데이비드 페피노가 '의미론적·존재론적 객관성'(semantico-ontological objectivity)이라고 부르는 것과 관련되는데, 이는 '사람들로 하여금 진술의 상대적 가치에 동의하게 만드는 기준들의 존재를 요구하는' '인식론적 객관성'과는 반대로 '우리의 진술에 상응하는 독립적 현실의 존재를 요구한다.'19) 본질주의에 대한 앞 절에서의 논의는 이 두 유형의 객관성은 아주 밀접히 연관되어 있음을 시사하는 것이었다. 사유가 독립적 현실을 반영한다는 리얼리즘적 상을 지원하는, 인과적 진술들과 자연적 종류의 용어들에 대한 설명들은 우리들로 하여금 이 현실을 반영하는 데 있어서의 상대적 성공도(成功度)를 결정할 수 있게 해 주는 기준들을 전제하는 것으로 판명되고 있는 것이다.

'인식론적 객관성'을 그 사촌인 '의미론적·존재론적 객관성'과 아울러 거부하는 것이 앵글로색슨 세계와 프랑스어권의 전위적 철학활동의 공통적 조류이다(파이어아벤트의 '인식론적 무정부주의', 데리다의 '해제', 푸꼬의 '권력-지식'). 다른 곳에서 나는 탈구조주의의 공격에 대하여 여기서보다 자세하게 리얼리즘을 옹호한 바 있다.20) 리차드 로티는 최근의 그의 중요한 저작인 『철학과 자연의 거울』(*Philosophy and the Mirror of Nature,* 1980)에서 들뢰즈, 데리다, 푸꼬를 상기시키는 방식으로 리얼리

---

18) R. Rorty, *Philosophy and the Mirror of Nature*(Oxford, 1980), p. 294.

19) D. Papineau, *Theory and Meaning*(Oxford, 1979), p. 125.

20) A. Callinicos, *Is There a Future for Marxism?*(Lodon, 1982)[알렉스 캘리니코스, 『마르크시즘의 미래는 있는가』, 열음사. 1987], ch. 7.

즘 아니 데카르트 이후의 철학은 모두 재현이라는 개념에 기반을 두고 있다고 주장한 바 있다. '안다는 것은 정신의 외부에 있는 것을 정확하게 재현한다는 것이다. 지식의 가능성과 성격을 이해하는 것은 정신이 그러한 재현을 구축할 수 있는 방식을 이해하는 것이다. 철학의 일반적 관심사는 재현에 대한 일반이론이 되는 것이다.'21) 로티는 분석철학의 최근의 발전은 자연의 거울로서의 정신이라는 생각을 손상시켜 왔다고 주장하고 있는데, 재현적 사고의 일반적 붕괴에 리얼리즘이 결부되어 있다고 그가 믿고 있음은 분명하다.

로티가 파악하고 있는 것을 보다 명확하게 이해하기 위해서 콰인의 유명한 「경험주의의 두 교리」(1951)를 살펴보기로 하자. 검토대상인 두 교리는 첫째, '분석적인 혹은 사실과는 별도로 단어의 의미에 기반을 둔 진리와 사실에 기반을 두고 있는 종합적 진리 사이에는 어떤 근본적인 간극이 있다는 믿음'과 둘째, '의미가 담긴 각각의 진술은 직접적인 경험을 지시하는 용어들 위에 세워진 어떤 논리적 구축물에 해당한다는 믿음'이다.22) 콰인의 이 글의 많은 부분은 칸트가 분석적 판단과 종합적 판단을 구분한 것을 뒤엎는 데 바쳐져 있는데, 이는 문장에 동의하거나 동의하지 않는 화자의 성향과는 별도로 존재하는 어떤 신비적인 정신적 속성으로 파악되는 의미개념에 대한 공격을 토대로 하고 있다. 그 결과는 언어에 대한 어떤 상, 가장 명확하게는 논리 실증주의자들(콰인의 비판의 직접적인 표적)에 의해 설명되지만 이러저러한 형태로 아주 널리 공유되고 있는 그러한 언어관을 무너뜨리는 것이다. 이 언어관에서는 단어의 의미가 먼저 고정되고, 그러고 나서 우리가 세계에 대한 우리의 믿음을 진술하기 위하여 이 단어들을 사용하는 것으로 되어 있다. 분석적 진리는 우리의 언어의 규칙들을 표현하는데, 이 규칙들은 현실의 특수한 구조로부터 독립되어 있으나 우리로 하여금 이 현실에 관한 종합적 판

---

21) Rorty, 앞의 책, p. 7.
22) W. V. O. Quine, *From a Logical Point of View*(New York, 1963), p. 20[콰인, 『논리적 관점에서』, 서광사, 1993].

단들을 할 수 있게 해 준다. 콰인은 의미의 문제와 사실의 문제가 이런 식으로 분리될 수 없음을 보여주려고 한다. 양자는 동시에 규정된다는 것이다. 그는 이것을 다음과 같은 유명한 이미지로 표현하였다. '우리의 선조들의 지식(the lore of our fathers)은 문장들의 조직(fabric)이다. …… 그것은 희뿌연 회색의 지식인데, 사실은 검게 만들고 관례(convention)는 희게 만든다. 그러나 나는 그 조직 안에 아주 검은 실들이 있다거나 아주 하얀 실들이 있다고 결론을 내릴 어떤 실질적인 근거도 발견하지 못했다.'23) 표현의 의미를 결정하고 분석적 진리에 의해 표현되고 있다고 생각되는 관례들은 우리의 믿음을 표현하는 문장들에 대한 우리의 동의와 별도로 수립되는 것이 아닌 것이다.

콰인은 언어적 의미의 문제와 경험적 사실의 문제를 날카롭게 가르기를 거부하는 태도로 인하여, 모든 표현의 의미는 다른 표현들의 의미와 별도로 규정된다는 생각을 핵심으로 하는 두 번째 교리도 거부하게 된다. 그러나 데이비드슨의 표현을 빌면 '만일 의미가 믿음과 서로 결합되어 있다면 모든 믿음이 특정의 대상을 갖는다는 생각, 각 단어와 문장은 특정의 의미를 갖는다는 생각은 성공적인 (의미)이론의 목적을 서술하는 데 동원될 수가 없다.'24) 콰인은 이것을 다음과 같이 말하고 있다. 비엔나 써클은 문장의 의미는 그것이 참임을 확증하는 조건에 의하여 주어진다고, 바꾸어 말하면 그 문장의 참, 거짓을 확증할 증거에 의하여 주어진다고 생각하였다. 그러나 피에르 뒤엠(Pierre Duhem)이 지적하였듯이 여러 실험들은 단일한 분상들을 확증하거나 반박하는 것이 아니라 거대한 이론덩어리들을 확증하거나 반박한다.

물리학자는 어떤 고립된 가설을 실험할 수는 없고 한 무리의 가설들 전체를 실험할 수 있을 뿐이다. 그 실험이 예측한 바와 어긋난다면 그가 알게 되는 것은 이 무리를 구성하는 가설들 중의 적어도 하나는 받아들여질 수 없으며 수정되어

---

23) Quine, 'Carnap and Logical Truth', in P. A. Schilpp(편) *The Philosophy of Rudolph Carnap*(La Salle and London, 1963), p. 406.
24) D. Davidson, 'Belief and the Basis of Meaning', *Synthese* 27(1974), p. 322.

188

야 한다는 점이다.25)

과학자에게는 잘못된 것으로 입증된 가설들을 따온 이론을 거부하는 것이 아니라 오히려 예를 들어 실험의 결과들을 해석하는 데 동원된 배후의 관찰이론을 거부할 수 있는 가능성이 항상 열려 있다. 실로 뒤엠은 '비논리적이지 않은 물리이론에 대한 실험을 통한 유일한 검사는 그 이론의 전체 체계를 실험에 관계된 법칙들 전체와 비교하는 것이다'라고 주장한다.26) 콰인은 문장의 의미는 개별적으로가 아니라 집단적으로, 의미경험에 대한 공유된 관계를 통하여 결정된다고 결론을 내린다. '경험적 유의미성의 단위는 과학 전체'인데 이는 '경험이 그 경계조건을 이루는 역장(力場, field of force)과 같다.'27)

언어를 '문장들의 조직'으로 보며 의미와 사실이 굳게 결합되어 있어서 주어진 문장의 의미가 다른 모든 문장들과의 연관에 의존한다고 보는 이러한 언어관은 프레게 학파 철학의 한 특징 즉 그 반(反)원자주의를 보여준다. 이에 따르면 어떤 표현의 의미는 어떤 언어외적 실체—그것이 주관적 경험이든 객관적 사태든—와의 관계에 의해 주어지는 것이 아니라 그 표현이 문장들의 그물[網] 속에서 차지하는 위치에 의하여 결정된다. 마이클 더미트는 콰인의 언어철학의 여러 측면들에 대하여 극히 비판적이면서도 '프레게의 모델은 일반적 구조에 있어서' '주변부에서만 현실 혹은 현실에 대한 경험과 접촉하는 접합된 언어구조라는 …… 콰인이 제공하는 언어관'과 '유사하다'고 인정하였다.28) 이 모델은 콰인의 보다 문제의 소지가 많은 전제들 중의 일부— 그의 행동주의

---


25) P. Duhem, *The Aim and Structure of Physical Theory*(Princeton, 1954), p. 187.
26) 같은 책, pp. 199~200.
27) Quine, 앞의 책, p. 42. 데이비드슨은 콰인이 이미 거론된 두 교리와 밀접하게 연관되어 있는 '세 번째 교리'—즉 '개념적 도식과 경험적 내용의 이중성'과 '조직하는 체계와 조직되기를 기다리는 어떤 것'의 이중성—에 사로잡혀 있다고 시사하고 있다. 'On the Very Idea of a Conceptual Scheme', *Proceedings and Addresses of the American Philosophical Association*, XLVII(1973~74), p. 11.
28) M. Dummett, *Frege : Philosophy of Language*(London, 1973), pp. 623, 592.

(behaviourism)와 물리주의 —— 로부터 분리가능하며, 근본적 번역의 불확정성(the indeterminacy of radical translation)과 같은 그의 보다 논란의 여지가 많은 명제들로부터 분리가능하다. 이 모델은 탈구조주의 언어철학자들에게 하나의 중요한 출발점을 제공하는 소쉬르의 언어관하고도 윤곽에 있어서는 두드러지게 유사하다. 프레드릭 제임슨의 표현을 빌면, '(소쉬르의 언어학) 뒤에 있는 철학적 구상은 …… 현실 세계에 있는 개별 대상이나 사건을 "나타내거나" "반영하는" 것은 개별 단어나 문장이 아니며, 기호들의 체계 전체, 랑그의 영역 전체가 현실 자체와 상사(相似)관계에 서 있다는 생각이다.'29)

프레게의 것이든 소쉬르의 것이든 이러한 모델은 언어 혹은 사유(양자는 분리할 수 없다)를 현실의 재현 혹은 반영으로 보는 모든 시도에 재난을 가져옴이 분명하다. 로티가 말한 대로 만일 우리가 '지식을 명제와의 관계로 보고 그리하여 정당성을 어떤 명제와 그것이 도출된 다른 명제들 사이의 관계로 본다면 …… 우리는 한 명제에서 다른 명제로 거슬러 올라가는 무한한 과정을 종결할 필요를 보지 못할 것이다.'30) 이 세계에 대한 우리의 담론은 세계 자체내에서는 안전한 안식처를 갖지 못하는 것이다. 이러한 점은 콰인의 「경험주의의 두 교리」로 되돌아감으로써 더 다듬어질 수 있을 것이다. 콰인은 우리가 옳다고 생각하는 어떤 문장들과 일치하지 않는 관찰이 보고될 경우에도 그것이 그 개별 문장들의 옳음을 반박하지는 않으며 다만 문장들의 총체에 어떤 조정이 가해지는 것을 요구할 뿐이라고 주장한다. 우리는 원한다면 예를 들어 실험 결과에 대한 해석의 토대가 되는 관찰이론을 바꾸는 식으로 불편한 기본적 진술을 제거할 수도 있다. (다만 이럴 경우에 아주 많은 수의 문장들이 수정되는 것을 감수할 각오가 되어 있어야 할 것이다.) 마찬가지로 만일 어떤 개별적 문장도 관찰에 의하여 참, 거짓을 가릴 수가 없다면

---

29) F. Jameson, *The Prison-House of Language*(Princeton, 1974), pp. 32~33[F. 제임슨, 『언어의 감옥』, 까치, 1985]. 또한 Callinicos, *Future*, ch. 2[알렉스 캘리니코스, 『마르크시즘의 미래는 있는가』, 열음사, 1987] 참조.
30) Rorty, 앞의 책, p. 59.

어떤 문장도, 심지어는 논리적 법칙조차도 수정으로부터 면제되어 있지 못하다. 이러한 주장의 결과는 이 절의 서두에 소개된 '인식론적 객관성' 개념을 무너뜨리는 것이다. 만일 콰인이 옳다면 어떤 이론의 진위를 결정하도록 해 주는 객관적 기준은 없는 것처럼 보인다. 우리는 항상 까다로운 경험에 직면해서는 포퍼가 '관례주의자의 전략'이라고 부른 것 즉 개념체계의 다른 어느 곳에선가 조정을 함으로써 이론을 구하는 수법을 채택할 수도 있을 것이다. 이 경우 옳은 문장의 선택은 단순성, 우아함, 효용 등의, 본질적으로 주관적이며 우리의 신념의 진위에 관하여 안내자 역할을 하지 못하는 기준들에 의하여 인도되게 될 것이다.

우리는 요점을 헤겔식으로 표현하여 직접적인 지식은 없다라고 말할 수도 있다. 데카르트 이후로 철학은 주체의 객체와의 직접적 접촉으로 소급해 올라감으로써 지식에 안전한 토대를 부여하려고 해 왔다. 로티는, 이러한 접근법은 지식을 지각(perception)과 동일시하여 지식의 대상이 우리의 의식 속에 직접적으로 현존할 때에야만 그것을 안다고 말할 수 있다는, 플라톤과 아리스토텔레스에서부터 시작된 견해에 그 원천을 두고 있다고 시사하고 있다. 이러한 입장에 따르면 어떤 명제 $p$가 타당하다는 '지식'은 그 명제 $p$가 나타내는 (아니 더 정확히 말하자면 그 명제를 구성하는 단어들이 나타내는) 어떤 대상, 생각, 인상에 '관한 지식'에 기생한다고 한다.31) 그러나 일단 우리가 지식──'우리 선조들의 지식'──은 명제적이라는 점을 즉 '문장들의 조직'이라는 점을 이해하면 어떤 대상의 의식 속의 현존을 지식의 근거로 삼으려는 그러한 시도는 붕괴되고 만다. 헤겔은 나중의 프레게가 그랬듯이 언어를 단순히 사유의 비본질적인 의복으로만 보았긴 하지만, 절대적인 것의 직접적인 직관을 사변적인 지식의 토대로 삼으려는 쉘링과 야코비의 시도를 거부하였을 때는 바로 이러한 요점을 취한 것이었다. 그는 지식을 환원불가능하게 개념적인 성격의 것으로 보았으며, **존재**와 같은 가장 단순하고 불확정적인 개념들이 어떻게 합리적으로 정당화될 수 있는 단계들로 구성된 과정을

---

31) 같은 책, p. 142 이하.

거쳐서 **절대자**의 자기의식의 획득을 구성하는 내적 구조를 가진 접합된 개념체계를 생성하는가를 보여주려고 하였다.

아도르노가 헤겔의 마르크스주의적 전유의 문제를 이와 아주 비슷한 말로 제기하였다는 것은 흥미롭다. '주객 동일성'이라는 전제는 '헤겔로 하여금 관찰과 해석의 서로 적대적인 요구들을 은폐할 수 있도록 해 주었다'고 그는 썼다(3장 3절 참조). 직접적 지식의 거부는 헤겔에 있어서 '인식론적 객관성'의 불가능성을 포함하지는 않는데, 이는 모든 명제가 **정신**의 자기실현에 있어서 하나의 단계로서 일정한 정도의 진리성과 궁극적 정당화를 획득하기 때문이다. 그러나 그에게서 **절대자**를 빼면 그의 공들인 전체 체계가 무너진다. 이 문제는 아주 첨예한 것이다. 왜냐하면 『그룬트리세』와 『자본론』에서 마르크스가 그리고 『철학 노트』에서 레닌이 승인한, '추상에서 구체로 상승하는' 접합된 개념체계로서의 과학이라는 생각은 헤겔로부터 직접 도출된 것이기 때문이다. 그러나 일단 지식은 명제적이라는 것을 — 포퍼가 말한 대로 '진술은 진술에 의해서만 정당화될 수 있다'는 것을[32] — 인식하고 나서도 우리는 어떤 이론적 담론에 대해서 누군가가 그것을 옳다고 보았었다는 사회학적 발언 이상의 것을 말하기를 바랄 수 있는가? 직접적인 지식은 불가능하다는 것을 가장 명확하게 파악한 마르크스주의자인 알뛰세는 이론적 담론을 경험적 확증이나 반박으로부터 면제된 폐쇄된 체계로 봄으로써 그리고 그것들을 평가할 어떤 일반적인 기준의 존재를 부정함으로써 이러한 도전에 대응하였다.[33]

내 생각으로는 일례 라카토스가 과학적 이론들의 상대적 장점을 평가하도록 해 주는 기준들이 있음을 설득력 있게 보여주었다. 그의 주장으로는 과학의 역사는 과학적 연구 프로그램을 구성하는 일련의 이론들의

---

32) K. R. Popper, *The Logic of Scientific Discovery*(London, 1968), p. 93.
33) A. Callinicos, *Althusser's Marxism*(London, 1976), ch. 3[알렉스 캘리니코스, 『알뛰세의 마르크스주의』, 녹두, 1993], E. P. Thompson,, 'The Poverty of Theory', *The Poverty of Theory and Other Essays*(London, 1978), 그리고 P. Anderson, *Arguments within English Marxism*(London, 1980), ch. 1 참조.

존재로 특징지워진다. 각 프로그램은 '방법론적인 규칙들로 구성되는데 그중 어떤 것(부정적 발견법, negative heuristic)은 피해야 할 연구도정을 말해 주고 다른 것들은 추구해야 할 연구도정을 말해 준다.'[34] 후자는 '긍정적 발견법'으로서, '그 연구 프로그램의 "반박가능한 변형들"(refutable variants)을 어떻게 바꾸고 발전시킬 것인가에 대한, 부분적으로 접합된 일단의 암시나 시사들로 구성된다.'[35] 이 발견법은 프로그램의 반박불가능한 '단단한 핵심'(hard core)을 구성하는데, 이는 틀린 것으로 증명되는 것으로부터 면제되어 있다. 그 주위에는 틀린 것으로 증명되는 것이 가능한 '보조적 가설들'로 된 '보호대'가 둘러져 있다. 프로그램은 발견법에 맞추어, 그리고 부분적으로는 관찰에 의하여 이론이 확증되고 반박됨에 따라, 이 가설들이 수정되고 증가됨으로써 발전한다. '보호대'에서 일어나는 그러한 조정은 만일 다음의 세 기준에 맞는다면 진보로 간주된다. (1) 새 이론이 여분의 경험적 내용을 갖는다. 즉 어떤 새로운 사실을 예측한다(이론적 진보.). (2) 이 내용 중 일부가 관찰에 의하여 옳은 것으로 입증된다(경험적 진보). (3) 가설이 발견법과 어긋나지 않는다. 이러한 기준들에 맞지 않는 이론은 (1)과 (2)의 경우에 각각 이론적 퇴보 및 경험적 퇴보를 나타낸다. 이러한 접근법이 갖는 장점은 콰인의 접근법처럼 그것이 모든 과학을 수정가능한 것으로 본다는 것이다. 지식의 현 상황과 양립불가능한 어떤 관찰에 대한 보고는 라카토스의 세 가지 요구에 어긋나게 되지만 않는다면 거부될 수도 있다. 이 새 이론이 다시 관찰에 의하여 반박되게 되더라도 이 반박되는 측면을 설명해서 처리하는 것이 항상 허용된다. (물론 이 설명 역시 경험적 뒷받침이 부족하다면 혹시 우리가 다루는 것이 퇴보한 연구 프로그램이 아닌가 하는 의문이 일긴 할 것이다.) 중요한 점은 전체 과정은 매 단계마다 객관적 통제 하에 놓여진다는 것이다. 라카토스의 기준들을 어떤 연구 프로그램에 적용한 결과에 도전하려는 모든 시도는 그것 자신도 이 기준들을 존중해야만

---

34) I. Lakatos, *Philosopical Papers*(2 vols., Cambridge, 1975), vol. 1, p. 47.
35) 같은 책, p. 50.

한다.

라카토스의 과학적 연구 프로그램의 방법론이 갖는 의의는, 프레게 학파의 언어철학의 반원자주의에 대한 존중을 ('우리는 진술들의 진위를 경험으로부터 증명할 수는 없다. …… 과학의 모든 명제들은 이론적인 것이며 그리고 그것들은 치유불가능할 정도로 오류일 가능성을 갖고 있다)36) 세계를 설명하는 데 성공하는 정도에 따라 이론들의 상대적 장점을 결정하는 고도로 세련된 수단과 결합시키는 방식에 있다. 그러나 이것만이 아니다. 이안 해킹이 최근에 '라카토스의 문제는 재현적 진리론 없이 객관성에 관한 이론을 제공하는 것이다'라고 말한 바 있지만,37) 라카토스의 방법론은 사유를 현실의 특별 항목들의 재현으로 보지는 않더라도 외부 세계의 반영으로는 보는 견해를 필요로 하며 또 그것을 지원한다는 것이 나의 견해다. 라카토스가 이러한 리얼리즘적 지식이론을 필요로 하는 이유는, 그것이 이론을 평가할 기준을 제공하려는 시도 전체에 존재 근거를 제공할 것이기 때문이다. 만약 로티가 시사하는 바처럼 지식이 실로 대화와 같은 것이어서 문장과 세계의 상응 여부가 미적·정치적 선호의 경우에서처럼 지식과도 아무런 상관이 없다면38) 한 이론이 다른 이론보다 진보적이라고 말하도록 해 주는 객관적 기준을 정식화하려는 노력이 현실적으로 무슨 소용이란 말인가? (그럼에도 불구하고 로티는 그것이 무엇이든간에 '사물 일반에 대한 우리의 최고의 이론'에 대하여 계속 말한다.) 우리의 선호에 의존하는 것이 아니라 세계의 상태에 의존하여 각 문장의 진위를 가르는 입장에서 볼 때만이 라카토스의 것과 같은 방법론이 의미가 있게 된다.

이는 '인식론적 객관성'과 '의미론적·존재론적 객관성'이 서로 얽혀 있다고 말하는 셈이 된다. 하나의 가설이 이전의 어떤 연구 프로그램보다 혹은 경생 상내인 다른 연구 프로그램보디 앞선 진보를 나타낸다고

---

36) 같은 책, p. 16.

37) I. Hacking, 'Imre Lakatos's Philosophy of Science', *British Journal for the Philosophy of Science* 30(1979), p. 383.

38) Rorty, 앞의 책, pp. 159, 332~333.

주장하는 것은 그것이 진리에 보다 가깝다고 말하는 것에 해당한다. '진리에 가깝다'고 말하고 있지 '진리다'라고 말하고 있는 것은 아니다. 여기에는 두 가지 이유가 있다. 첫째, 이 장의 서두에서 보았듯이 리얼리즘적 진리관은 옳다고 확증된 최고의 가설도 틀릴 수 있음을 인정한다. 둘째, 만일 진리가 현실과 사유의 상응이라면 우리는 어떤 문장의 진리성을 담론과 세계를 비교함으로써 단지 결론적으로만 확정할 수 있는데, 이는 담론 밖에 아르키메데스의 점이 존재할 것을 전제로 한다. 그런데 일단 우리가 직접적인 지식의 개념을 부정하고 나면 이런 것은 있을 수 없게 된다. 동시에 라카토스의 방법론은 리얼리즘이 긴히 필요로 하는 지원을 해 준다. 왜냐하면 그의 방법론은 프레게, 소쉬르, 콰인이 공유하는 생각인 접합된 체계로서의 언어라는 견해를 받아들일 수 있음과 동시에 '문장의 조직'내에서 일어난 조정에 대한 평가를 할 객관적 기준을 소유할 수 있음을 보여주기 때문이다. 자연의 거울로서의 정신, 재현으로서의 언어라는 상은 직접적 지식이라는 개념을 버리고 난 후에는 살아남지 못하는 것이 사실이다. 현실의 상으로서의 사유라는 생각은 더 이상 진리에 포함되지 않는다. 오히려 진리는 조정원리(regulative principle)로서 작용하며, 문장을 평가할 기준을 제공해 준다. 페피노는 이것을 '총체주의적 리얼리즘'(holist realism)이라고 불렀다.39) 이것을 받아들이자. 그러나 아울러 이것이 전문적 철학자들이 그렇게 종종 조롱했던 레닌의 최초의 철학적 개입에 새 빛을 던져 준다는 점에 주목하자. 『유물론과 경험비판론』에 제시된 진리에의 무한한 접근과정이라는 지식관은 가장 앞장선 현대의 과학철학자인 임레 라카토스의 작업에 의해서 옹호되었던 것이다.40)

---

39) Papineau, 앞의 책, p. 125 이하 참조.

40) 라카토스는 특이하게 엥겔스와 레닌의 철학적 견해들을 승인했다. (Lakatos, 앞의 책, vol. 2, p. 125.) 나는 그가 마르크스주의는 쇠퇴하는 연구 프로그램이라고 주장한 것(같은 책, vol. 1 ch. 1)에 대하여 Callinicos, *Future*, ch. 8[알렉스 캘리니코스, 『마르크시즘의 미래는 있는가』, 열음사, 1987]에서 논의한 적이 있다.

제6장

# 언어와 이데올로기

<h1 style="text-align:center">제6장<br>언어와 이데올로기</h1>

## 1. 이데올로기의 궁핍

　서구 마르크스주의의 특징들 중의 하나는 이데올로기에 대한 관심이다. '이데올로기'란 말로 내가 의미하는 것은 마르크스가 '법적, 정치적, 종교적, 예술적 혹은 철학적 형식들—— 요컨대 사람들이 이 갈등(즉 생산력들과 생산관계들 사이의 갈등)을 의식하게 되고 끝까지 싸워 나가게 되는 이데올로기적 형식들'이라고 부른 것을 의미한다.[1] 서구 마르크스주의의 이 문제에 대한 관심 정도는 『권위와 가족에 관한 연구』(*Studien über Authorität und Familie*, 1936), 『계몽의 변증법』(*Dialectic of Enlightenment*) 중 「반(反)쎔주의의 요소들」('Elements of Anti-Semitism', 1947)이라 불리는 부분, 아도르노가 주재한 거대한 집단 저작물인 『권위적 인성』(*The Authoritarian Personality*, 1950)과 같은 프랑크푸르트 학파의 저작들로부터 추측될 수 있다. 이 서삭들은 모두 마틴 제이가 말했듯이 '복종의 사회심리적 메커니즘과 폭력의 원천'에 대한 관심을 반영한다.[2] 이와 비슷하게 알뛰세도 그의 유명한 글인 「이데올로기와 이데올로기적 국가기구」('Ideology and Ideological State Apparatuses', 1970)에

---

1) Marx, *A Contirbution to the Critique of Political Economy*(London, 1971), p. 21[마르크스, 『정치경제학 비판을 위하여』, 중원문화, 1989].
2) M. Jay, *The Dialectical Imagination*(London, 1973), p. 166[마틴 제이, 『변증법적 상상력』, 돌베개, 1979].

서 개인들의 의식적 욕망과 신념들을 형성하는 이데올로기의 능력을 통하여 부르주아적 사회관계들이 재생산되는 방식을 살펴보려고 하였다. 그리고 하버마스의 최근의 작업도 '규범적 구조들', 법, 도덕, 세계관, 개인적·집단적 정체성의 형성에 주의를 집중하고 있는데 이러한 것들의 발전이 '사회 진화의 향도'라고 그는 주장한다.3)

이데올로기에 대한 이러한 몰두는 아주 명백한 정치적 원천을 가지고 있다. 노동자들이 자동적으로 혁명적 의식을 갖게 되리라는 견해를 레닌이 거부한 데에는 사회안정과 변혁의 상부구조적 조건들에 대한 고려로의 관심이동이 함축되어 있다. 자본주의의 전복이 경제의 작용에 의하여 보증된다는 생각이 더 이상 가능하지 않게 되면 자본주의적 질서를 지탱하거나 해치는 메커니즘들이 이론적 분석의 대상이 된다. 예컨대 1920년대의 혁명적 헤겔주의에서 우리는 이데올로기를 강조하고 있음을 발견한다. 코르쉬는 이렇게 쓰고 있다. '자본주의 시기의 물질적 생산관계들은 그것들이 그 시기의 채 과학적이지 못한 혹은 부르주아 과학적인 의식 속에 반영되는 형식들과 결합되어야만 비로소 제대로 된 것들이 된다. 그 관계들은 이러한 의식의 형식들 없이는 현실 속에서 존속할 수 없다.'4) 우리는 3장에서 루카치가 마르크스주의를 반자연주의와 결혼시키려는 시도로 인하여 프롤레타리아트에 의한 자기의식의 획득 즉 절대적 주·객체를 자본주의의 전복과 동일시하게 되는 모습을 살펴본 바 있다. 물론 가장 중요한 것은 그람시가 강제(force)와 동의(consent)를 구분한 것이다. '어떤 사회집단의 우월성은 "지배"(즉 억압적 통치)와 "도덕적·지적 지도력"이라는 두 가지 형태로 나타난다. …… 사회집단은 정권을 획득하기 전에 이미 "지도력"을 행사할 수 있고 또 그래야만 한다 (이는 실로 그러한 정치권력을 획득하는 주요한 조건들 중의 하나이다).'5)

---

3) J. Haberams, *Communication and the Evolution of Society*(London, 1979), p. 120 [하버마스, 『커뮤니케이션과 사회진화』, 청하, 1987].

4) K. Korsch, *Marxism and Philosophy*(London, 1970), p. 77[칼 코르쉬, 『마르크시즘과 철학』, 학민사, 1986].

5) A. Gramsci, *Selections from Prison Notebooks*(London, 1971), p. 57[그람시, 『옥중

그런데 프롤레타리아 혁명의 이데올로기적 조건들에 대한 이러한 강조는 최근에 유로꼬뮤니즘의 이론가들에 의하여 사회주의 운동에 의한 이데올로기적 '헤게모니'의 획득이 정치권력의 탈취에 해당하는 것임을 의미하는 것으로 받아들여졌다.6)

지난 50년간 마르크스주의 이론가들이 이데올로기에 쏟아 부은 엄청난 관심과 대조되어야 할 것은 정작 마르크스에게는 이데올로기에 대한 만족할 만한 설명이 없다는 사실이다. 그의 이데올로기론은 두 가지 구분되는 그리고 모순되는 요소들로 구성된다. 첫째는 내가 다른 곳에서 인식론적 이데올로기관이라고 부른 것이다.7) 여기서 이데올로기는 일단의 허위적인 신념들로 파악되는데, 이 신념들은 그것들이 전도(顚倒)된 형태로 반영하는 현실에 대한 관계와 그 현실에 대한 올바른 과학적 지식에 대한 관계라는 이중적 관계에 의해 구성된다. 이러한 이데올로기관은 급진적인 계몽주의자들에게서도 발견된다. 그들이 보기에 조직화된 종교는 음모적인 소수 즉 사제들과 전제군주들이 대중을 미혹에 빠뜨리고 노예상태에 두기 위하여 창안한 일단의 거짓말들이었던 것이다. 물론 그 반대의 측면에서 또 다른 소수 — 이번에는 진리로 무장한 계몽된 사람들 — 가 대중을 이성의 힘만으로 이러한 기만으로부터 자유롭게 해 줄 수 있다고 한다. 포이에르바하는 더 앞으로 나아가서 기독교에 대한 구조적 분석을 시도하고 여기에는 주어와 술어의 전도 즉 인간의 유(類)적 본질이 낯설고 허구적인 실체로 전이되는 현상이 포함되어 있음을 보여주려고 하였다. 그는 또한 인간의 자기소외를 피지배자늘의 눈을

---

수고』, 거름, 1993].

6) 그러한 생각의 한 예로는 S. Carillo, *'Eurocommunism' and the State*(London, 1977)[산티아고 까리요, 『유로꼬뮤니즘과 국가』, 새길, 1994] 참조.

7) A. Callinicos, *Althusser's Marxism*(London, 1976)[알렉스 캘리니코스, 『알튀세의 마르크스주의』, 녹두, 1992], p. 96 이하. 이후의 논의는 마이클 로즌이 물신주의와 이데올로기에 관해 쓴 미발표 논문과 G. Therborn, *The Ideology of Power and the Power of Ideology*(London, 1980)에 크게 힘입고 있다. 또한 그 주제에 관한 뛰어난 일반적 개관으로는, J. Larrain, *The Concept of Ideology*(London, 1979)[J. 라레인, 『현대사회 이론과 이데올로기』, 한울, 1984] 참조.

가리려는 것에 그치지 않는 것으로 만들려고 하였으며, 그것을 자기의식의 형성과정에 있어서 역사적으로 필연적인 과정으로 설명하였다. 마르크스는 전도(Verkehrung)라는 모델을 이어받았으나 이것이 의식 속에 존재하는 것은 단지 전도된 현실의 반영일 뿐임을 보여주려고 하였다. '만일 이데올로기 속에서 인간과 그들의 관계들이 사진기의 어둠상자 안에서처럼 거꾸로 보인다면 이 현상은 망막에 맺힌 사물의 전도된 상이 물리적 삶의 과정에서 생긴 것처럼 현실의 삶의 과정에서 생기는 것이다.'[8] 그러나 마르크스의 이데올로기관에는 '실용적' 차원이 존재한다. 즉 '역사적 삶의 과정'에 의하여 생성되는 환상들은 계급사회의 모순들을 덮어 은폐함으로써 지배계급의 이익에 봉사한다는 것이다. 이 환상들이 이럴 수 있는 것은 '지배계급이 가진 생각이 어느 시기에서나 전체적으로 지배적인 생각들이기' 때문이다.[9] 그러나 이 진술은 이데올로기적 담론의 진위와 관계없고 오히려 계급권력의 제도화와 관계되는 용어들로 정당화된다. '물질적 생산수단을 처분할 수 있는 계급은 또한 그 이유로 정신적 생산수단을 통제하며, 그리하여 정신적 생산수단을 결여하고 있는 사람들의 생각들은 대체적으로 이들에게 종속된다.'[10]

마르크스의 이데올로기관을 구성하는 두 차원들 간에는 긴장이 없는 듯이 보일 수도 있다. '실용적' 요소는 단지 인식론적 요소에 역사적 특수성을 부여할 뿐이며, 그리하여 괴란 써본(Göran Therborn)이 이데올로기의 물질적 결정이라고 부른 것에 대한 설명을 통하여 '허위의식'이 전도된 현실의 산물로서 형성되는 모습을 보여주는 것처럼 보일 수도 있는 것이다. 그러나 이데올로기의 두 측면들 사이에 일어나는 몇몇 긴장이, 이 문제에 관한 마르크스의 유일한 상세한 설명인 『자본론』 중 상품 물신주의를 분석한 장을 살펴봄으로써 밝혀질 수 있다. 이 설명은 노동가치론과 밀접하게 연관되어 있다.[11] 마르크스는 일반화된 상품생산

---

8) Marx · Engels, *Collected Works*, vol. 5, p. 36.
9) 같은 책, p. 59.
10) 같은 곳.
11) I. I. Rubin, *Essays on Marx's Theory of Value*(Detroit, 1972)[아이작 루빈, 『마르

체제인 자본주의에는 필연적으로 경제가 일단의 경쟁하는 자본들로 분할되는 현상이 포함된다고 주장하였다. 이러한 상황에서는 특수한 사용가치들을 생산하기 위하여 수행된 구체적인 유용노동은 그 생산물들이 시장에서 교환되는 과정을 통하여 사회적 노동으로 즉 사회의 욕구를 충족시키기 위하여 수행된 전체 활동의 일부로 간주되게 된다. 그 결과로 이 특수한 생산적 활동들은 일정한 양의 추상적인 사회적 노동으로 바뀌게 되는데, 이는 상품의 가치들 속에서 그것들을 생산하는 데 소요되는 사회적으로 필요한 노동시간으로 표현된다. 더욱이 생산이라는 본질적으로 사회적인 활동은 시장에서의 상품들의 운동에 의하여 지배되는 과정이라는 형태를 띠게 된다. '인간들 사이의 특정한 사회적 관계는 …… 인간들 자신에게는 여기서 사물들간의 관계라는 환상적 형태를 띠게 된다.'[12] 이렇게 하여 자본주의적인 사회적 관계들은 자연스러운 것으로 뿌리를 내리게 된다. 상품 물신주의의 가장 극단적인 형태인 삼위일체 공식에서는 지주, 노동자, 자본가의 소득이 그들이 각각 대표하는 '생산요소들'인 토지, 노동, 자본이 사용가치 생산에 기술적으로 기여한 정도에 따라서 결정된다. 그리하여 역사적으로 특수한 생산관계들이 모든 노동과정의 본질적인 특징들로 전환된다.

마르크스는 상품 물신주의에 관하여 세 가지 요점을 말하였다. 첫째, 자본주의적 생산관계들의 물신화된 형태들은 이 관계들이 겉으로 드러나는 방식이다. 즉 '생산관계들이 사회의 표면에서, 서로 다른 자본들의 상호관계에서, 경쟁에서 그리고 생산자들 자신의 일상적 의식에서 띠는 형태'이다.[13] 둘째, 이 외관적 형태는 순전한 환상이 아니다. 그것은 경쟁과정에서의 자본들의 기능으로부터 생기는 현실적인 토대를 가지고 있다. '생산자들에게는 개인적인 노동자들 사이의 사회적 관계들이 보이

---

크스의 가치론』, 이론과실천, 1989]와 J. Rancière, 'Le Concept de critique de l'économie politique dès les Manuscripts de 1844 au Capital', in L. Althusser 외, *Lire le Capital*(4 vols., Paris, 1973) 참조.
12) Marx, *Capital*(Harmondsworth, 1976), p. 165.
13) Marx, *Capital*(Moscow, 1971), p. 25.

는 대로 나타난다. 즉 사람들간의 직접적인 사회적 관계들로 나타나는 것이 아니라 사람들 간의 물질적 관계들로서 나타나며 사물들 간의 사회적 관계들로서 나타난다.'14) 삼위일체 공식조차도 일정한 정도의 진실을 가지고 있다. 새로이 창출된 가치가 임금, 이윤, 지대로 분할되지 않으면 사회계급들의 재생산은 불가능할 것이기 때문이다. '이 환상은 필연적으로 일어나게 되어 있다. 왜냐하면 개별 자본들과 그것들이 생산한 상품들의 실질적인 운동에 있어서 …… 가치를 분할하였을 때의 각 요소들은 상품들의 가치의 전제조건으로서 기능하기 때문이다.'15) 셋째로, 자본주의적 생산관계들이 생산자들에게 이 환상이 들게 한다.

> 실제의 생산에 있어서 전제조건인 것처럼 보이는 이 기성 관계들과 형식들(즉 새로운 가치가 임금, 이윤, 지대로 분할된 것)은 …… 마찬가지로 재생산과정에 있어서도 전제조건들로서 존재하게 된다. 이렇게 하여 이 관계들과 형식들은 실상 개별 자본가들의 행동 등을 결정하며 그들의 의식 속에 반영되는 동기들을 제공한다. 속류적인 정치경제학은 이 의식을 독단적인 형태로 표현할 뿐인데, 이 의식은 그 동기와 사고(思考)에 있어서 자본주의적 생산양식의 외관에 사로잡힌 채로 남아 있다.16)

내가 주목하려는 것은 이 세 요점들 중에서 첫번째 것과 세 번째 것 즉 생산과정에 의하여 생산자들의 의식 속에 유발된, 자본주의의 필연적인 현상형태로서의 물신주의이다. 이는 마르크스의 과학관에서 아주 중요한 본질과 현상 사이의 구분과 밀접하게 연관되어 있으며, 고전적 정치경제학과 속류적 정치경제학을 마르크스가 대위(對位)시킨 이유도 제공해 준다. 전자는 표면을 뚫고 들어갔고 후자는 단지 외관을 체계화했을 뿐인 것이다. 그러나 이 두 요점들은 심각하게 문제의 소지가 있다. 예컨대 랑씨에르(Jacques Rancière)는 『자본론』에서의 마르크스의 이데

---

14) Marx, *Capital*(Harmondsworth, 1976), p. 166. 강조는 인용자.
15) Marx, *Capital*(Moscow, 1971), p. 870.
16) Marx, *Theories of Surplus-Value*, vol. 3, p. 485[마르크스, 『잉여가치 학설사』, 아침, 1989].

올로기 형성론을 이렇게 설명한다. '생산과정에서 생산자가 차지하는 위치가 …… 그들의 실천이 필연적으로 자본의 현상적 운동의 단순한 표현으로서 표상되도록 그리하여 그 진정한 운동에 비해 볼 때 전적으로 전도된 것으로 표상되도록 …… 결정한다.'17) 즉 자본주의는 구조적으로 그 자신에 대한 잘못된 이해를 낳는다는 것이다. 이는 직접적인 지식의 가능성을 전제한다. 생산자는 일단 자본주의적인 사회적 관계들내에 있게 되면 순전히 자신이 차지하는 위치 덕분에 현실을 이러저러한 방식으로 인식한다는 것인데, 그렇다면 '생산자들의 일상적인 의식'이 형성되는 데는 개념화나 경험의 해석이 들어설 여지는 없는 것이다. 현상은 단지 하나의 해석만을 허용할 뿐이며 그것도 공교롭게도 잘못된 해석을 허용할 뿐이다. 그러나 이는 우리가 표피를 뚫고 들어가야만 명백해질 것이다.18)

내 생각으로는 이데올로기의 형성에 대한 이러한 설명은 거부되어야 할 것 같다. 이는 부분적으로는 철학적인 이유로 인해서이다. 5장에 제시된 고찰은 직접적인 지식의 가능성을 부정하는 쪽으로 크게 기울고 있다. 경험은 항상 이미 개념화되어 있으며 어떠한 인식도 하나의 해석만을 허용하지는 않는다. 콰인의 용어로 말하자면 우리는 항상 만만찮은 경험을 우리의 개념체계 속에서 필요한 조정을 함으로써 재해석할 수 있다. 심지어는 가장 일상적인 수준에서 우리가 자본주의 체제를 접하게 되는 경우에도 일정한 개념화가 끼여든다.『자본론』처럼 속류 경제학도 (그리고 그 신고전주의적 후계자들도) 단일한 해석을 허용하시 않는 현실의 이론화이며, 그래서『자본론』이 그래야 되는 것과 마찬가시로, 관찰 가능하지만 항상 재해석될 수 있는 사본주의의 행태를 해석하는 데 다른 것들보다 얼마나 더 성공하느냐에 따라서 평가되어야 한다. 물신주의론을 거부하는 데에는 정치적인 이유도 있다. 자본주의적 생산관계들이

---

17) Rancière, 앞의 책, p. 82.
18) P. Hirst, *On Law and Idelogy*(London, 1979), ch. 4와 B. Brewster, 'Fetishism in Capital and Reading Capital', *Economy and Society*, vol. 5, no. 3, 1976년 8월호 참조.

204

그 일상적인 기능 덕분에 자동적으로 자신들에 대한 잘못된 이해를 낳는다면 자본주의는 무한히 자기 자신을 재생산할 수 있음을 의미하며, 그리하여 카우츠키적 진화주의가 비관적인 방향으로 전도된 것에 해당하는 입장을 돕게 될 것이다. 물신주의론은 또한 이데올로기의 형성에 대한 경험적 탐구를 배제하게 될 것이다. 물신주의론은 허위의식의 자연발생적 생성을 우리에게 제공하기 때문이다. 상품 물신주의 부분을 잘라낸다고 해서 『자본론』에 어떤 큰 상처가 입혀지지는 않을 것이다. 내가 다른 곳에서 보여주었듯이 본질과 현상의 대조가 마르크스의 담론을 유기적으로 조직화하는 특징이라고 보는 것은 잘못이다.[19] 그 이론의 합리적 핵심 즉 자본주의는 자본들간의 경쟁과 그 생산물들의 유통을 통하여 기능한다는 명제는 현재도 타당하다. 어떻든 자본주의에서는 모든 경제적 위기가 우리에게 보여주었듯이 인간이 생산해 낸 생산물들이 인간을 지배한다는 것은 명백한 사실이다.

마르크스의 이러한 오류는 그의 이데올로기관의 기원을 살펴보면 쉽게 이해된다. 그는 포이에르바하가 헤겔의 변증법과 종교의 특징으로 보았던 주어와 술어의 전도라는 개념을 이어받아서 이것을 사회현실에서 일어나는 것으로 변형시켰다. '거꾸로 선 세계'(auf den Kopf gestellte Welt)라는 상은 1843년 그가 아놀드 루게(Arnold Ruge)에게 보낸 편지에서부터 『자본론』 3권에 이르는 저작들에서 발견된다.[20] 전도라는 개념은 마르크스에 의하여 종교와 철학의 비판에서부터 정치와 정치경제학의 비판으로 이전되었다.[21] 이러한 과정은 마르크스가 헤겔을 유물론적으로 바로 세운 것과 밀접하게 연관된다. 예를 들어서 『자본론』 1권 초판(1867)에 붙인 부록에서 마르크스는 상품교환이 구체적인 유용노동을 추상적인 사회적 노동으로 전환시키는 모습을 논하면서 이렇게 논평

---


19) A.. Callinicos, *Is There a Future for Maxsim?*(London, 1982), pp. 119~129 [알렉스 캘리니코스, 『마르크시즘의 미래는 있는가』, 열음사, 1987] 참조.

20) Marx · Engels, *Collected Works*, vol. 3, p. 139와 Marx, *Capital*(Moscow, 1971), p. 830 참조.

21) G. A. Cohen, *Karl Marx's Theory fo History*(Oxford, 1978), ch. 5 참조.

하고 있다.

추상적으로 일반적인 것이 감각적으로 구체적인 것의 속성으로 간주되는 것이 아니라 그 반대로 구체적인 것이 추상적으로 일반적인 것의 현상형태로 간주되는 전도현상은 가치의 표현을 특징짓는다. 동시에 그것은 그것에 대한 이해를 어렵게 만든다. 만일 내가 '로마법과 독일법은 둘 다 법이다'라고 말한다면 이는 뜻이 분명한 것이다. 그러나 만일 내가 '추상체인 법이 구체적 법들인 로마법과 독일법에서 자신을 실현한다'고 말한다면 상호관계는 신비적인 것으로 된다.22)

랑씨에르가 지적하듯이 '여기서 가치의 실존방식을 특징짓는 과정은, 마르크스가 『신성 가족』에서 추상적 **과일**이 구체적인 배나 아몬드들에서 자신을 실현하는 변증법으로써 설명하는 바처럼, 젊은 마르크스에게는 헤겔적 사변의 작용을 특징지었던 바로 그것이었다.'23) 우리는 2장에서 마르크스가 가치를 헤겔식의 구체적 보편자로 파악하는 경향이 있음을 보았다. 그러나 단순히 '현실은 그 자체가 사변적이다'라고 주장한다거나 자본주의는 **절대적 이념**의 속성들을 가지고 있다고 주장하는 것은 문제다. 이는 단순히 헤겔의 목적론적 변증법의 일반적 문제에 국한되는 것이 아니다. 헤겔이 말하는 존재는 주객의 직접적인 통일체로서 자신의 자기의식을 생성하는 능력을 가지고 있기 때문이다. 이는 존재가 '자체 내로 반성해 들어가'서 자신이 본질과 현상으로 나누어지는 것을 의식하게 되는 단계인 **본질**의 영역에서 일어난다. 마르크스가 행한 헤겔의 전도는 자본주의적 생산관계들에 물신주의의 형식으로 스스로를 반성할 수 있는 능력을 부여하는 효과를 갖는다. 아도르노의 말을 빌면 '상품의 물신적 성격은 …… 그것이 의식을 생산한다는 뛰어난 면에서 변증법적이다.'24) 물신주의론은 우리가 『자본론』에서 헤겔적 범주의 지속을 접할 수 있는 특권적 시점들 중의 하나이다.

---

22) Marx, 'The Value-Form', *Capital and Class*, no. 4, 1978년 봄호, p. 140.
23) Rancière, 앞의 책, p. 50. Marx·Engels, *Collected Works*, vol. 4, p. 57~61 참조.
24) E. Bloch 외, *Aeshetics and Politics*(London, 1977), p. 111.

　루카치의 사물화론(事物化論, theory of reification)은 물신주의론의 개념적 난점들을 사회적 관계들을 의식의 형식들과 동일시하는 대가를 치르고서 풀고 있다. 이데올로기의 물질적 결정에 관한 문제는 보이지 않는다. 이데올로기가 바로 사회생활의 원료이기 때문이다. 바로 이 이유로 아도르노는 사물화 개념으로부터 거리를 두게 되었다. '이론의 중심을 의식의 한 형식인 사물화에 두는 것은 비판이론을 지배적인 의식에 그리고 집단 무의식에 관념적으로 받아들여질 만한 것으로 만든다.'25) 그러나 우리가 이미 보았듯이 그는 상품 물신주의 개념에 커다란 중요성을 부여하면서, 헤겔의 **절대자**를 구체적 노동들이 추상적인 사회적 노동으로 전환되는 '거꾸로 선 세계'의 반영으로 간주하였다. '헤겔이 개별자들을 개별성으로 (즉 하나의 개념으로) 옮겨놓은 것은 개별자들을 하나의 범주로서만, 보편자의 우월성의 한 형식으로서만 허용하는 사회의 관행을 따르는 것이다.'26) 더욱이 그는 계속적으로 사회구성체를 그 본질이 모든 수준에 반영되는 표현적 총체로 간주했다. 그러나 벤야민의 『단상들』에 대한 아도르노의 비판, 예를 들어 '사물을 이름으로 부르는 신학적 주제는 단순한 사실들을 순진하게 제시하는 데로 빠지는 경향이 있다'는 논평이 아무리 형식적으로 타당할지라도27) 문화적 현상을 그 특유성 속에서 파악하려는 벤야민의 시도는 헤겔주의적 마르크스주의가 제시하는 대안보다 더 유망한 것처럼 보인다. 수전 벅 모스가 아도르노를 놓고 '사회적 총체의 진실을 …… 특정한 종합배치 속에 있는 대상 안에 그것이 말 그대로 나타난 대로 …… 발견하려는 …… 노력'이라고 부른 것은28) 전체와 부분, 경제와 이데올로기의 관계를 문제의 소지가 전혀 없는 것으로 본다. 즉 전자가 후자에 반영된 것으로 본다. 다른 한편 벤야민은 대상의 특수성에서 출발함으로써 사회적 현상들을 복잡하

---

25) T. W. Adorno, *Negative Dialectics*, p. 190.
26) 같은 책, p. 334. 루시오 콜레티는 그의 *Early Writings*(Harmondsworth, 1975) 서문에서 이와 아주 똑같은 입장을 채택하고 있다.
27) Bloch 외, 앞의 책, p. 129.
28) S. Buck-Morss, *The Origins of Negative Dialectics*(Hassocks, 1977), p. 96.

고 차별화된 결정관계들 속에서 개념화할 수 있게 해 준다.29)

　보다 일반적으로 말해서 마르크스주의 이데올로기론들은 사회구성체들이 재생산되는 것은 이데올로기를 통해서라는 것을 증명 없이 전제하는 경향을 가져 왔다. 실로 문화적, 상징적 실천들의 역할은 지배적인 생산관계들을 영속화하는 데 기여하는 측면에 의해서만 단순하게 설명되는 경향이 있다. 이러한 접근법이 갖는 기능주의적 색채는 '(대중적 표상체계인) 이데올로기는 만일 인간이 그들의 실존조건들의 요구에 응하도록 형성되고 변형되고 준비되려면 어느 사회에서든 필수불가결하다'라는 알뛰세의 주장30)에 명백히 나타난다. 이는 규범적 구조들을 사회생활의 시멘트로 보는 전통적 사회학의 입장에 아주 가깝다. 이러한 접근법은 이데올로기의 물질적 결정에 대한 분석을 위축시키는 경향이 있을 뿐만이 아니다. 이 접근법은 이데올로기는 지배계급의 헤게모니를 위해 기능한다는 전제 —— 그람시의 '도덕적·지적 지도력' —— 로 인하여 이데올로기들이 특정의 사회구성체에서 행하는 실질적인 역할에 대한 경험적 탐구를 미리 배제하는 것이다. 프랑크푸르트 학파의 마르크스주의와 알뛰세의 마르크스주의 모두가 노동자계급을 '문화 산업'이나 '이데올로기적 국가기구'의 손아귀를 벗어나지 못하는 로보트들로 보는 견해를 공유하고 있음을 보면 놀랍다. 최근의 한 연구는 역사적 증거를 들어서 '지배계급의 이념이 모든 시기에서 지배적인 이념이다'라는 명제에 문제를 제기하였는데, 이 연구는 지배적인 이데올로기는 주로 지배계급을 통합하는 데 복무하였고 반면에 대중들은 물리적 억압과 경제적 동기 부여(혹은 동기 탈취)라는 보다 조악한 메커니즘에 의하여 통제되어 왔다고 주장하고 있다.31) 만일 이 주장이 옳다면 서구 마르크스주의가 가진 부르주아 이데

---

29) 그러나 벤야민이 초기에 가졌던 '문화주의'에 대해서는 T. Eagleton, *Walter Benjamin, Or Towards a Revolutionary Criticism*(London, 1981), pp. 176~177 참조.

30) L. Althusser, *For Marx,* p. 235.

31) N. Abercrombie·S. Hill·B. S. Turner, *The Dominant Ideology Thesis*(London, 1980) 참조.

올로기에 마술적인 속성을 부여하려는 경향의 토대가 완전히 도려내어지는 것이다.

　이러한 경험적 문제들 외에, 마르크스주의 이데올로기론이 발전하려면 괴란 써본이 그의 흥미로운 책 『힘의 이데올로기와 이데올로기의 힘』(*The Ideology of Power and the Power of Ideology*, 1980)에서 옹호한 두 가지 단계가 필요하다는 것이 나의 생각이다. 이 두 단계는 이데올로기를 '허위의식'으로 보는 견해를 거부하는 것으로 요약될 수 있다. 이는 우선 마르크스의 이데올로기론에 있는 인식론적 요소── 자본주의를 자기 자신에 대한 잘못된 해석을 생성하는 체제로 보는 견해를 조장하는 물신주의론에 작용하고 있는 것── 를 벗겨내는 것을 함축한다. 만일 우리가 이데올로기의 '실용적' 차원 즉 계급투쟁에 의한 이데올로기의 결정을 진지하게 받아들인다면 이데올로기의 진위라는 문제는 초점을 빗나간 것이 된다. 중요한 것은 이데올로기들이란 '사람들이 이 갈등을 의식하게 되고 끝까지 싸워 나가게 되는 형식들'이라는 점이다. 알뛰세는 이데올로기가 '인간과 세계 사이의 **몸으로 겪은 관계**'의 표상이라고 썼으며 이것은 '상상적인' 관계라고 말했다.32) 내가 제안하는 것은 이데올로기가 **상상적인 표상**이며, **거짓된 믿음들**이며, **환상**이라는 등의 생각이 없어도 된다는 것이다. 써본의 정의에 의하면 이데올로기란 '인간이 처하는 조건 중에서, 이러저러한 정도로 인간에게 의미를 가지는 세계에서 인간이 의식적인 행위자로서 삶을 살아가는 측면'이다.33) 둘째로, 이데올로기는 허위적이지 않은 한편 의식도 아니다. 다시 알뛰세를 인용하자면, '이데올로기는 실로 표상들의 체계지만 대부분의 경우에는 "의식"과는 아무런 관계가 없다. 이데올로기적 표상들은 보통 이미지들이며 때때로 개념들도 있다. 그러나 이 표상들이 대다수의 사람들에게 다가오는 것은 무엇보다도 **구조**의 모습을 띠고서이다.'34) 보다 정확히 말하자면,

---

32) L. Althusser, *For Marx*, p. 233.

33) Therborn, 앞의 책, p. 2. 이러한 이데올로기에 붙여지는 단서에 대해서는 이 책 4장의 각주 44) 참조.

34) L. Althusser, *For Marx*, p. 233.

이데올로기란 보통 발화의 생성을 통하여 상징적으로 기능하는, 특정의 규범들과 구속들에 종속되어 있는 실천들이다. 아주 종종 이 규범들과 구속들은 계급권력의 지배적인 구조로부터 나온다.35)

그러나 이러한 제안들이 과학과 이데올로기의 구분을 거부하자는 것은 아니다. 오히려 이 구분에 대하여 『자본론』이나 『자본론을 읽는다』에서와는 다른 방식으로 생각해야 한다는 것이다. 이론적 담론은 과학적 연구 프로그램의 형성으로 특징지워지는데, 이 연구 프로그램은 상대적으로 자율적이며 각 프로그램의 발견법이 설정한 방향을 따라 가설들을 구축하는 것을 통하여 기능한다. 이데올로기는 개념화되지 않은 날 것 상태의 경험 ― 이런 것은 없다 ― 을 재현한다는 점에서 과학과 다른 것이 아니라, 상대적 자율성의 결여라는 점에서 즉 권력관계내에 있다는 점에서 다르며, 이 권력관계들이 주어진 이데올로기적 담론내에서 가능한 발화들의 주위를 둘러싸고 있는 것이다. 연구 프로그램들은 비록 그 발견법에 의하여 내적으로 가동되기는 하지만 일반적으로 특정의 역사적 상황에서 이데올로기로부터 출현하며 아주 종종 이데올로기와의 밀접한 관계 속에서 계속 기능한다. 따라서 우리는 신고전주의 경제학을 과학적 연구 프로그램으로 볼 수도 있고 ― 라카토스의 세 기준에 따라 평가도 하면서 ― 또한 신자유주의 이데올로기와의 밀접한 관계를 분석할 수도 있다. 물론 마르크스주의는 그 이데올로기적 함축을 숨기기를 경멸한다는 점에서 다른 이론적 담론들과는 다르다.


## 2. 언어의 두 개념

지난 절에서의 논의가 함축하는 한 가지 점은 마르크스주의를 언어절

---

35) 이렇게 이해된 이데올로기와 레이몬드 윌리엄즈의 문화 실천 개념 사이에는 다소 중첩되는 부분이 있다. *Marxism and Literature*(Oxford, 1977)[레이몬드 윌리엄즈, 『이념과 문학』, 문학과지성사, 1982]와 *Problems in Materialism and Culture*(London, 1980) 참조.

학의 방향으로 밀고 가는 것이다. 이 움직임은 어떻든 논리적인 것이다. 왜냐하면 일단 우리가 사유와 언어가 상호의존적이라는 것을 받아들인다면, 이데올로기 연구는 이데올로기를 표현하는 기호체계의 분석을 포함하게 마련이기 때문이다. 그리고 그러한 분석은 어떻게 의미작용 그 자체가 일어나는지에 대한 어떤 일반적인 설명, 바꾸어 말하면 분석철학자들이라면 의미이론이라고 부를 것을 전제한다. 마르크스주의와 언어철학의 첫번째 주요한 만남은 1920년대에 러시아 형식주의자들의 작업에서 그리고 바흐찐의 작업에서 일어났다. 바흐찐은 마르크스주의적 언어론을 정식화하려고 시도함에 있어서 맨 처음부터 시작하고 있음을 인정하였다.36) 보다 최근의 것으로 중요성을 지닌 것은 1960년대와 1970년대에 파리의 마르크스주의자들 —— 알뛰세와 그의 추종자들인 마르크스주의자였던 시기의 뗼껠(Tel Quel) 그룹 —— 의 시도인데, 이들은 소쉬르에서 비롯되었고 레비스트로스, 야꼽슨, 라깡에 의하여 상당히 발전된 언어철학을 활용하려고 하였다. 나는 5장에서 이미 분석철학자들이 널리 받아들이고 있는, 소쉬르의 언어관과 프레게적 언어관이 가진 한 주요한 유사성을 시사한 바 있다. 양자에게 있어서 어떤 언어표현의 의미는 그것이 지시하는 언어 밖의 사물과의 관계에 의해서가 아니라 언어 자체의 망(網) 속에서의 위치에 의하여 결정된다.

이러한 의미의 언어내재성은 여러 중요한 귀결들을 낳는다. 첫째, 이는 질 들뢰즈가 소쉬르의 전통내에서 강력하게 주장한 대로, 의미는 표피적 현상임을 함축한다.37) 바꾸어 말하면 어떤 언어표현이 의미를 얻는 과정을 설명하는 것은 현실의 어떤 보다 근본적인 언어외적 차원을 설정하기를 포함하지 않는다. 언어표현들의 의미나 지시성(reference)은 그것들이 언어의 망내에서 갖는 위치에 의하여 결정된다. 문장들의 상호관계를 도출시키는 것으로 지시관계나 아니면 어떤 심리적 혹은 사회심리

---

36) V. N. Volosinov, *Marxism and the Philosophy of Language*(New York and London, 1973)[바흐찐·볼로쉬노프, 『마르크스주의와 언어철학』, 한겨레, 1988].
37) G. Deleuze, *Logique du sens*(Paris, 1969) 참조.

적 메커니즘을 끌어들일 필요는 없다. (물론 언어를 사용하는 능력을 우리가 소유하는 것을 설명하기 위하여는 그러한 메커니즘이 필요할지도 모르겠다. 그러나 지금 문제가 되고 있는 것은 단지 우리가 이 능력을 사용할 때 하는 일이 무엇인지를 설명하는 데 이 메커니즘이 필요한가 아닌가이다.) 비트겐슈타인은 다음의 대목에서는 들뢰즈와 매우 가까워 보인다. '언어형식들에 대한 잘못된 해석을 통하여 일어나는 문제는 깊이라는 것을 특징으로 가지고 있다.' 그는 계속하여 말한다.

> 이는 언어, 명제, 사유의 본질에 대한 문제들에서 표현된다. 이 연구에서 우리가 이해하려는 것도 언어의 본질, 그 기능과 구조일지도 모르겠으나, 그러한 문제들이 염두에 두고 있는 것은 이것이 아니다. 그러한 문제들이 본질이라는 말로 이해하는 바는 이미 시야에 열려 있어서 재정렬을 통하여 개관가능하게 되는 어떤 것이 아니라, 표면의 밑에 놓여 있는 어떤 것이다.[38]

언어의 본질은 표피적 현상이라는 것이다. 왜냐하면 그것은 언어 외부에 어떤 '토대'를 발견함으로써가 아니라 '문장들의 조직' 자체내에서 확증되기 때문이다.

프레게와 소쉬르의 언어관 사이의 또 하나의 중요한 공통점은 내가 1장에서 이미 언급한 바 있는, 주체에 현실을 구성하는 역할을 부여하기를 거부하는 입장이다. 칸트가 선험적 주체의 활동에 의존하는 것으로 보았던 종합의 기능은 프레게에 의하여 언어에 내재하는 것으로 되었고 더 이상 설명을 필요로 하지 않는 것으로 되었다. 단어들의 의미는 문장에서 갖는 의미에서 도출되며, 문장들의 관계는 경험의 어떤 선험적인 전제들에 준거하지 않고도, 그리고 어떤 주장이나 추론에 동반되는 심리적 과정들에 대한 고려가 없이도 분석될 수 있다고 한다.[39] 포퍼가 지식을 개별 주체들의 속성인 진정한 믿음들로 개념화하지 않고 '제3의 세계'로 개념화하였을 때 즉 물리적 대상들이나 정신적 과정들과는 구분되

---

38) L. Wittgenstein, *Philosophical Investigations*(Oxford, 1968), I, pp. 111, 92.
39) 언어에 대한 프레게의 '본질적으로 세속적인' 접근에 대해서는 D. Bell, *Frege's Theory of Judgement*(Oxford, 1979), p. 79 참조.

212

고 문장들 사이의 객관적 관계들에 의해 구성되는 제3의 영역으로 개념
화하였을 때, 그는 프레게와 소쉬르의 접근법이 갖는 함축들을 가장 명
시적으로 전개시킨 것이었다.40) 이안 해킹이 지적하듯이, 이러한 극단적
인 반(反)심리주의는 포퍼와 그의 추종자들 —— 예컨대 라카토스 —— 에게
만 특유하게 있는 것이 아니라, ‘선조의 지식’을 ‘문장들의 조직’으로 보
는 콰인에게도 존재하고 ‘이론적 실천’을 ‘주체 없는 과정’으로 보는 알
뛰세에게도 존재한다.41) 그것은 어떤 의미에서는 프랑스 철학자들과 분
석철학자들 모두에게 특징적인 반원자주의에 함축되어 있다. 물론 우리
는 분석철학자들 중의 일부, 예를 들어 스트로슨 같은 이에 의하여 제기
된 칸트적 주제들에 주목해야 할 터인데, 스트로슨은 개별자들의 동일시
를 허용할 어떤 개념체계가 갖는 필연적인 특징들을 확립하려고 하였다.

  그러나 프레게와 소쉬르의 언어론 사이에는 근본적인 차이가 있다.
분석철학이 언어의 작용을 설명하는 데 있어서 문장을 가장 중요한 것
으로 보는 반면에, 구조언어학과 그 철학적 후계자들은 단어와 문장 사
이에 어떤 원칙적인 구분을 두지 않으며 그 대신에 언어 단위들 —— 음
운이 될 수도 있고 단어가 될 수도 있으며 문장이 될 수도 있고 심지어
는 더 광범한 것이 될 수도 있다 —— 의 선별과 조합에 집중한다. 이 차
이의 중요성은 촘스키(Noam Chomsky) 이래로 언어적 창조성이라고 알
려진 것(화자가 이전에 말하거나 읽거나 듣거나 상상해 본 적이 없는 문장
을 이해하고 구축할 수 있는 능력)을 고려할 때 분명해진다. 분명히 어떤
의미이론이든 이러한 언어의 개방성이라는 현상에 대하여 설명을 하여
야 한다.42) 프레게의 언어철학을 받아들이는 사람이라면 누구든지 택하
는 이 문제에 대한 대략적인 접근법은 아주 직절적(直截的)이다. 우리는
문장의 맥락내에서만 의미와 지시성을 갖지만 개별적인 경우의 사용으

---


40) K. R. Popper, *Objective Knowledge*(Oxford, 1972).
41) I. Hacking, 'Imre Lakatos's Philosophy of Science', *British Journal for the Philosophy of Science*, 30(1979), p. 394.
42) 논점을 이러한 용어로 정식화하는 점에서 나는 데꽁(V. Descombes)의 *Le Même et l'autre*(Paris, 1979)에게서 큰 도움을 받았다.

로부터 독립된 어휘의 형태로 존재하는 단어들을 소유하고 있다. 우리는 각 문장이 우리가 이미 알고 있는 단어들의 순열인 까닭에 새로운 문장을 이해하고 구축할 수 있다. 따라서 단어와 문장의 구분은 언어적 창조성을 설명하는 데 있어서 결정적인 것이다. 소쉬르를 따르는 언어철학자들은 이러한 구분을 하지 못하기에 모든 새로운 발화는 언어에 새로운 의미를 도입한다고 주장하는 경향이 있다. 이에 따르면 새로운 문장을 말할 때에 우리가 이미 알고 있는 단어를 사용하면 우리는 이 단어에 새로운 의미를 부여하는 것이 되며 실질적으로 새로운 단어를 창조하는 것이 된다. 이런 식으로만 우리는 의사소통은 필연적으로 오해를 포함한다는 라깡의 주장을 설명할 수 있다.43) 다른 사람들과 의사소통을 하려는 모든 시도는 내재적으로 모호하다. 어떤 새로운 생각을 전달하는 것은 단어로 하여금 새로운 의미를 획득하게 하는 날랜 손재주를 필요로 하기 때문이다. 사용되는 언어는 항상 자기의 밑에 깔려 있는 깔개를 빼낸다. 탈구조주의 철학자들은 의미작용을 설명하기 위하여 '부재'니 '결핍'이니 '빈 공간'이니 '부동하는 씨니피앙'(signifier)이니 '미끄러짐'(sliding)이니 하는 개념들을 도입하게끔 된다. 왜냐하면 그들에게는 의미작용이란 각 언어표현이 가진 의미가 어떤 새로운 의미에 준거하는 것 없이는 파악되지 않는 과정이기 때문이다.

이러한 논점은 양 계열의 언어이론이 제공하는 은유에 대한 아주 상이한 설명을 비교함으로써 보다 구체화될 수 있다. 분석철학자들은 언어표현들의 은유적 의미가 그 말 그대로의 의미에 기생하는 것으로 보는 경향이 있다. 이러한 접근법의 극단적인 경우는 도날드 데이비슨의 것으로서 그는 은유는 말 그대로의 의미 이외의 의미를 가지고 있지 않다고 한다. 우리로 하여금 독립된 은유적 의미를 부여하도록 하는 것은 예컨대 '달은 풍선이다'와 같은 문장이 낳는 효과인데, 이 문장의 의미는 다른 모든 문장의 의미처럼 그것을 구성하는 단어들의 정상적인 의미에

---

43) J. Lacan, 'The Agency of the Letter in the Unconscious since Freud', in
   *Écrits : a Selection*(London, 1977).

214

의하여 결정된다. 이 문장은 대부분의 은유처럼 내용이 틀렸으면서도
(달은 풍선이 아니므로) '우리로 하여금 양 사물 사이의 어떤 유사성, 종
종은 새롭고 놀라운 유사성에 주목하도록 만든다'는 것이다.44) 이와는
반대로 라깡은 다른 언어표현의 대체물들인 은유와 환유 및 양자의 결
합이 언어를 구성하는 것으로 본다.45) 그리하여 윌리엄 엠슨(William
Empson) 같은 비평가들이 많은 시적 효과들에 특징적인 것으로 보았던
애매한 표현들은 의미작용 자체에 필수적인 것이 된다. 그 결과로 생기
는 것은 제임슨이 '언어의 비교불가능성'(incommemsurability of langua-
ge)이라고 부른 것, 즉 '언어는 어떤 사물을 표현할 수는 없고 단지 관계
들 (소쉬르의 언어학) 혹은 순전한 부재(말라르메)만을 나타낸다는 사실'
이다.46) 이렇게 개념화된 언어에는 어떠한 준거점도 있을 수 없게 된다.
무언가 새로운 것을 말하려는 새로운 시도는 언어표현들이 언어망내에
서의 위치 덕분에 가지는 겉보기에는 안정된 의미를 뒤엎게 마련인 것
이다. 들뢰즈와 데리다 모두가 언어를 놀이(play)로서 본 것, 즉 은유적
대체와 환유적 결합의 잠재적으로 무한한 과정을 통하여 기능하는 차이
들의 체계로 본 것도 무리가 아니다.47)

  이러한 언어관이 가진 중요성은 그것이 현실 자체를 차이, 흐름, 파편
들로 보는 견해를 조장한다는 것인데, 이는 들뢰즈가 가장 정합적으로
표현하고 있는 형이상학적 입장이다.48) 이러한 접근법은 심각한 인식론
적, 정치적 귀결을 낳을 수 있다. 흐름을 안정화하려는 시도, 차이에 질
서를 부과하려는 시도는 모두 반동적이라는 말이 되기 때문이다. 과학과
이데올로기를 개방성과 봉쇄성의 관점에서 구분하는 알뛰세의 견해를

---

44) D. Davidson, 'What Metaphors Mean', in M. Platts(편), *Reference, Truth and
    Reality*(London, 1980), p. 240.
45) Lacan, 앞의 인용문.
46) F. Jameson, *The Prison-House of Language*(Princeton, 1974), p. 122[F. 제임슨,
    『언어의 감옥』, 까치, 1985].
47) 예를 들어, J. Derrida, *Of Grammatology*(Baltimore, 1976)와 *Writing and Differ-
    ence*(London and Henley, 1978) 참조.
48) 특히 G. Deleuze, *Différence et répétition*(Paris, 1969) 참조.

살펴보자. 과학의 발전은 잠재적으로 무한한 반면에 이데올로기는 단지 미리 결정된 문제들에 미리 소화된 해답들을 제공할 뿐이며, 이러한 문제들과 해답들은 담론 밖에 있는 종교적, 윤리적, 정치적 이해관계들을 뒷받침하는 데 복무하는 거울 구조(mirror-structure)를 구성한다고 한다.49) 이 대조의 모호성은 제쳐놓고라도, 그것이 함축하는 바가 얼마나 위험한지에 주목해 보자. 그 어떤 이론적 담론도—— 양자 역학, 신고전주의 경제학, 정신분석학, 스콜라 철학 등 모두가—— 일정한 진술들의 발화를 금한다는 면에서는 봉쇄되어 있기 때문이다. 이는 라카토스의 연구 프로그램을 생각해 보면 분명해진다. 어떤 연구 프로그램의 발견법은 추구해야 할 대략적인 연구방향을 설정함과 동시에 그 프로그램의 단단한 핵심에 어긋나는 진술들의 수용을 금하는 것이다.50) 이러한 의미에서 마르크스주의는 봉쇄된 담론이다. 마르크스주의는 일정한 형태의 설명들 예를 들면 의식의 형식들이나 인종의 관점에 선 설명들을 생산관계들의 우선성과 어긋나는 것이라고 하여 배제한다. 과학은 알뛰세가 (레닌을 인용하며) 말하듯이 무한할 수 있다. 그러나 그렇다고 해서 우리가 아무 문장이나 자유롭게 택하고 거부할 수 있다는 결론이 나오는 것은 아니다. 이 논점은 보다 일반적인 용어로 제시될 수 있다. 모순율은 우리에게 일정한 문장을 받아들일 경우에는 다른 문장을 거부할 것을 요구함으로써 우리의 담론에 일정한 봉쇄를 가한다. (바꾸어 말하면 ‘비가 오고 비가 오지 않는다’라고 주장하는 것은 금지되어 있다.) 그러나 일단 우리가 담론을 내재적으로 불안정석이고 애매한 것으로 간주하게 되면, 어떤 시점에서 주장될 수 있는 것에 가해시는 구속은 그것이 아무리 완화된 것일지라도 철학석 오류가 된다. 실로 푸꼬와 들뢰즈는 최근의 그들의 ‘무정부적·니체주의적’ 단계에서는 담론내의 봉쇄의 존재를 ‘권력·지식’—— 즉 사고와 현실 모두를 지배관계들 안에서 형성하고 통제하는 것—— 의 존재에 대한 지표로 간주하게 되었다.51)

---

49) L. Althusser, *Reading Capital,* pp. 52, 90의 각주 참조.
50) 엘리 자하르(Elie Zahar)가 처음으로 나에게 이 점을 지적해 주었다.
51) Callinicos, *Future,* 여기저기[알렉스 캘리니코스, 『마르크시즘의 미래는 있는가』,

216

1970년대에 프랑스 지식인의 일부가 이러한 입장을 갖게 된 데에는 독립적인 정치적·이론적 이유들이 있지만, 이러한 입장의 성립에 기여한 명백한 한 요인은 단어에 고정된 의미를 부여하기를 거부함으로써 언어적 창조성을 설명할 수 있었던 언어철학이다. 이는 프레게의 언어이론에 유리한 고찰인 듯이 보인다. 그의 언어론에서는 무한한 수의 낯선 문장들을 말하고 이해할 가능성은 단어들이 문장들의 구성체내에서 맡는 역할로부터 의미와 지시성을 얻는다는 명제 속에 직접적으로 주어진다. (물론 이러한 견해는 단어의 의미가 시간이 감에 따라 변함을 부정하지 않는다. 이 견해는 언어표현들이 가진 의미들이 언어게임내에서의 위치에 따라 동시적으로 결정된다는 데 관심을 갖고 있는 것이다.) 소쉬르류보다 프레게류의 언어관이 마르크스주의 이데올로기론에는 더 많은 것을 제공하는 듯하다.


## 3. 진리와 의사소통

일부 마르크스주의자들은 체계적 의미이론이라는 것 자체에 명백한 반대를 할지도 모르겠다. 이러한 반대는, 언어표현들의 의미나 지시성이 결정되는 방식에 대한 일반적인 설명을 제시하려는 기획이 잘못되었다고 말하는 것에 해당한다. 단어나 문장은 그것들이 사용되는 특수한 맥락에서만 의미를 획득하고, 이 맥락은 담론과 엮여 있는 비담론적 사회실천들과 분리될 수 없다는 것이다. 이러한 반대가 '한 단어의 의미는 언어 속에서의 사용에 있다'는 비트겐슈타인의 슬로건에도 함축되고 있다고 종종 해석된다.52) (물론 이 해석이 결코 논란의 여지가 없는 것은 아니다.) 이러한 반대에 대한 마이클 더미트의 답변이 이 문제에 대한 결

---

열음사, 1987]와 P. Dews, 'The *Nouvelle Philosophie* and Foucault', *Economy and Society*, vol. 8, no. 2, 1979년 5월호 참조.

52) Wittgenstein, *Investigations* I, p. 43.

론을 내리는 것으로 생각된다.

　일정한 언어에 대한 구사능력을 가진 누군가가 무한한 수의 문장들을 이해할 수 있으며 이때 물론 이 무한한 수의 문장들 중의 대부분은 그가 이전에 들어 본 적이 없는 것들이라는 사실은 …… 각 화자가 그 언어의 단어들을 문장 속에서 사용하는 법을 지배하는 일정한 수의 일반적 원리들을 암묵적으로 파악하고 있다고 가정함으로써 가장 잘 설명될 수 있을 것이다. …… 이 원리들을 명시화하는 데 어떤 이론적인 장애물들이 있을 수 있다고 보기는 어렵다. 그리고 암묵적으로 파악되었을 때 언어에 대한 구사능력을 구성하게 되는 이 원리들을 명시적으로 진술하는 것은 바로 완전한 언어의미 이론이 될 것이다.53)

　언어와 다른 사회적 실천들과의 접합 문제를 해명하기 위해서는 문장의 의미(sense)와 힘(force) 사이에 프레게가 지은 중요한 구분을 우선 고찰해야 할 것이다. 어떤 문장의 의미는 그것이 표현하는 생각(thought)으로서, '옳다고 받아들여지거나 틀리다고 거부될 수 있는 유일한 부분'이다.54) 그러나 '우리는 진술함이 없이 어떤 생각을 표현할 수도 있다. …… 일단 우리가 어떤 생각을 품었으면 우리는 그것을 옳은 것으로 인식하고 (판단을 내리고) 그 진리성에 대한 우리의 인식을 표현할 수 있다 (진술할 수 있다).'55) 어떤 생각은 그것을 표현하는 문장이 진술하는 힘 (assertoric force)을 가지고 발화될 때에 진술되는 것인데, 프레게는 판단부호(judgement-stroke)라는 특별한 부호를 만들어서 의미와 힘 사이의 구분이 그의 논리적 표기법에서 명쾌히 표시되도록 하였다.56) 프레게는 그의 논의를 참, 거짓을 허용하는 유일한 유형인 진술문(assertoic sente-

---


53) M. Dummett, *Truth and Other Enigmas*(London, 1978), p. 451. 그러나 화자(話者)의 언어에 대한 '암묵적인 지식'이라는 생각은 결코 문제가 되지 않는다. G. Evans, 'Semantic Theory and Tacit Knowledge', in S. H. Holtzmann · C. M. Leich(편), *Wittgenstein : to Follow a Rule*(London, Henley, and Boston, 1981) 참조.

54) G. Frege, *Posthumous Writings*(Oxford, 1979), p. 197.

55) 같은 책, p. 185.

56) Bell, 앞의 책, 여기저기 참조.

nces)에 국한시켰다. 명령('문 닫아!')이나 물음('너 오늘 밤에 오니?')은 옳고 그름의 여부를 따질 수가 없다. 이렇게 대상을 좁힌 것은 프레게의 관심이 문장들간의 옳고 그름의 전달을 다루는 논리에 있기에 충분히 자연스러운 것이었다. 그러나 이러한 구분은 다른 부류의 발화들을 포괄하도록 일반화될 수 있는데, 이는 오스틴(J. L. Austin)이 『단어로 어떻게 일을 하는가』(*How to Do Things with Words*, 1962)에서 했던 일이다. 더미트가 이렇게 일반화한 것에 따르면, 물음, 진술, 명령, 약속 등 어느 유형의 발화 혹은 언어행위든 '진술을 하거나 명령을 내리는 데 사용되느냐 아니냐와 일반적으로 무관한 일정한 서술적 내용'을 갖는다고 한다. 더미트는 계속 말한다.

> 이 서술적 내용은 바로 프레게가 문장의 의미 혹은 문장이 표현하는 생각이라고 부른 것에 상응한다. 문장을 이해하고 그 사용법을 알기 위해서는 그 문장이 사용되는 힘을 전달하는 또 다른 상징적 요소가 그 문장에 담겨 있어야 한다. 즉 진술기호나 명령기호의 역할을 하는 무엇인가가 담겨 있어야 하는 것이다. ······ 이 견해에 따르면 진술문, 명령문, 의문문, 조건문은 모두가 생각들을 표현한다. 이 문장들은 단지 그것들에 덧붙여지는 힘에서만 즉 그 문장들을 발화함으로써 수행되는 언어행위에서만 차이가 난다.57)

의미와 힘 사이의 구분은 분석적 언어철학자들을 나누는 주된 기준들 중의 하나를 이해하는 데 필수적이다. 스트로슨은 형식적 의미론자들과 '의사소통·의도' 이론가들을 대조시킨다.58) 형식적 의미론자들인 데이비드슨 및 그의 추종자들은 의미를 주된 것으로 보아, 문장의 의미는 그 진리조건들에 의하여 주어진다고 주장하는데, 이 조건들은 일반적으로 발화의 조건들과 상관이 없다. 다른 한편, 존 썰 같은 언어행위론자들은

---

57) M. Dummett, *Frege : Philosophy of Language*(London, 1973), pp. 305, 307.
58) P. F. Strawson, 'Meaning and Truth', *Logico-Linguistic Papers*(London, 1971). 이 강의에 대한 비판적인 논의로는 J. McDowell, 'Meaning, Communication, and Knowledge', in Z. van Straaten(편), *Philosophical Subjects*(Oxford, 1980) 참조.

언어표현들의 의미는 그것이 발화되는 힘 그리고 화자의 의도 —— 발화의 실제 의도든 아니면 관례적으로 그런 종류의 언어행위에 들어 있다고 보는 것이든 —— 를 전달하는 힘에 의하여 결정된다고 본다.

　의사소통과 의도를 중심으로 하는 후자의 입장을 하버마스가 이어 받았다. 이는 '의사소통 행위의 일반적 전제들'의 개념화를 허용할 '형식적 실용론'(formal pragmatics)을 구축하려는 그의 최근의 시도에서 엿보인다.59) 이 기획은 그의 『지식과 인간의 관심』(*Knowledge and Human Interests*, 1968)에서 미리 엿보였는데, 이는 반자연주의의 강력한 재주장으로서 '의사소통 행위'(언어와 문화)를 '도구적 행위'(자연을 통제하는 가장 효율적인 수단을 선별하는 것을 지향하는 도구적 합리성에 의하여 지배되는 노동과정)와 날카롭게 구분한다. 하버마스의 결론은 언어가 보편과 개별의 대립을 자생적으로 극복한다는 아도르노의 믿음과 이성은 인간해방을 향한 노력과 불가분하다는 피히테의 생각을 합쳐 놓은 것이다. '우리를 자연의 위로 들어 올려주는 것은 우리가 그 본성을 아는 유일한 것 즉 언어다. 언어의 구조를 통하여, 자율성과 책임성이 우리 앞에 설정된다. 우리의 최초의 문장은 보편적이고 무제한적인 동의라는 의도를 명확하게 표현한다.' 이러한 의도가 실현될 수 있는 것은 해방된 사회에서일 뿐인 만큼 '진술들의 진리성은 훌륭한 삶을 기대하는 것에 토대를 두고 있다.'60)

　하버마스는 오스틴과 썰의 언어행위론에 호소함으로써 이러한 주장에 내용을 부여하려고 하였는데 그러는 과정에서 그의 초기 견해들이 가진 보다 엄밀하게 칸트적인 측면들 중의 일부를 버렸다. '칸트의 기본적인 생각을 따르면 경험들은 구성되며 발화들은 기껏해야 생성될 뿐이다.'61)

---

59) Habermas, *Communication*, p. 1[하버마스, 『커뮤니케이션과 사회진화』, 청하, 1987].
　　J. B. Thompson · D. Held(편), *Habermas : Critical Debates*(London, 1982) 참조.
60) J. Habermas, *Knowledge and Human Interest*(London, 1972), p. 314[하버마스, 『인식과 관심』, 고려원, 1983].
61) Habermas, *Communication*, p. 24. 또한 같은 책, pp. 24~25 참조[하버마스, 『커뮤니케이션과 사회진화』, 청하, 1987].

하버마스는 모든 언어행위는 일정한 타당성 주장(validity-claims)을 포함하는데 이는 이해받으려 하고 진실을 말하려 하며 또한 그것을 성실하고 적절한 방식으로 하려는 화자의 의도를 표현한다고 한다. 모든 언어행위의 목적은 이해에 도달하는 것 즉 '상호이해, 공유된 지식, 상호신뢰와 조화가 갖는 간주관적 상호성으로 귀결하는 동의를 불러일으키는 것'이라고 한다.[62] 이 구조는 생산관계들에 의하여 전제되는데, 생산관계들은 '사회적 생활세계'의 통일성을 가치들과 규범들을 통하여 확보하려 하는 '특수한 형태의 사회통합'을 구현할 뿐이라고 한다.[63] 그 학습능력에서 표현되는 사회의 발전수준을 결정하는 것은 이러한 형식 혹은 '조직의 원리'이다. (하버마스는 사회의 진화를 개별 행위자들의 진화와 동일시한다.) 사회의 진화는 모든 언어행위에서 이루어지는 종류의, '복구가 능한 타당성 주장들을 통하여 작동하는 방향성 있는 학습과정의 형태로' 일어난다고 한다.[64]

사회가 의사소통에 의하여 구성되며 '예를 들면 갈등이나 경쟁 혹은 전략적 행위 같은 다른 형태의 사회적 행위는 이해에 도달하는 것을 지향하는 행위로부터 파생되어 나온 것'이라고 명시적으로 전제하는 이론적 기획에는, 모순을 은폐하고 있다는 경멸적인 의미에서의 이데올로기적인 요소가 강하게 깔려 있다.[65] 그 결과 인간해방에 대한 반대는 비합리적인 것이 된다.

> 일상언어의 의사소통 구조 속에서 스스로를 유지하는 살아 있는 존재에게는 언어의 타당성의 토대는── 선험적이라는 의미에서── 보편적이고 불가피한 구속력을 가지고 있다. …… 만일 우리가 인류의 인지적 잠재성과 결부되어 있는 타

---

62) 같은 책, p. 3.

63) 같은 책, p. 146.

64) J. Habermas, *Legitimation Crisis*(London, 1976), p. 14. 또한 그의 'Towards the Reconstruction of Historical Meterialism', *Communication*. 참조.

65) Habermas, *Communication*, p.1. M. Rosen, 'Critical Theory : the Persistence of Philosophy', in S. Mitchell · M. Rosen(편), The *Need for Interpretation*(London, 근간) 참조.

당성 주장을 자유롭게 거부하거나 받아들일 수 없다면 이성에 반대하거나 찬성하는 '결정', 이성적인 행동의 잠재력을 확대하는 것에 반대하거나 찬성하는 '결정'을 원하는 것은 무의미한 것이다.[66]

　우선적으로, 거짓말, 위협, 인종주의적 농담 등과 같은 '일상언어적인 의사소통'의 전형적 형태들을 비정상적인 것으로 보거나 배제하도록 언어행위를 정의하는 것에는 하버마스의 정치적·윤리적 견해가 턱없이 개입한 것 같다. 더욱이 마이클 에드워즈 경이든 요크셔의 광부든 브리티쉬 무브먼트의 스킨헤드족이든 사회의 구성원이라면 모두 자신의 발화들에 의해서 '보편적이고 무제한적인 동의'의 확립을 동일한 목표로 가지게 된다는 믿음은 역사적 유물론으로부터 마르크스가 전면에 내세운 바로 그것 — 착취, 적대, 사회적 갈등, 계급투쟁 — 을 뽑아내 버리는 것이다. 고전적인 마르크스주의의 관점에서 볼 때 자본가가 '이성적인 행위의 잠재력의 확대'에 저항하는 것은 전적으로 합리적이다. 왜냐하면 그가 생산관계들내에서 차지하는 위치로 인하여 이 관계들이 공산주의적 관계들로 대치되는 것은 그의 관심에 합당하지 않기 때문이다.

　하버마스가 사회를 '의사소통 행위'로 정의한 것은 마르크스의 생산개념이 사회를 생산력들의 확대에 골몰하는 '도구적 행위'로 환원한다는 그의 믿음과 밀접하게 연관되어 있다. 그러나 내가 2장과 4장에서 보여주려고 하였듯이 마르크스는 생산을 생산력들과 생산관계들의 접합된 총체로 보았으며, 잉여가치를 '공허한 추상'으로 전유하는 특수한 형태를 결정하는 생산수단의 '내적 분배를 …… 무시하면서 생산을 검토하려는' 시도들을 무시하였다.[67] 하버마스는 '생산에 내재하는 분배는 …… 필요, 도구적 행위, 직접적 소비라는 생산요소들로 분해될 수 없는 …… 상징적 상호작용의 구조에 기반을 둔다'고 이의를 제기하였다.[68] 물론 마르크스가 분배가 이렇게 분해될 수 있다고 주장한 적은 없다. 그는 분

---

66) Habermas, *Communication*, p. 177.
67) Marx, *Grundrisse*, p. 96.
68) Habermas, *Knowledge*, p. 328, 각주 146.

배를 사용가치를 생산하는 특수한 기술적 조직화인 노동과정으로부터 구분하였다. 그러나 그는 이 분배가 ‘상징적 상호작용’ 혹은 ‘의사소통 행위’에 의해서 구성되는 것이 아니라 직접적 생산자들과 생산수단이 계급사회에서 결합되고 분리되는 적대적인 형식 —— 이는 다름 아닌 착취의 관계들이며 그 토대 위에서 계급투쟁이 펼쳐지는 것이다 —— 에 의하여 구성된다고 보았다. 역사적 유물론의 특수한 차원인 이 점을 하버마스가 분해해 버린 것은 헤겔 좌파로의 회귀를 정당화하는 것이 되며, 인간해방을 교육과정, 모든 ‘의사소통 행위’가 목표로 하는 ‘완전한 이해’의 장애물들을 제거하는 과정으로 파악하게 되는 것이다.

어떻든 ‘의사소통 · 의도’라는 관점에서 언어를 설명하는 것을 거부할 타당한 이유들이 있다. 첫째로, 언어표현들의 의미를 그 특수한 발화조건들의 관점에서 부여하는 데 대한 더미트의 반대가 있다. 즉 그래서는 동일한 단어들이 많은 상이한 부류의 언어행위로 나누어지는 잠재적으로 무한한 수의 문장들에서 등장할 수 있는 능력을 설명하지 못한다는 주장이다. 바꾸어 말하면, 어떤 언어표현의 의미는 그것이 발화되는 힘과 무관하게 결정될 수 있다는 것이다. 둘째로 중요한 반대는 데이비드슨이 하고 있다.

> 우리는 언어를 해석하는 것과 무관하게 어떤 말에 섬세하게 차별화된 의도들이 들어 있다고 보는 것이 의미있는 것이 되기를 바랄 수 없다. 그 이유는 우리가 필요한 물음들을 물을 수 없어서가 아니라, 어떤 사람의 의도를 해석하는 것과 신념을 해석하는 것 그리고 단어들을 해석하는 것은 단일한 기획의 일부이며, 그 중 어느 부분도 다른 부분보다 먼저 완결되어 있다고 전제될 수 없어서이다.[69]

이러한 주장은 의미와 사실을 분리시키는 언어관, 즉 언어표현들에 의미와 지시성을 부여하는 것을 우리의 신념을 진술하는 데 이 언어표현들을 사용하는 것으로부터 분리시키는 언어관에 대한 콰인의 공격 —— 우리가 지난 장에서 논의한 —— 과 밀접하게 연관되어 있다. 실상 하버마

---

69) D. Davidson, ‘Radical Interpretation’, Dialectica, vol. 27, no. 3~4(1973), p. 315.

스와 다른 언어행위론자들이 제공하는, 마이클 로즌(Michael Rosen)이 관례주의적 의미관이라고 부르는 것은 바로 그러한 구분을 한다. 여기서 언어표현들의 의미는 화자의 언어실천을 지배하는 규칙들에서 표현되는 암묵적인 간주관적 동의에 의하여 결정된다.[70] 이러한 언어이론은 의사소통이 모든 대화자들이 공유하는 신념들의 존재를 가능케 한다기보다는 전제로 한다는 점에서 도전받을 가능성이 있다. 이것이 근본적인 번역 즉 다른 사람의 발화들을 단지 그 사람이 가지고 있는, 문장에 동의하고 반대하는 성향들을 관찰하여 그것에 근거해서 해석하는 일은 그 결과로 동일한 문장에 대하여 정확한 해석이 둘 이상 나올 것이라는 콰인의 주장이 함축하는 바이다.[71] 데이비드슨은 해석은 가능하지만 오직 '자비의 원리'(principle of charity)에 근거해서라고 한다. 이 원리에 따르면 어떤 다른 사람이 자신이 옳다고 생각하는 문장들에서 표현하는 믿음들은 대체적으로 우리의 믿음들과 일치할 것이라고 한다. '만일 우리가 어떤 사람의 발화 및 다른 행동들을 우리 자신의 기준들에 비추어 대체적으로 일관되고 옳은 일단의 믿음들을 드러내는 것으로 해석하는 방법을 찾지 못한다면 우리는 그 사람을 이성적인 존재로, 믿음을 가진 존재로, 혹은 무언가를 말하는 것으로 간주할 이유가 없는 것이다.'[72] 흥미롭게도 '의사소통·의도' 이론가들이 보통 자신들과 동류로 여기는 비트겐슈타인조차도 이와 유사한 견해를 말한 적이 있다.

사람들이 의사소통을 하기 위해서는 단어들의 의미에 대하여 서로 동의해야만

---

70) Rosen, 'Critical Theory' 참조.

71) W. V. O. Quine, *Word and Object*(Cambridge, Mass, 1970).

72) Davidson, 'Radical Interpretation', p. 324. 또한 'Belief and the Basis of Meaning', *Synthese 27*(1974)과 'Thought and Talk', in S. Guttenplan(편), *Mind and Language*(Oxford, 1975) 참조. 자비의 원리에 대한 비판에 관해서는 C. McGinn, 'Charity, Interpretation, and Belief', *Journal of Philosophy*, 74(1977) 참조. 그리고 G. Macdonald·P. Pettit의 *Semantics and Social Science*(London, Henley, and Boston, 1981)에 채택된 이 원리의 변형에 대해서는, R. Grandy, 'Reference, Meaning, and Belief', 같은 책, p. 70(1973) 참조.

224

한다고 우리는 말한다. 그러나 이러한 동의의 기준은 정의들 —— 표면상의 정의들
—— 에 대한 동의들뿐만이 아니라 또한 판단에 있어서의 동의이기도 하다. 의사소
통에는 우리가 많은 수의 판단들에 있어서 동의를 한다는 점이 필수적이다.[73]

‘의사소통·의도’ 이론은 본질적으로 부드러워지고 사회화된 칸트주의
로서, 선험적 주체 대신에 간주관성을 사용하며, 언어의 규칙에 대한 이
간주관성의 암묵적 동의가 소통을 가능하게 하는 것이다. 그러나 데이비
드슨에게는 ‘언어가 그 의미론적 차원으로 인하여, 진위(眞僞)에 대한 잠
재력으로 인하여 …… 그 발화와 문자표현으로 인하여 소통의 도구가
된다.’[74] 이러한 접근이 지난 장에서 옹호된 리얼리즘을 지지하는 누구
에게나 갖는 흡인력은 명백하다 할 것이다. 데이비드슨의 전략은 문장의
의미는 그 진리조건들에 의하여 주어진다는 프레게의 명제를, 타르스키
(Tarski)가 형식화된 언어에 관해서 내린 진리의 정의를 자연언어로 확
대시키고 그럼으로써 제1급의 논리라는 개념적인 도구들을 자연언어에
동원함으로써 증축하는 것이다.[75] 타르스키의 근본적인 개념은 ‘만족’이

---

73) L. Wittgenstein, *Remarks on the Foundations of Mathematics*(Oxford, 1978),
VI, p. 39. 이 문제는 홀츠만과 라이히가 편집한 책에 실린 글들과 I. Block(편),
*Perspectives on the Philosophy of Wittgenstein*(Oxford, 1981)에 실린 S.
Kripke, 'Wittgenstein on Rules and Private Language'에서 계속 다루어지고
있다.

74) D. Davidson, 'The Method of Truth in Metaphysics', in P. A. French·T. E.
Uehling·H. E. Wettstein(편), *Contemporary Perspectives in the Philosophy of
Language*(Minneapolis, 1979), p. 295. 이와 같은 진술들과 그리고 본문에서 각주
76이 달린 곳까지 열거된 진술들은, 데이비드슨의 기획이 ‘아무런 인식론적인
기정 방침’도 가지고 있지 못하다는 리차드 로티의 주장을 수용하기 어렵게 만
든다. *Philosophy and the Mirror of Nature*(Oxford, 1980), p. 257.

75) D. Davidson, 'Truth and Meaning', *Syuthese 17*(1967), A. Tarski, *Logic,
Mathematics, Metamathematics*(Oxford, 1969)와 J. Wallace, 'On the Frame of
Reference', in D. Davidson·G. Harman(편), *The Semantics of Natural
Language*(Dordrecht and Boston, 1972) 참조. M. Platts, *Ways of Meaning*
(London, Henley, and Boston, 1979)은 데이비드슨의 전략을 상세히 설명하면서
옹호하고 있다.

다. 즉 술어와 그 술어가 해당되는 대상의 관계이다. 이 '만족'의 관점에
서 전체 문장들의 진리조건이 회귀적으로 정의된다. 데이비드슨은 이렇
게 쓰고 있다. '타르스키가 발전시킨 의미론적 진리개념은 만족이라는
개념이 맡는 역할로 인해서 상응이론이라고 불릴 만하다. 왜냐하면 분명
히 옳다는 것의 속성이 언어와 그와 다른 무엇의 관계라는 관점에서 중
요하게 설명되었기 때문이다.'76) 이러한 개념들을 자연언어에 적용하는
것은 그 자연언어의 구조 혹은 논리적 형식에 대한 설명을 제시할 의도
를 갖는다. '이 이론이 하는 일은 각 문장의 알려진 진리조건들을 그 문
장의 측면들 ("단어들") 중에서 다른 문장에서도 나타나고 동일한 역할
을 할당받을 수 있는 그러한 측면들과 관계짓는 데 있다.'77) 그 결과로
나오는 의미이론은 명시적으로 총체주의적이다. '어떤 문장의 의미(해석)
는 언어를 구성하는 문장들의 패턴 속에서 갖는 의미론적 위치를 그 문
장에 부여함으로써 주어진다.'78) 데이비드슨의 저작이 가진 강점은, 그
엄밀함이나 우아함과 별도로, 단어와 사물의 관계에 대한 편협하게 재현
론적인 설명을 피하면서도, 세상에 대하여 말하기 위하여 우리가 단어를
사용하는 방식에 기반을 두고 언어에 대하여 리얼리즘적인 설명을 제공
하고 있다는 사실에 있다. 데이비드슨의 의미이론은 특히 마이클 더미트
와 힐러리 퍼트넘으로부터 가공할 공격을 받았다. 그러나 더미트의 비판
들 중 많은 부분은 심리주의와 경험주의로의 일탈을 포함하는 듯이 보
이며, 데이비드슨의 '형식적 의미론'은 일정하게 변경을 가하면 이 공격
을 견뎌 낼 가능성이 높은 것 같다.79) 이렇게 리얼리즘은 언어철학에

---

76) Davidson, 'True to the Facts', *Journal of Philosophy*, 66(1969), p. 758.
77) Davidson, 'Truth and Meaning', 앞의 책, p. 311.
78) Davidson, 'Reality without Reference', in Platts(편), *Reference*, p. 139.
79) M. Dummett, 'The Social Character of Meaning', in Dummett, *Truth*, 'What is
    a Theory of Meaning?'(I), in Guttenplan 앞의 책, 그리고 'What is a Theory
    of Meaning?'(II), in G. Evans · J. McDowell(편), *Truth and Meaning*(Oxford,
    1976) 참조. 이에 대한 응답으로 Platts(편), *Reference*에 실린 C. McGinn,
    'Truth and Use'와 J. McDowell, 'On the Sense and Reference of a Proper
    Name', J. Bouveresse, 'Frege, Wittgenstein, Dummett et la nouvelle "querelle

의하여 중요한 지지를 제공받게 되었다.


## 4. 담론과 실천

진리조건적 의미이론은 언어에 대한 형식적이고 구조적인 설명을 제시한다. '진리이론이 자연언어에 대하여 하는 일은 구조를 밝히는 것이다.'[80] 이러한 입장은 언어표현들에 어떻게 의미와 지시성이 할당되는가를 설명하는 것으로서는 타당할 수 있으며, 발화에 (명령이나 주장 등에) 붙여지는 힘을 다루도록 확대될 수도 있을 것이다. 그러나 이 이론은 언어사용의 연구와 그 언어사용이 사회적 실천과 중첩되는 부분에 대한 연구에 대한 안내자로서는 불완전할 뿐이다. 그 이유는 '의사소통·의도' 이론가들이 주장하듯이 형식적 의미론이 언어사용에 있어서 의도와 관례가 갖는 의미를 무시해서가 아니라 언어적 실천은 담론 즉 전체 언어보다는 작고 단일 문장보다는 큰, 발화나 문자표현들의 집합체들의 형태로 나타나는 것이 보통이기 때문이다.[81] 형식적 의미론의 담론 분석은 담론이 담고 있는 문장들의 진리조건들을 제시할 수 있을 것이다. 그러나 그 담론 자체가 가질지 모르는 특수한 정체성에 대한 설명을 할 수는 없을 것이다. 그 이유는 형식적 의미론자들은 분석철학자들이 일반적으로 그렇듯이 기껏해야 제1급 논리의 구조와 유사하다고 파악되는, 언어표현의 논리적 형식에만 관심을 갖기 때문이다. 논리란 것은 타당한 추론에 관심을 갖는다. 논리는 어떤 개별적 추론 속에서 관계지워진 문

---

du réalisme"', *Critique* XXXVI, no. 399~400, 1980년 8·9월호, 그리고 J. McDowell, 'Anti-Realism and the Epistemology of Understanding', in H. Parret·J. Bouveresse(편), *Meaning and Understanding*(Berlin and New York, 1981) 참조.

80) Davidson, 'The Method of Truth', 앞의 책, p. 298.

81) C. McCabe, 'On Discourse', *Economy and Society*, vol. 8, no. 3, 1979년 8월호 참조.

장들의 내용과는 상관없이 (그러나 진리값과는 무관하지 않다) 그 문장들의 구조의 관점에서 논증들을 평가한다. 전적으로 정당화될 수 있는 것이지만, 논리는 진위를 전달하는 관계들 이외의 관계가 문장들 사이에 존재하느냐 아니냐의 문제에는 관심을 가지고 있지 않다.

논리의 구조를 언어에 부여하는 것은 화자의 일반적 언어사용 능력을 모델화하는 시도의 일부로는 정당화될 수 있을 것이다. 그러나 그 결과는 분석철학자들이 문장들 사이의 관계를 형식적이고 통사적인 관점에서만 파악하는 경향을 가져서 문장과 전체 언어 사이에 중간항이 존재함을 보지 못하는 것이었다. 하나의 예외는 비트겐슈타인의 언어관인데, 이 이론은 언어를 너무 직접적으로 다른 사회적 실천들과 동일시하는 결점을 가지고 있는 듯하고, 어떻든 일상용법의 단순한 서술이나 의미에 관한 관례주의적 설명을 용인하는 것으로 받아들여져 왔다. 언어행위 이론조차도 발화의 특정 집합체들보다는 발화의 특별한 유형들에만 관심이 있으며, 다른 한편 과학철학자들은 최근까지도 과학적 법칙들의 논리적 구조를 그것이 구축되는 이론적 맥락들로부터 떼어 내서 설명하는 데 치중하는 경향이 있었다. 영어권에서 담론의 문제를 제기하는 것은 분석적 전통으로부터 일정하게 떨어져 있는 철학자들에게 맡겨져 왔었다. 그 두 예는 콜링우드의 과학의 통일성을 보장하는 개념인 '절대적 전제'와 라카토스의 과학적 연구 프로그램의 방법론이다. 후자에서 프로그램의 발견법은 이론적 담론들에 고립된 가설의 통일성보다 더 넓은 통일성을 주고 있다.82) 이 양 개념은 모든 이론적 담론을 구성하는 알뛰세의 문제틀 개념 — '특정 주제들이 개관적 준거체계, 주어진 대답들을 통괄하는 문제들의 체계'83) —— 과 연관을 갖고 있다.

분석철학에서 담론의 존재를 이론화하지 못한 것은 분석철학에서 보이는 두 번째 부재 즉 역사의 부재와 밀접하게 연관된다. 철학사에 대한

---

82) R. G. Collingwood, *An Essay on Metaphysics*(Oxford, 1940), 그리고 I. Lakatos, *Philosophical Papers*(2 vols., Cambridge, 1978) 참조.

83) L. Althusser, *For Marx*, p. 67의 각주 참조.

영어권 철학자들의 논의조차도 검토 대상인 학설을 이전의 사상가들이 설정했을 (그러나 분석철학자들은 설정하지 않은) 이론적 전제들로부터 떼어내는 경향이 있다. 그들이 내세우는 근거는, 히데 이쉬구로(Hide Ishguro)의 말을 빌자면, '철학사는 과거 철학자들의 텍스트와 사상들에 대한 연구가 철학적 이념들의 명확한 정식화에 기여하는 한에서만 철학의 통합적 일부로 간주된다'는 것이다.84) 그 결과는 잘못된 이해가 빈번하다는 것이다. 예를 들면 앤써니 케니(Anthony Kenny)는 데카르트의 cogito ergo sum이 삼단논법(대전제, 소전제, 결론)이냐 아니냐라는 긴 논쟁이, 스콜라 형이상학 속에서 자란 데카르트는 cogito에 그것이 삼단논법이 되기 위해서는 필요하지만 겉보기에는 결여하고 있는 듯이 보이는 대전제를 제공하는 원리를 자명한 것으로 여겼으리라는 사실을 싹 무시해 버리고 있음을 보여주고 있다.85) 자신의 전공 분야의 역사에 대한 분석철학자들의 무지는 그들이 개념의 변화라는 현상, 과학사가 보여주고 있는 신념들의 체계적 변화라는 현상을 고찰하기를 거부하는 보다 일반적인 행태의 일부이다. 그 결과로 오스틴의 악명높은 다음 발언에서 보이는 것과 같은, 가장 급이 낮은 일상언어 철학에 특징적인 노골적인 상식 예찬이 등장한다.

> 우리의 일상적 단어들은 인간이 많은 세대들에 걸쳐서 가치가 있다고 보았던 모든 구분들과 연관들을 구현하고 있다. 이것들은 확실히 적자생존의 시험을 오랫동안 거쳤기에 더욱 많아지고 더욱 건전해질 것이며, 적어도 모든 일상적이고 합당하게 실제적인 문제들에 있어서는 당신과 내가 오후에 안락의자에 앉아서 생각하는 것보다 더 섬세해질 것이다.86)

---

84) H. Ishiguro, 'La Philosophie analytique et l'histoire de la philosophie', *Critique* XXXVI no. 399~400, 1980년 8·9월호, p. 745. 이러한 태도에 대한 비판적 논의로는 M. Ayers, 'Analytical Philosophy and the History of Philosophy', in J. Ree 외, *Philosophy and its Past*(Hassocks, 1978) 참조.

85) A. J. P. Kenny, *Descartes*(New York, 1968), ch. 3[A. 케니, 『데카르트의 철학』, 서광사, 1991] 참조.

86) J. L. Austin, *Philosophical Papers*(Oxford, 1970), p. 182.

스트로슨의 칸트식 일상언어 철학──'우리의 개념적 구조의 가장 일반적 특징들을 드러내는 것을 목표로 하는 …… 서술적 형이상학'──은 '역사가 없는 인간사유의 방대한 중심 핵'에 관심이 있다.87)

이러한 접근이 가지고 있는 개념상의 보수주의는 분석철학 전통이 철학적 방법에 대하여 가지고 있는 견해, 즉 일상언어의 분석을 통하여 철학적 문제들을 분해한다는 견해에 암묵적으로 담겨 있다. 분석철학 이전의 철학자들이 단어에 부여한 심오한 의미와 그들의 일상용법 사이의 간극은 (정통적 분석철학자였던 때의) 로티에 따르면 '철학자들의 전제는 ⓐ 의심스럽거나 명백히 틀린 것 (담긴 표현이 일상적인 방식으로 해석될 때에) 아니면 ⓑ 언어의 개혁을 암시적으로 제안하는 것'임을 드러내는 것이다. 여기서 ⓑ는 오류를 범하는 형이상학자들의 탈출수단이 되지 못하는데 그 이유는 '전문가들은 문제들에 대답하는 데에는 전문용어를 사용할 권리가 있을지 모르지만 그로 하여금 애초에 탐구를 시작하게끔 한 원초적인 문제들을 정식화하는 데에는 그렇지 않기' 때문이다.88) 그러나 바쉴라르나 라카토스 같은 과학철학자들의 작업이 주는 교훈은 새로운 이론적 담론의 발전에 있어서 결정적인 지점은 새로운 문제들의 정식화이며, 여기에는 필연적으로 이 문제들에 적절한 새로운 어휘의 창안이나, 기존의 용어들을 특별한 개념적 비틀림과 혼란을 낳도록 자주 사용하여 새로운 발견법이 구각을 뚫고 솟아나도록 하는 것이 포함된다는 것이다. 모든 주요한 과학적 발견은──특히 코페르니쿠스, 갈릴레오, 뉴턴, 마르크스, 니원, 프로이트, 아인슈타인의 발견들은──상식에 대한 도전을 포함한다. 우리의 일상적인 신념들은 부분적으로는 이러한 돌파의 산물이다. 그래서 이 일상적 신념들을 새로운 이론을 평가하는 기준으로 삼는 것은 과학적 진보에 굴레를 씌우는 것이 될 것이다. 그렇다고 해서 현재 유행하고 있는 마찬가지로 보수주의적인 상대주의를 좋게 보자는 것은 아닌데, 개념의 변화라는 사실에 대해 이 상대주의가 보이는

---

87) P. F. Strawson, *Individuals*(London, 1959), pp. 9~10.
88) R. Rorty, *The Linguistic Turn*(Chicago and London, 1967) 편집자 서문, p. 22.

반응은 우리를 현재의 '패러다임'이나 '개념틀'에 갇혀 있어서 그것을 합리적으로 비판하거나 그 전의 것과 비교할 수 없는 포로로 보는 것이다. 우리의 신념들에서 보이는 불연속성들을 의식하는 것은 밑바닥의 연속성들을 배경으로 해서만 가능한 것이다.[89] 그러나 내 생각에 우리는 '분석철학류는 잘못된 해석을 바로 잡고 우리가 소유하고 있기는 하지만 잘못 다루는 성향이 있는 개념구조를 해명하기에 좋기 때문에 적어도 일부 이데올로기적 환상들의 강력한 용해제가 될 수 있다'는 코헨의 최근의 주장을 의구심을 갖고 보아야 한다.[90] 아니면, 보다 좋은 것일지 모르겠는데, 우리는 분석적 기법들은 개념들을 그 역사적 종합배열 속에서 분석하는 보다 폭넓은 방법론의 일부로서만 이데올로기 비판의 대의에 복무할 수 있다고 주장하여야 할 것이다.

지금까지 나는 마치 담론들이 사회구성체 전체에 준거하지 않고도 개별화될 수 있고 그 역사적 패턴들이 추적될 수 있는 것처럼 분석철학의 한계를 제시하였다. 그러나 우리가 일단 의미의 이론을 고찰하기를 그치고 특정 상황에서 이루어진 특수한 발화들에 관심을 쏟고, 다른 사회적 실천들과 엮여 있는 언어에 관심을 쏟게 되면 담론들이 필연적으로 연관되어 있는 권력관계의 문제가 제기된다. 여기서 '권력'은 담론이 그 일부를 이루는 계급지배의 전 지구적 체계를 가리키는 동시에 담론적 실천 자체에 내재하는 권력관계를 가리키기도 한다. 후자 즉 '권력·지식'의 문제를 철학적 논의의 주요한 주제로 삼은 것은 물론 미셸 푸꼬의 최근의 저작들이다.[91] 마지막으로 주체의 문제가 있다. 주체에게 현실을 구성하는 역할을 부여하지 않는 경향을 가졌으면서도 바로 그 주체가

---

89) D. Davidson, 'On the Very Idea of a Conceptual Scheme', *Proceedings and Addresses of the American Philosophical Association*, XLVII(1973~74).

90) G. A. Cohen, 'Freedom, Justice and Capitalism', *New Left Review*, no. 126, 1981년 3·4월호, p. 7.

91) M. Foucault, *The Archaeology of Knowledge*(London, 1972), *L'Ordre du discours*(Paris, 1971), *Discipline and Punish*(London, 1977), 그리고 *The History of Sexuality*, vol. 1(London, 1979)[미셸 푸꼬, 『성의 역사』, 나남, 1990] 참조.

형성되는 과정을 등한시하여 이 문제를 심리학과 같은 분야에 넘기고 있다는 비난은 마르크스주의와 분석철학 양자에게 공히 타당한 것이다. 그러나 우리가 대체적으로 불변하는 인간 본성이라는 개념을 재도입할 태세가 아니라면 주체성 그 자체가 사회적 실천의 산물인지 아닌지를 물어 보는 것이 적절할 것이다. 이 문제는 알뛰세의 이데올로기론에서 어느 정도 처음 다루어졌다. 이 문제는 다른 측면에서는 서로 아주 상이한 라깡과 푸꼬의 저작에서 명시적으로 제기되었다. 양자는 담론의 생산 과정이 개인들을 주체들로 형성한다고 주장한다. 이러한 접근이 없었더라면 ' "담론"이라는 용어는 언어와 사회성이 접합되는 터를 더 이상 가리키지 못하고 단지 언어적 형식주의나 사회학적 형식주의를 위해서 기능할 것이다'라고 콜린 맥케이브(Colin McCabe)는 주장한다.[92]

이러한 문제들 — 담론, 역사, 권력, 주체 — 은 우리를 이 장의 첫 절에서의 이데올로기론으로 되돌려 보낸다. 거기서 우리는 이데올로기는 인간들이 그것을 통하여 현실과의 관계를 몸으로 겪어 살게 되는 기본적으로 담론적인 실천들이라는 써본의 재정의를 받아들이면서 결론지은 바 있다. 그렇다고 해서 라깡, 푸꼬 그리고 기타 탈구조주의자들이 고전적인 마르크스주의의 틀내에서 단순히 되살려질 수 있으리라는 결론이 나오지는 않는다. 언어내에서의 주체의 형성에 대한 라깡의 설명은 역사에 준거를 두지 않으며, 푸꼬는 권력관계들이 사회생활을 구성하는 것으로 보면서 생산에서 문장들의 접합에 이르는 모든 것을 권력관계들의 부대현상으로 환원한다. 다른 한편, 토대·상부구조 모델은 문화현상에 적용했을 때는 그다지 유이하게 보이지 않는다. 역사적 유물론 내에서 생산관계들의 설명적 우선성을 재확인하는 방법론적 기능을 넘어서지 못하는 것이다. 이 모델은 이데올로기가 어떻게 형성되며 특정의 사회구성체내에서는 어떤 역할을 하는지에 대하여 우리를 거의 혹은 전혀 이끌어 주지 못하는 것이다.

이러한 문제들에 가장 적절한 작업을 한 이론가는 그람시이다. 그의

---

92) McCabe, 앞의 책, p. 280.

반자연주의적이고 반리얼리즘적인 철학적 견해들은 그로 하여금 이론들이 이해관계의 접합으로서 말고 다른 역할을 가지고 있다는 것을 부정하도록 하였으며, 그리하여 이제까지 마르크스주의에서 지배적이었던 인식론적 이데올로기 개념을 버리도록 하였다. 동시에 사회적 총체를 단일한 본질의 표현으로 환원하는 그의 헤겔주의적 태도는 그로 하여금 토대·상부구조 모델을 거부하도록 하였다. 그는 이데올로기의 형성을 곧바로 사회적 실천과 연관지었다. 그는, 생산관계들내에서의 모든 계급적 위치는 그 계급의 실천 속에 내재하는, 세계에 대한 일정한 생각(세계관)을 동반한다고 주장하였다. 그에 의하면 계급투쟁은 무엇보다도 세계에 대한 이러한 생각들의 충돌이었다. 지배계급은 생산수단의 독점, 강압의 독점을 확보하기 위해서는 자신들의 세계관을 충분히 표명해야 하는데, 이는 지식인층을 형성하거나 충원할 것을 필요로 하며 이 생각을 대중들에게 강요하기 위해서는 많은 제도들(교회, 정치정당, 학교 등)을 활용하게 된다. 그 결과로 나타나는 '지배 이데올로기'는 복합적인 구성물이다. 지배계급의 세계관은 자기 자신을 피지배계급에게 강요하는 과정에서 거의 확실히 이전의 지배계급의 세계관에서뿐만 아니라 패배한 피지배계급의 세계관에서도 여러 요소들을 흡수하고 통합할 것이기 때문이다.

지배적인 이데올로기 체계의 이러한 복합성은 대중들의 의식 속에 반영될 것인데, 이는 부분적으로는 대중들의 일상적 실천이 대안적이고 변혁적인 세계관을 뒷받침해 주기 때문이다.

능동적인 대중은 실천적인 활동을 한다. 그러나 자신의 실천적인 활동에 대하여 명확한 이론적인 의식이 없다. 그럼에도 불구하고 이 활동은 그것이 이 세계를 변혁하는 한에서는 세계에 대한 이해를 포함한다. 그의 이론적인 의식은 실로 역사적으로 자신의 활동에 대립될 수도 있다. 그는 두 개의 이론적인 의식을 (혹은 하나의 모순적인 의식을) 가졌다고 말할 수도 있다. 하나는 그의 활동에 암묵적으로 존재하는 것으로서 현실 세계의 실천적 변혁에 있어서 그를 그의 동료들과 단결시켜 주는 것이다. 다른 하나는 표면에 드러나는 명시적인 것이거나 언어로 표현되는 것으로서 과거로부터 이어받았고 무비판적으로 흡수한 것이다.[93]

　사회주의적 의식은 노동자들이 자본주의의 발전에 의하여 노동과정에서 형성된 ‘집단적 노동자’로서 협동하고 착취에 대항하여 단결하여 싸울 때에 그들의 일상적 활동에 암묵적으로 존재하고 있다고 한다. 혁명적 당이 할 일은 이러한 의식이 명시적으로 드러나도록 하는 것이라고 한다. 이는 마르크스나 엥겔스와 같은 혁명적 지식인들에 의하여 사회주의적 세계관이 이미 표명되고 정합적이고 체계적으로 다듬어진 정도로 가능한데, 마르크스나 엥겔스 자신도 또한 노동운동의 발전과 그것이 생성해 낸 사회주의적 열망들에 반응하였던 것이라고 한다.

　이러한 이데올로기관에는 분명히 문제의 소지가 있는 요소들이 많다. 그람시의 실용주의적 인식론은—— 아이러니컬하게도 이로 인하여 그는 이전의 마르크스주의적 접근법과 결별할 수 있었던 것인데—— 그로 하여금 이론적 담론과 일상적 경험 사이의 거리를 과소평가하도록 하였으며, 사회적 실천이 어떻게 그 속에 세계에 대한 특정의 생각을 함축하는가라는 문제를 슬쩍 넘겼다. 더욱이 그는 이데올로기가 사회생활의 시멘트라는 견해를 채택하는 경향이 있는데, 이는 이미 문제가 있음이 밝혀진 견해다. 그럼에도 불구하고 이데올로기에 대한 그의 견해는 다른 것들보다 의심의 여지 없이 우월한 것처럼 보인다. 그것은 계급지배가 경제적 토대로부터 자동적으로 생겨나는 것이 아니라 **조직되어야** 하는 것이며 착취자와 피착취자간의 끝없는 투쟁의 결과라는 사실을 강조하고 있다.[94] 더욱이 그람시는 이데올로기를 분해하여 자기정합적인 실체인 것을 사회적 실천과 계급투쟁에 연루되어 있는 일련의 세계관들로 바꿈으로써, 이데올로기의 물질적 결정(determination)에 대하여 그리고 특정의 사회구성체에서 계급지배 관계들을 확보하거나 무너뜨리는 데서 이데올로기가 맡는 역할에 대하여 경험적 물음들을 묻기가 더 쉽게 만들어 준다. 마르크스주의 이데올로기론에 있어서 더 나아간 진보가 이루어

---

93) Gramsci, *Notebooks*, p. 333[그람시, 『옥중 수고』, 거름, 1993].
94) R. Johnson, ‘Three Problematics’, in J. Clarke 외, *Working-Class Culture*(London, 1979) 참조.

지는 것은 그람시의 사상을 여러 담론이론들과 대면시키는 것을 통해서
일 것이다.

# 결론

1968년 2월 루이 알뛰세는 '레닌과 철학'이라는 주제로 프랑스 철학회에 발제를 하였다. 그는 발제 동안 점점 화가 나게 되고 반항적이 된, 전문적 철학자들로 구성된 청중들에게 '철학적 교류라는 것은 없으며 철학적 논의란 것도 더 이상 없다'고 말하면서 발제를 시작하였다.[1] 철학은 더 이상 과학의 한 분야가 아니며, 대상도 역사도 없고, 지식을 생산해 내지도 않는다는 것이었다. 그것은, 칸트가 말한 대로, 유물론과 관념론이라는 두 거대한 경향들이 싸우는 싸움터였다. 철학의 정체성은 자신의 바깥으로부터 즉 철학 속에서 만나는 실천들—— 과학들과 정치들——로부터 오는 것이었다. 철학은 '이론에 있어서의 계급투쟁'이라는 것이다.[2] 그러나 자신의 이러한 현실적인 지위를 부정하는 것이 철학의 특징이었다. '마르크스주의가 철학에 새로이 기여한 바는 새로운 철학적 실천'인데 이 실천은 그 담론외적 원천이 계급투쟁에 있음을 공개적으로 인정하는 그러한 것이다.[3]

이러한 주장을 그가 이전에 철학을 '이론적 실천의 이론'으로서 정전화(正典化, cannonization)한 것, 1960년대에 중국의 문화혁명이 파리의

---


1) L. Althusser, *Lenin and Philosophy and Other Essays*(London, 1971), pp. 32~33 [알뛰세, 『레닌과 철학』, 백의, 1991]. 또한 A. Callinicos, *Althusser's Marxism*(London, 1976), ch. 3[알렉스 캘리니코스, 『알튀세의 마르크스주의』, 녹두, 1993] 참조.
2) Althusser, *Essays in Self-Criticism*(London, 1976), 여기저기.
3) Althusser, *Lenin and Philosophy*, p. 67.

236

지식인들에게 가한 충격의 반영으로 본 것, 1968년 5·6월 항쟁의 예측으로 본 것 등에 대한 반응일 뿐이라고 옆으로 제쳐놓기가 쉽다. 또한 철학에 대한 후기의 그의 정의에 들어 있는 몇몇 조야한 측면들을 지적하기도 쉽다. 예컨대 우리가 이 글에서 '리얼리즘'이라고 부르는 것과 거의 같은 의미로 그가 이해하는 유물론은 보수적인 정치적 견해들과 완전히 양립 가능함이 분명한 것이다. 이는 임레 라카토스의 경우에 특히 분명히 드러나는데, 그의 과학적 프로그램의 방법론은 신좌파 학생들과 진보적인 교육이론들을 표적으로 한 '철학의 실천'의 일환이었다.4) 그럼에도 불구하고 알뛰세의 개입은 철학의 지위에 대하여 근본적인 질문을 하는 시도로서 지속적인 중요성을 가지고 있다. 우리는 철학으로부터 '뛰어 나와' 과학으로 들어가려는 마르크스와 엥겔스의 시도는 실패로 끝났음을 보았다. 이것은 분명히 상당한 정도로 정치적 문제점들의 결과였다. 그 이후의 마르크스주의자들은 형이상학적 이론들을 불러와서 마르크스주의의 진리성과 사회주의의 필연성을 보증하도록 하였다. 철학은 지식을 근거지운다는 그 전통적인 역할을 다시 취했던 것이다. 그러나 아도르노와 알뛰세의 저작에는 무언가가 더 있다. 즉 더 이상 사유와 현실에 대한 기존의 생각들을 당연한 것으로 여길 수가 없다는 깨달음이 들어 있다. 이는 부분적으로는 과학에서의 발전들로 인해서이다. 테오리아 즉 객관적인 현실에 대한 사심 없는 명상으로서의 이성이라는 생각을 근본적으로 무너뜨리는 과정을 처음 시작한 사람은 바로 마르크스였으며 니체와 프로이트가 그 뒤를 이었다.5) 이제 그것은 자체내에 계급투쟁, 권력관계, 억압된 욕망 등을 담고 있는 것처럼 보여진다. 상대성이론과 양자 역학은 물리적 현실에 대한 우리의 생각들을 바꾸어 놓았으며, 생물학은 생물에 대한 우리의 생각을 바꾸어 놓았다. 과학철학자들과 언어철학자들은 단순한 의미에서 사유를 현실의 재현으로 보는 견

---

4) I. Lakatos, *Philosophical Papers*(2 vols., Cambridge, 1978), vol. 2, ch. 13.
5) J. Habermas, *Knowledge and Human Interest*(London, 1972), pp. 301~307[하버마스, 『인식과 관심』, 고려원, 1983].

해를 부수었다.

전통적인 사고방식에 대한 일반적인 도전의 일환으로서, 철학적 지식이라는 생각이 문제시되게 되었다. 17세기의 고전적인 사상가들인 갈릴레오, 데카르트, 뉴턴, 로크, 라이프니쯔는 지식을 증명된(proven) 지식으로 생각하였다. 즉 어떤 명제는 자명한 전제로부터 파생되었을 때 참이었던 것이다. 그러나 일단 우리가 이성이나 경험에 비추어 알게 되는 자명한 진리라는 생각에 도전을 하게 되자 지식은 결론에서 전제로 그리고 다시 그 전의 전제로 끝없이 거슬러 가는 무한한 역행의 위협을 받게 되었다. 헤겔은 과학을 자신의 범주들로부터 현실을 생성시키는 원(圓)으로 바꿈으로써 이러한 '악무한'을 멈추려고 하였다. 개념적 분석이라는 방법이 이 역행과정을 멈추는 또 하나의 길이다. 이 경우 철학은 지식을 더 이상 자명한 제1원리들 위에 세우지 않는다. 철학은 전통적 형이상학적 문제들이 일상적인 언어용법에서 드러나는 '역사가 없는 인간사유의 방대한 중심 핵'과 불일치하는 점들을 드러냄으로써 그 문제들을 해결하려고 한다. 철학적 방법에 대한 이러한 생각이 가지고 있는 명백한 지적·정치적 보수주의를 우리는 이미 밝힌 바 있다. 요즈음의 과학철학자들은 또 다른 길을 택했다. 그들은 추론의 패턴을 역전시켜서, 과학은 전제에서 결론으로 향하는 운동을 통해서가 아니라 결론에서 전제로 향하는 운동을 통하여 타당화된다고 주장한다. 즉 이론들은 증명되는 것이 아니라 반증된다(disproved)는 것을 강조하는 것이다. 그 결과로 나타난 것은 우리의 사고에 있어서의 불연속성을 강조하는 지식관이다. 이것은 대가를 치르고 이루어졌다. 지식은 더 이상 확실하지 않고 오류가능하며, 항상 반박당할 가능성이 있다는 것이다. 한편, 철학을 과학을 근거지우는 것으로 보는 생각은 절망적인 손상을 입게 되었다.[6]

이렇게 볼 때 알뛰세의 명제들은 무언가 옹호되어야 될 점들이 있다. 철학은 진리냐 허위냐가 아니라 정확하냐 부정확하냐로 말할 수 있는,

---

6) Lakatos, 앞의 책, 여기저기와 K. R. Popper, *The Logic of Scientific Discovery* (London, 1968).

독단적으로 진술된 테제들로 구성된다는 그의 주장을 예로 들어보자.7) 자명한 진리라는 생각을 우리가 일단 버리면 철학적 명제들이 어떻게 진리로 입증되고 어떻게 허위로 입증되는가가 난점이 된다. 이 난점은 칸트의 선험적 논리로는 해결되지 않는다. 헤겔이 지적하였듯이 이성에 한계를 가하는 데 바쳐진 탐구는 '어떤 것을 알 수 있기 전에 미리 지식이라는 능력을 알고 있어야만 한다'는 것을 전제로 하기 때문이다.8) 철학적 명제들이 경험적 확증이나 반박을 허용하지 않는 형이상학적 진술들인 한에서는 다음과 같은 경우가 아니라면 그 참이나 거짓을 확증하는 선험적인 수단은 없는 것처럼 보인다. (가) 그 명제들이 과학적 연구 프로그램의 일부를 이루는 경우. 이는 리얼리즘이나 자연주의 등의 광범한 인식론적 테제들에는 해당되지 않는다. (나) 그 명제들이 논리적으로 참이거나 모순될 경우. 이는 흥미로운 철학적 이론의 경우에는 거의 해당되지 않는다. 이러하리만큼 철학은 실로 싸움터이며 여기서는 어떠한 명제도 확연하게 입증되거나 반증될 수 없다. 헤겔의 관념론이나 버클리의 관념론조차도 그렇다. 기껏해야 증명이라는 짐이 상대방에게로 옮겨가게 될 뿐이다.9)

명제의 지위에 대한 이러한 설명은 철학적 이론들이 그 추동력의 많은 부분을 철학 바깥의 영역으로부터 특히 과학으로부터 끌어온다는 생각을 뒷받침한다. 포퍼는 '진정한 철학적 문제들은 항상 철학의 바깥에 있는 긴급한 문제들에 뿌리를 내리고 있으며, 이 뿌리가 썩으면 그 철학적 문제들도 죽는다'고 선언하고10) 나아가 형식에 대한 플라톤의 이론이 무리수의 발견에 의하여 그리스의 물리학과 수학에 야기된 위기에 대응하여 출현한 것임을 보여주었을 때에 알뛰세와 매우 가까운 입장을 취했다.

---

7) Althusser, *Philosophie et la philosophie spontanée des savants*(1967)(Paris, 1974).

8) G. W. F. Hegel, *Lectures in the History of Philosophy*(3 vols., London, 1963), vol. 3, p. 428.

9) R. Rorty, *Linguistic Turn*(London and Chicago, 1967) 편집자 서문 참조.

10) K. R. Popper, *Conjectures and Refutations*(London, 1969), p. 72.

이는 철학이 기존의 분야들의 '절대적 전제들'을 표현한다고 보는 콜링우드의 철학관과 조심스럽게 구분되어야 한다. 콜링우드의 견해는 과학사에 있어서 불연속성의 발견으로 인하여 유행하게 된 상대주의에 쉽게 동화될 수 있는 스트로슨의 '서술적 형이상학'이 역사화된 형태이다.[11] 철학적 작업은 과학에 있어서 개념의 새로운 전진을 촉진시키는 일을 도울 수 있다. 알뛰세를 인용하자면, 철학은 '새 과학의 개념들이 요구하는 범주들이 집중되는 이론적 실험실로서 복무한다. 예를 들어서 인과관계라는 새로운 범주를 다듬어 내서 아리스토텔레스의 원인개념이라는 "인식론적 장애물"에 부딪혔던 갈릴레오의 물리학에 쓰일 수 있게 하였던 것은 바로 데카르트의 철학이 아닌가?'[12] 우리는 철학과 과학의 상호작용의 다른 예들을 열거할 수 있다. 반자연주의는 그 관념론적 전제에도 불구하고, 아니 그로 인해서 사회적 관계들과 담론구성체를 19세기의 유물론이 옹호하였던 물질과 생명의 운동으로 환원하는 것에 저항하였다. 프레게는 논리가 새로운 토대 위에 놓여지게 된다면 필요하게 되는 논쟁적, 개념적 재정식화라는 철학적 과업을 맡았다. 현금의 언어철학은 그 추동력의 많은 부분을 언어학이나 수리논리학과 같은 분야들에서의 발전에 빚지고 있다.

그런데 이론에서의 계급투쟁은 어떠한가? 이 점에서도 알뛰세의 주장에는 크게 옳은 점이 있다. 철학이 종종 개념의 새로운 전진을 희석시키고 그 영향을 약화시키고 이성이라는 가두리 없는 옷 — 지배 이데올로기로 차 있는 우리의 '개념체계' — 으로 엮어 넣는 데 복무한다는 데에는 의심의 여지가 없기 때문이다. 프로이트의 무의식 발견에 대하여 대부분의 전문적 철학자들이 보인 반응이 한 예이며, 논리 실증주의자들이 특수 및 일반 상대성 이론에 의하여 드러난 현실의 새로운 구조를 우리의 경험을 질서지우는 편리한 허구 혹은 규칙들로 환원하려고 시도했던 것이 또 하나의 예이다. 이에 비하여 마르크스주의 철학은 그 최고의 경

---

11) R. G. Collingwood, *An Essay on Metaphysics*(Oxford, 1940).
12) Althusser, *Lenin and Philosophy*, p. 45.

240

우에 있어서는 '철학의 새로운 실천'이었으며, 아도르노가 '비정체성에 대한 수미일관한 인식'13)이라고 부른 것 즉 차이라는 개념, 이질적 다양성과 모순적 현실이라는 개념을 이성의 기존의 조화로움 속으로 밀어넣은 것이었다.

그러나 이론에 있어서의 계급투쟁뿐만이 아니다. 부르주아 학술계는 가장 전위적인 이론들을 되살리는 데 가장 두드러진 능력을 보여준다. 권력은 가장 급진적인 사상가도 자신의 목적에 두들겨 맞출 수가 있다. 노동자계급 해방의 과학적 이론이라는 역사적 유물론의 골자를 부정하는 '현실적으로 존재하는 사회주의'의 우상으로서의 마르크스의 이미지, 독일 파시즘의 자폐적인 에언가로서의 콧수염 달린 니체의 이미지, 억압적 가족구조에의 '순응'을 설파하는 턱수염 달린 프로이트의 이미지는 우리에게 이것을 상기시킨다 할 것이다. 루카치, 아도르노, 알뛰세는 모두 그들의 학술적인 전문가주의의 포로들이었으며, 노동자계급의 삶과 활동으로부터 분리되어 있었다. 여기서 우리는 마르크스와 엥겔스의, 철학과의 본래적 결별이라는 원천으로 되돌아간다. 그것은 관념론과의 결별이었으며, 사회변화는 본질적으로 지적인 과정 즉 이념들의 싸움이라는 명제와의 결별이었다. 서구 마르크스주의자들의 이데올로기론에의 몰두는 종종 사회주의 혁명은 무엇보다도 이데올로기 투쟁의 문제이며 사람들의 생각을 바꾸는 문제라는 생각을 포함해왔거나 아니면 이러한 이론의 한 형태를 낳았다. 그람시가 이러한 '역(逆)헤게모니 전략'의 후원자라고들 종종 주장한다. 그러나 그러한 해석은 그의 사상의 주된 논지와 반대되는 것이다.14) 그람시는 '상황을 바꾸는 것과 인간의 활동을 바꾸는 것 즉 자기변화의 동시발생은 혁명적 실천으로서만 파악될 수 있고 합리적으로 이해될 수 있다'15)는 「포이에르바하에 관한 테제」에서의 마르크스의 주장을 가장 강력하게 되세운 마르크스주의 사상가였다. 왜냐

---

13) T. W. Adorno, *Negative Dialectics*, p. 5.

14) P. Anderson, 'The Antinomis of Antonio Gramsci', *New Left Review*, no. 100, 1976년 11월호~1977년 1월호 참조.

15) Marx · Engels, *Collected Works*, vol. 5, p. 4.

하면 사회주의적 세계관은 노동자계급의 일상적 실천 속에 암묵적으로 들어 있기에, 혁명가들 자신들이 노동자계급의 투쟁에 적극적으로 참가할 때에만 이 세계관이 해명될 수 있고 지배계급의 세계관—노동자들의 일상적 실천 속에 공존하고 있는 것—보다 우세한 것으로 될 수 있기 때문이다. 이렇게 하여 그는 혁명적 당을 '혁명적 대중의 자생적 운동과 조직하고 지도하는 중심부의 의지가 합류하는 변증법적 과정의 결과'로 파악하였다.16) 이론과 실천, 당과 계급의 그러한 상호작용의 바깥에서는 가장 똑똑한 마르크스주의 철학자도 지배계급으로부터 돈을 받는 광대로 전락할 것이다. 어쨌든 중요한 것은 세계를 바꾸는 것이다.

---

16) A. Gramsci, *Selections from the Political Writings 1921~1926*(London, 1978), p. 198.

# 인명 찾아보기

# 사항 찾아보기

112, 126, 140

【 ㅂ 】
반(反)경험주의  18
반(反)심리주의  43, 212
반(反)쎔주의의 요소들  197
반(反)원자주의  188
반(反)자연주의  114~116, 119, 138,
    140, 144, 149, 151, 152, 156~158,
    162, 170, 198, 219, 231, 239
『반듀링론』  15, 101, 103
반심리주의  44, 45
반영  33, 38, 42, 55, 61, 63, 77, 80, 83,
    116~118, 122, 130, 131~133, 138,
    139, 141, 145, 156, 157, 177~179,
    185, 189, 193, 197~200, 202, 206,
    232, 236
반원자주의  193, 212
발전 테제  172, 173
방법론적 개인주의  168
방법론적 명목주의  46
『법철학』  59, 60, 62
변증법  6, 14~16, 33, 37, 38, 54, 55,
    60, 61, 72~74, 76, 84, 88, 89, 91,
    96, 97, 101~103, 106, 117, 118,
    126, 130~132, 134~138, 141, 142,
    148, 151, 171, 197, 204, 205, 241
변증법의 법칙  91
변증법적 유물론  16, 91, 103, 126,
    148, 151
「변증법적 유물론과 역사적 유물론」
    126
보편성  33, 64, 94
본질  20, 28, 29, 35~37, 40, 47, 53, 55
    ~57, 61~64, 67, 68, 70, 71, 73~

76, 79, 91, 106, 109, 116, 125, 127,
    137, 141, 142, 144, 147, 148, 151,
    154, 163, 164, 169, 175, 177, 178,
    179, 181~184
본질주의  175, 181~183, 185
볼셰비키  114, 116, 123, 125
봉건제  84, 112, 142
부르주아지  58, 61, 62, 78, 91, 112
부르주아 혁명  112
부정  8, 15, 22, 30, 31, 35~37, 42, 44,
    54, 63, 74, 75, 78, 89~91, 96, 102,
    104, 119, 133, 135~137, 148, 156,
    173, 191, 192, 194, 203, 216, 232,
    235, 237, 240
『부정의 변증법』  15, 135, 136
부정의 부정  36, 37, 96, 102, 104, 137,
    148
분석적 판단  30, 186
분석철학  7, 8, 11, 16, 18~21, 38, 42
    ~48, 162, 164, 178, 181, 182, 186,
    210, 212, 213, 226~231
불변자본  87
비엔나 써클  17, 47, 187
『비판』  20
비판이론  129, 138, 206

【 ㅅ 】
사물화  121~123, 129, 130, 137, 141,
    156, 206
사용가치  71, 83, 87, 122, 154, 201,
    222
사적인 언어의 가능성  45
사회과학  17, 109, 139, 152, 153, 158,
    164, 165, 167, 177
사회과학의 방법론적 통일성  139

# [갈무리]에서 나온 책들

### 1. 오늘의 세계경제 : 위기와 전망
크리스 하먼 지음 / 이원영 편역

1990년대에 자본주의 세계경제가 직면한 위기의 성격과 그 내적 동력을 이론적·실증적으로 해부한 경제 분석서. 마르크스가 『자본론』에서 규명한 이윤율의 경향적 저하법칙이 현단계의 자본주의에서 어떻게 작용하고 있는지를 밝혀 내면서 자본주의가 직면한 위기를 해결함에 있어 국가주도의 경제정책이나 시장주도의 경제정책 양자가 갖는 한계를 명확히 설명한다.

### 2. 동유럽에서의 계급투쟁 : 1945~1983
크리스 하먼 지음 / 김형주 옮김

1945~1983년에 걸쳐 스딸린주의 관료정권에 대항하는 동유럽 노동자계급의 투쟁이 어떻게 전개되어 왔는가를 실증적으로 분석한 역사서. 1989년 이후 동유럽을 휩쓴 혁명적 물결과 스딸린주의 정권들의 붕괴가 결코 우연이 아니며 면면히 이어져 온 노동자투쟁의 산물임을 설득력 있게 밝혀 준다.

### 3. 오늘날의 노동자계급
알렉스 캘리니코스·크리스 하먼 지음 / 이원영 옮김

현대 자본주의 사회에서 노동자계급의 구성과 역할, 그리고 성격이 어떻게 변화하고 있는가를 실증적으로 분석한 책. 노동자계급 구성상의 현상적 변화들로부터 자본주의 사회의 질적 전환이라는 결론을 도출하는 포스트마르크스주의적 계급분석이 갖는 개량주의적 허구성이 여러 각도에서 폭로된다.

### 6. 현대자본주의와 민족문제
알렉스 캘리니코스 외 지음 / 배일룡 편역

자본 국제화의 과정에서 국민국가의 위상은 어떻게 바뀔 것인가를 둘러싸고 전개된 논쟁집. 자본 국제화의 과정이 민족국가를 의미없는 것으로 만들 것이라는 나이젤 해리스의 견해와 자본 국제화에도 불구하고 민족국가의 역할이 여전히 지속 혹은 강화될 것이라는 캘리니코스와 하먼의 견해 사이의 대립이 발전적으로 전개된다.

### 7. 소련의 해체와 그 이후의 동유럽
크리스 하먼·마이크 헤인즈 지음 / 이원영 편역

소련 해체 과정의 저변에서 작용하고 있는 사회적 동력을 분석하고 그 이후 동유럽 사회가 처해 있는 심각한 위기와 그 성격을 해부한 역사 분석서. 필자들은 이미 실패로 끝난 뻬레스트로이카와 글라스노스트를 국가자본주의 소련의 기저에 흐르고 있던 사회적 모순의 폭발과 그에 대한 관료 지배계급의 대응 방식으로 설명한 후, 소련 해체 이후 동유럽 사회들에 지속되고 있는 사회·경제적 위기를 국가자본주의 모순이 심화된 결과로 분석한다. 다른 한편 그들은 이 위기를, 사회를 재편하여 통제하려는 사회 상층부의 움직임과 아래로부터의 대중운동이라는 두 갈래 흐름의 화해할 수 없는 충돌로 설명한다. 『동유럽에서의 계급투쟁 : 1945~1983』이 다룬 이후의 시기를 중심적으로 분석하고 있다.

### 8. 현대 철학의 두 가지 전통과 마르크스주의
알렉스 캘리니코스 지음 / 정남영 옮김